U0710227

日本农业出版与传播的社会学调查

1950—2003

丁一平 著

中華書局

图书在版编目(CIP)数据

日本农业出版与传播的社会学调查:1950—2003/丁一平著.
—北京:中华书局,2021.4
ISBN 978-7-101-15151-0

Ⅰ.日… Ⅱ.丁… Ⅲ.农业科学-出版事业-文化史-日本-1950~2003 Ⅳ.G239.313.9

中国版本图书馆CIP数据核字(2021)第061050号

书　　名　日本农业出版与传播的社会学调查 1950—2003
著　　者　丁一平
责任编辑　齐浣心
出版发行　中华书局
　　　　　(北京市丰台区太平桥西里38号 100073)
　　　　　http://www.zhbc.com.cn
　　　　　E-mail:zhbc@zhbc.com.cn
印　　刷　北京市白帆印务有限公司
版　　次　2021年4月北京第1版
　　　　　2021年4月北京第1次印刷
规　　格　开本/920×1250毫米 1/32
　　　　　印张10¼ 插页2 字数280千字
国际书号　ISBN 978-7-101-15151-0
定　　价　68.00元

前言

2001年我初到日本时，由一桥大学教授山本武利先生介绍走访了一些日本出版社，看到日本许多大出版社平台化的工作场景，以及中小出版社精细化的出版方式时，颇为感慨。在日本，关于新闻与传媒、出版与传媒的研究也很深入，由大学传媒专业教授牵头成立的各种与出版相关的学会很活跃，研究成果很丰富。但是就涉及某一领域中关于传媒或出版的专项研究并不多。后来我有机会到日本东北部的一所国立大学，跟随地域经济研究教授纲岛不二雄、小泽瓦、小野雅之先生做博士课程的相关研究。纲岛先生认为我来自中国东北农业大省黑龙江的出版社，回国后还要继续从事出版工作，就建议我研究日本农业出版新闻事业的社会作用。我在国内出版社工作期间，曾被派到农村进行促农工作，对“三农”感受很深。在了解了日本农业出版与农业、农家的密切关系后，我欣然接受了这一建议。本书的基础内容就是对1950至2003年间日本农业和农业出版的实态进行的一些调查和思考。

二战后，日本的出版业伴随着日本经济迅速发展起来，甚至在1956年到1975年的20年间里，呈现过增长速度高于日本同期国民经济增速的现象。20世纪90年代初，日本进入泡沫经济后，出版自1997年开始连续下滑，出现了负增长，被日本出版业自叹为长期低迷状态。但是日本的出版社并没有急速减少，流通体系和销售方式也没有大的改变。特别是出版规模不大的农业专业出版社，没有因为农业人口的激剧减少和数字化、网络化的冲击而溃败，依然以一种“润物细无声”的姿态，经营在农业出版领域，锲而不舍地与农业和农家为伍，精细化地履行着出版新闻事业的社会职责。

我国现在是出版大国，但和日本相比为人口占多数的农民服务的专业出版社并不多。在加快振兴乡村建设的今天，出版业如何把自身生存与媒体职责结合起来，担负起促进乡村经济发展和文化建设的社会责任，也是特别值得出版人深思的问题。国家层面建设的农家书屋工程已经十余年了，有些地方建设得非常好，对当地的经济发展和村民文化生活的提高起到了很好的推动作用。但是也有一些地方没有完全实现预期的功能，村民对农家书屋仍有更多的期盼。本书通过对日本农业出版新闻事业的实际调查和研究，希冀对中国农业出版的实践有借鉴意义，同时也能在美丽乡村建设中，对出版事业功能的重要性和实现途径引发思考。

目　录

附　录

第1章　绪论

第1节　课题与方法

日本出版业作为传媒业的一部分，在战后发展迅速，并成为渗透到日本社会发展需求中的活跃媒体。特别是出版业以杂志为载体，凭借能快速准确地捕捉社会需求，进行先导性或批判性的深度持续报道，保持与社会的紧密衔接，使得日本出版业在反映社会某个时期某个方面状况时发挥了出版媒体的独特作用。因而日本的出版传媒事业在某种程度上，并不弱于其他媒体的作用和影响力。日本的农业出版传媒事业在战后日本农业领域就一直发挥着这样的作用。

战后的日本，随着农地改革的深入，耕者有其田的制度使自耕农的队伍得以形成并壮大，粮食生产的积极性得到有效刺激。1952年制定的《粮食增产5年计划（1953—1957）》等一系列以粮食增产为目标的政策，为粮食增产提供了保障。

随着农业结构调整，大规模经营农户的培育，动力防除机等小型机械的普及，插秧机、自脱式联合收割机的使用，乘用型拖拉机等机械的引进，农业生产新技术的推广，肥料生产的增加与投入等系列举措，粮食产量得到极大提高。以每公顷产量论，日本的粮食产量已经达到了世界高位水平，单位面积耕地投入的劳动时间急剧下降，并逐渐形成了以水稻生产为中心的农业生产格局[①]。1960年到1990年的30年间，自家农业总劳动时间从3971小时减少到1799小时，减少了2172小时[②]，为农村劳动力大量向外转移提供了可能，从事兼业工作的农家也快速增加，农家的生活也得到极大改善，对知识、技能和文化的需求也日益多元化。

但是，农业的社会地位却在持续下降。农业的后继者不足，老龄化严重，放弃耕地比例增加，自然环境和农村景观持续被破坏等问题涌现出来，农村出现面临崩溃的危机。另外，由于贸易进口自由化进一步扩大，粮食自给率下降幅度增大，与食品安全有关的各种问题也衍生出来。这不仅影响到农业，还影响到广大消费者。

进入20世纪90年代，农业具有的多功能性得到重新认识和关注，农业具有的文化传承和景观形成等功能，已引起日本政府的注意，并逐渐得到国民的认同。但是，在现实中，这种呼声依然很微弱，还没有达到被社会广泛认同的程度。在快餐被视为美食热潮的饮食生活中，饮食与农业的距离不断被加大。消费者对自己吃的东西是怎么种出来的、材料来自哪里等问题已经变得不关心了。很多日本学者呼吁，日本面临的农业问题不单单是农业领域的问题，而是有必要把农业放在日本社会变化中进行考虑，甚至面向世界来考虑的问题。

农业出版传媒事业，在农业形势的变化中，在面对农业以及环境问题时，保持了一种什么样的姿态呢？本书以战后日本部分农

---

①关于战后日本农业机械化的变化状况，参考七户长生氏的《农业机械化的动态过程》（亚纪书房，1974年）。

②《农业白皮书附属统计表》，1997年，农林统计协会。

说明：本书引用文献多为日文文献，为读者阅读方便，在注释中翻译成中文，但不再特别标注国别[日]，仅对中文文献进行出版地点标注。在书后参考文献中，以原版参考文献列出。

业专业出版机构和农村读者为主要研究对象，对战后农业出版情况及其具有代表性的农业出版传媒事业活动进行调查和梳理，分析农业出版的发展变化，进而观察日本农业出版是如何通过出版的媒体功能及产品功能来联系农家和他们的农业事业、生活的。从而进一步考察日本农业出版在推动日本农业生产发展，维护农业存续、农家社会地位，一直注意倾听农民的呼声，站在有利于农家和农业的舆论前沿，倡导日本友好型农业的发展，关注生态环境的保护和国民的健康等方面，所起到的舆论先导作用。

本书主要侧重以下四个方面研究：

第一是梳理日本出版业中农业出版的情况。战后，特别是到了20世纪90年代末，日本农业人口大幅减少，而农业领域相关的出版物却不断增加。但是关于这种出版动向与农业领域的关联研究还没有看到。本书通过梳理研究农业相关书籍和杂志的出版情况，考察农业出版的环境，进而研究作为传播媒介的农业出版事业存在的意义。

第二是考察战后农业出版的动向和农村读者读书情况。日本农业出版者不是单纯地从供给方出发，出版农业知识方面的书籍报刊等，也不只是面对日本农业呈现荒废的态势时，积极呼吁并批评农政的滞后、强调农业与农村结构改革和确保食品安全的重要性，而是认为农民作为农业的承担者，也是农业出版的接受者，确保为农民读者提供便利阅读的机制，保证他们的信息及时接受也是很重要的。故本书通过对农村读者的读书状况的研究进行社会学考察。为了考察农村读者的读书状况，本书采用了家之光协会《农村与读书——全国农村阅读调查》的调查数据，分析这些数据可以了解农村读者的读书状况，进而可以分析农村读者对农业出版的接受状况。

第三是考察农业出版社发展路径。具体来说是通过农业出版社的出版物，分析其持续进行农业出版活动的原动力以及与农家读者的衔接点，来揭示农业出版在战后日本多元化的激变中是如何生存发展，又是如何引导受众的价值观和生活意识的。选取对象是农业出版历史较长的农山渔村文化协会（以下简称“农文协”）。

第四是通过走访农家，采取访谈和问卷的调查形式，考察农业出版对农家的影响。调查对象是在农村有着30年以上订阅《现代农业》杂志的农家。通过实地调查，研究农业出版对农家生活和生产活动乃至价值观的影响，以及身为读者的农家自身对农业出版的期待和要求，进一步探究农业出版作为媒体对受众的影响以及面临的问题。

第2节　农业出版新闻事业

在研究日本农业出版前，先对日本的出版进行概念的确认和综述，并对日本农业出版在出版大背景中所处的位置进行定位。出版的定量研究将在第2章中进行。

一、出版新闻事业的解说

在传统出版人眼中，出版包含图书和杂志。在新闻事业的概念中，不包含图书出版，但包含杂志出版。《韦氏辞典》对新闻事业的概念有以下4项具体表述：

第1项有两方面内容：

a. 收集和编辑当前感兴趣的材料，以便通过报纸、杂志、新闻片、广播和电视等载体进行报道。

b. 从事新闻采集与传播的报纸、杂志或其他机构的业务管理。

c. 与新闻采集与传播或新闻媒体行业管理有关的学术研究。

第2项：新闻写作。

a. 专为在报纸或大众杂志上发表而设计的写作。

b. 不试图进行解释说明，而是以事实的直接陈述或事件的描述为特征的写作。

c. 有关公众关心的话题或公共利益的写作。

第3项：报纸和杂志。

第4项：以类似新闻的形式表现事件或思想（如以绘画或戏剧的形式）①。

从以上的定义可以看出，新闻事业这个概念有多重含义。日本学者认为，日本的出版，与杂志和报纸的产生、发展有十分密切的关系，是以紧密相关的近代新闻事业为前提的。日本出版家清水英夫早在其1972年出版的著作《现代出版学》中，从媒体介绍开始阐述图书出版的媒体功能。他借用美国杂志研究家的观点，肯定新闻事业是“为了在报纸、杂志、广播上发表，而将公共信息、公共意见、公共娱乐等按照有组织并且有信用的方法收集、记录、解说、处理与传播的事业”②。

清水英夫认为，新闻事业这个用语在很多情况下是跟报纸有同样的意义的，它是否包含书籍并不明确。另外，以前的日本报纸学会，现在改名为日本大众传播学会，设定其研究对象是“报纸、广播电视、电影、杂志等新闻事业以及大众传播”，但是没有明确表明将书籍作为研究对象。清水英夫认为其中一个原因是“新闻事业基本上没有把书籍纳入到大众传媒的视野之中。另一个原因是，报纸学会对于把书籍出版直接纳入到新闻事业或者大众传播

①1993年版的《韦氏辞典》中新闻事业的定义。
②清水英夫：《现代出版学》，竹内书店，1972年，第31页。

范畴还是感到犹豫”[①]。

清水英夫提出，从大众传媒的功能和作用的角度，可以把书籍出版作为新闻事业考虑。虽然人们对书籍出版研究的关心程度是很弱的，将其等同于新闻或许很勉强，但是书籍出版作为一种从无到有的创作活动，具有对大众或社会传播的功能。因此，将出版传播研究放在新闻事业中研究，是有充分价值的。书籍编辑者虽然不是出版物的直接写作者，但是作为创造出版物的媒介，起着主导性的作用，承担着最终的责任，具有独立性、批判性和客观性，是作为书籍出版最重要的要素。如果最终书籍出版物能为读者提供社会性的争论点、话题或批判的根据，那么新闻事业的作用就充分体现出来了。所以把图书出版纳入新闻事业可能超出了狭义的新闻事业范畴，但是实际上，出版越来越显示出了新闻事业的功能。

日本早期的主流出版社，从诞生起便是由创刊杂志源起并相伴随的，而杂志的社会属性也导致了图书出版成为与报纸并列的大众传媒的一个领域，处在跟报纸并列的位置。正是以杂志为代表的日本出版作为狭义的新闻事业，能够细致记述某种事件经纬或深入揭示某种思想，所以图书出版作为新闻事业的一翼，也被日本社会所普遍认同，并在读者心中有了重要的位置。

内川芳美在《世界大百科事典》[②]中进行了以下明确的说明：“新闻事业这个用语的意义有广义跟狭义之分。狭义是指通过定期的出版物，将实时的信息和意见向大众传播（报纸或者杂志等）。广义是指包含非定期的出版物和印刷品以外的、提供娱乐和

① 清水英夫：《现代出版学》，竹内书店，1972年，第3页。这里提到的日本报纸学会（1951年成立）是大众传播学会的旧称。伴随着大众传播现象的多样性、广泛性、复杂性，大众传播也有必要在各种各样的研究领域进行多角度的研究。另外，报纸学会在刚成立的时候，研究对象也不只限于报纸领域，是被当作包含广播在内、研究如何与大众进行广泛沟通的机构运营的，后来衍变为大众传播学会。

② 《世界大百科事典》，第12卷，平凡社，1990年，第728页。

知识传播的所有的大众传播活动。所以广义上来说单行本也属于出版新闻事业范畴。从广播与电视的广电新闻业，到电影的电影新闻业都可以看作新闻事业的一部分。”这里，内川芳美把单行本也纳入了新闻事业的范畴。

事实上，日本的出版业自20世纪50年代后半期，就以周刊杂志领域为先导，迅速向大众传媒转变，出版在生产、流通和消费的全过程中不断进行社会变革，出版研究的倾向也转向大众传播的角度。但是出版物与其他大众传媒的主要差别是，它非常重视作者跟读者之间的沟通。在电视等大规模视听媒体爆发性发展以后，出版物反而以新的存在理由发挥着作用。清水英夫列举了出版物的9个特性：①创造性；②价值评价多样性；③很难测定影响力；④比起数量更重视质量；⑤具有文化性和商品性双重特性；⑥具有传媒的特性；⑦多品种少量生产原则；⑧几乎没有重复购买；⑨企划优先[①]。

这里清水英夫提到的“出版物的特性”，可以理解为语言文字本来就具有的抽象和理论的特性，再加上其体现的娱乐性和记录性、社会影响力、轻便、易保存、容纳的信息量、正确度、传播力等信息传播特性，还有极度重视企划力或企划性，同时低价也是其主要特点。现实中，战后日本出版事业确实在向影响社会舆论形成方面不懈地努力，这一点也是日本出版的特征。

但是，也有日本学者批评说，比起满足人们文化和精神方面的需求来说，日本的出版也显示出更重视数量的特点，出现了重视出版物的商品价值而轻视出版物文化价值的倾向。这样的倾向很难说出版物可以带给人们精神上的满足，例如，对暴力的描写会给青少年的精神健康带来不良影响，对此应该引起注意，不能无视出

①清水英夫：《出版业界》，教育社，1978年，第83页。

版物对现实中人们行为的影响[1]。

1969年日本出版研究会成立，日本的出版研究开始了有组织地发展。1972年清水英夫出版了《现代出版学》一书，提出了出版新闻事业的概念。出版具有不逊色于其他大众传媒的功能，也发挥着很细微媒介的作用。出版的作用在人类自觉意识到有历史的那一刻起就已经开始体现了。特别是近代以来，书籍与杂志出版的新闻要素逐渐增多，新闻的功能也需作为出版的近代化和现代化的现象来看待。显然，书籍、杂志和多媒体的出版成为新闻事业的一部分[2]。

二、日本出版新闻事业概观

在二十世纪二三十年代，日本媒体一直是国家统治的工具。无论是1925年颁布的《治安维持法》、1936年颁布的《不稳定文书临时取缔法》、1938年颁布的《国家总动员法》《工作机械制造业法》《金属制造限制法令》、1939年制定的《电影法》，还是1941年制定的《报纸等发布限制令》《言论、出版、集会和结社等临时取缔法》《新闻事业令》《出版事业令》等，都是限制言论、出版自由的法令，甚至造纸和印刷的机械制造也受到严格限制。“尤其是在日本发动对中国侵略战争以后，为了加强对情报信息的管制，以实行其思想战的设想，几乎所有的大众媒介都被整合为国家机器的一个组成部分。”[3]

1945年日本投降后，美国占领当局开始了新的言论、出版管

① 有关言论、出版自由的详细研究在清水英夫的《言论法研究——宪法21条和现代》（学阳书房，1979年）、《情报和权利》（三省堂，1984年）等有论及。清水英夫强调，即使是在宪法允许的范围内，也要从社会性和伦理性的角度对大众传媒进行规范，自主规范是大众传媒的社会性责任。

② 清水英夫：《现代出版学》，竹内书店，1972年，第27—37页。

③ 诸葛蔚东：《战后日本出版文化研究》，北京：昆仑出版社，2009年，第32页。

理，废除了日本原有“言论限制”的各种法规法令，并于1945年9月29日颁布了《关于报纸、言论自由的新措施》。1946年7月23日，日本新闻界成立了“日本新闻协会”，制定了《新闻伦理纲领》。这个时期，出版业界很活跃，1945年10月10日“日本出版协会”成立，1947年制定了《出版伦理纲领》，成为协会会员出版社共同自觉遵守的规范。美国占领当局在日本实行的改革政策，使得日本传媒发生了根本性变化。诸葛蔚东认为：“经过战后民主改革，因应社会的发展和变化，出版物中的价值取向也日趋流动性和多样性。这一变化使得出版物既是商品同时又对人们价值观的形成有一种调控和引导作用。”①

战后改革政策的实施和经济的发展，使日本出版业逐渐走出了低谷，出现了前所未有的面貌。1956年书刊销售额为587.7亿日元，到1975年达到9765.9亿日元，增长16.62倍。这种快速的增长，是与出版界把出版作为大众传媒来运营的理念分不开的。这种出版传媒理念的具体表现，就是以杂志为代表的出版传媒形式。

日本的出版业在很长的一段时间是以综合杂志②为代表的，也可以说综合杂志是日本出版新闻要素的最初表现形式③。

综合杂志经过盛衰更迭以后，现存有影响的综合杂志有《中央公论》（1899年创刊，博文馆）、《文艺春秋》（1923年创刊，文艺春秋社），还有战后派的《世界》（1946年创刊，岩波书店）等。战后政党、官僚、商会、工会、学会、学联等各种社会势力角逐，因各自的观点不同，对出版业发挥独特作用的评价亦完全不同。但可以肯定的是，综合杂志的兴盛，说明日本出版业被视同其他媒介一

① 诸葛蔚东：《战后日本出版文化研究》，北京：昆仑出版社，2009年，第85页。

② 综合杂志一般是将经济、社会、文艺、哲学等广泛领域的评论和随笔创作进行综合编辑的杂志，详细的论述参考记田顺一郎的《书的情报事典》，出版新闻社，1986年，第131页。

③ 清水英夫：《现代出版学》，竹内书店，1972年，第104页。

样地影响着舆论形成。

松川事件（1949年）和安保斗争（1960年）是反映当时出版业与报纸业立场不同的案例。在松川事件中，以作家们为先导，揭露与此事件有关判决的真相，为这些作家提供支持的发布平台不是报纸，而是综合杂志《中央公论》《世界》和《文艺春秋》。

安保斗争时期，报纸要免除政府的责任，以“暴力批判”的说法抹黑国民的运动，表现出了对国民进行打压的态度。这时候以上述三种杂志为代表的出版媒体，对新安保条约和日美协定的危险性进行了深度报道解说。虽然“阻止安保”运动失败了，但是这次运动使当时的首相放弃了“修订宪法”的想法，捍卫了和平、民主和社会进步，也使得美国企图再次诱导日本公开备军的做法失败了。

在出版业界中，这三种杂志被看作战后一段时期内日本综合杂志的代表。其中，岩波书店因其影响力，在战前就被称为学术岩波文化。在战后社会思潮和文化变迁中，岩波书店依然坚持严肃的出版路线和立场。岩波书店战后创刊的《世界》，一直秉承岩波文化的出版宗旨，这个杂志也给岩波书店带来了出版的新生机。《世界》表明了日本“和平”“民主主义”和“社会进步”的志向，这对战后首次作为新闻事业姿态出现的岩波书店，起到再生的作用[①]。

另外，1923年创刊的《文艺春秋》虽然在二战期间被迫停刊，但是战后又恢复出刊，以发表政治、经济、文化评论和文学作品而持续地发展到现在[②]。虽然是综合杂志，但是它也是文艺作品的发表平台，刊登活跃的作家的作品，追求一种轻松的中间文化，因此拥有比文艺专业杂志更多的读者；不断地刊登有影响的新作，表现

① 日本将战前的出版文化分为“岩波文化”和“讲谈社文化”两个方面，也就是说将知性的出版和面向一般大众的出版之间划出了清晰的界限。有关岩波书店的研究参照清水英夫《情报和权利》，三省堂，1984年，第181页；《出版业界》，教育社，1978年，第21—58页。

② 伊藤阳子：《21世纪的大众沟通——出版》，大月书店，1997年，第37—43页。

出媒体的功能[①]。1974年《文艺春秋》发行72万册，2000年有45万册的发行业绩，在商业上取得了很大的成功。

关于女性地位的提高和意识变革，在当时出版的妇女杂志中都有所表现，这可以从现在仍然出版的《妇女之友》来考察。这本杂志是由羽仁元子创刊的《家庭之友》（1913年改为《妇女之友》）发展而来，以提高妇女地位为目标。创刊以来，明治、大正、昭和、平成年间社会环境和价值观念剧烈变化，它没有沦为只发表美容时尚、家务事、手工艺等内容的杂志，而是呼吁家务事的合理化以及女性进入社会的重要性，提倡男性也要干家务活，质疑明治时代根深蒂固的封建家庭、家族观念。该杂志在日本首次发行了"家计簿"，从"以家庭为基础创造更好的社会"的视角出发，不断向女性提出"新的家庭面貌"的倡议。以向读者提出直面家庭生活中的问题为编辑报道方针，倡导不管是什么时代都要以健康卫生的生活方式为根本，好的家庭会创造好的社会等理念，这种方针经历百年，延续至今。

在20世纪70年代，随着进入社会的女性增加，《妇女之友》发行数量达到23万册（1975年）。近年来发行数量虽然有所减少，但是办刊视角一直很宽广，保持着衣、食、住、行、家计和孩子教育、世界动态、环境资源等方面内容，从生活的根本出发，不断地重新审视与社会发展相适应的行为，以倡导追求简单朴实、内心丰富的生活方式为出版目标。

这些长期存在的出版物，是日本出版界不同于新闻界的表现之一，也显示了出版跟电视、报纸和其他大众传媒不同的地方，即出版可以用独特的视角，通过精心策划制作，刊发长期且有深度的内容，创办多种独创性的出版物。既可以多品种少量生产以满足小

① 日本文化会议：《日本的新闻特质》，研究社出版股份公司，2000年，第202—230页。

众需求，又可以用特别细微的沟通方式在文化、生活、教育等各方面，形成一种有效的出版媒介系统，适应、影响和引导受众。当然，拥有相对较少读者却也存在的出版业，作为对舆论产生影响的媒体，确实比报纸、广播电视影响弱，但是作为一种独特的专业媒体，出版具有作为媒体理念承担者的可能性。特别是杂志跟其他的大众媒体比起来，与读者（国民）有着更紧密的联系。对读者想知道的事情进行详细报道，对读者不了解的信息能具实揭示，这种基本的态度保证了出版存在的媒体属性。

另外，箕轮成男提出了新的观点："新闻学是以新闻报道出版活动为主要对象的，是出版的一部分，是以规范媒体传播价值为命题进行探讨的人文、定性的学问。"[①]前面提到的三种杂志可以说就是"以新闻报道出版为主要对象"、以提起社会问题为目标的出版新闻学的代表。

但是，现实情况是，虽然出版新闻学的研究在不断进步，但是在日本社会的各个产业领域中，用动态和发展的社会学视角调查、分析、研究出版新闻事业的还很少。

日本令世界出版业关注的所谓"杂高书低"现象，是日本出版界独有的，很多出版社杂志销售额高于图书。2003年，日本杂志年销售40多亿册，销售额1.44万亿日元，而图书的销售额为1.32万亿日元。杂志带来的广告收益也很可观，约占杂志总收入的23%，大出版社基本都依赖杂志销售。这也是出版在日本被称作"出版新闻事业"的一个原因吧。

三、农业出版新闻事业概观

如前所述，可以明确日本的出版新闻事业是被社会广范认可存

① 箕轮成男：《出版学序说》，日本编辑学校出版部，1997年，第57页。

在的，那么农业出版新闻事业作为出版新闻事业的一部分，其存在也是值得研究的。

藤井隆至编写的1868—1945年《日本农业报纸杂志所藏机构目录》[①]，收录从明治维新到1945年近80年间发行的农业报纸与农业杂志，其中现存的杂志就有2134种。农业纸质媒介在全新的广阔领域存在，为日本农业经济思想史的研究带来了可能和兴趣，也成为进一步研究农业新闻出版事业内涵的重要基础。

据藤井隆至整理的数据，从1926年到1935年，农业报纸与农业杂志一共有731种，其中产业组合和研究机关等各种团体的会报、学报、学术杂志的比例较高，地方特色明显。1946年以后继续出版的出版物有60种。可以看出当时在农业领域，人们对什么有危机感，探求摸索什么，艰苦奋斗的足迹又是什么。

昭和初期的《农业世界》《蚕丝之光》《农学研究》《农业和经济》《农业和园艺》等大量农业杂志在战后继续出版发行。但是永岭重敏在近代日本纸质媒体和读者的关系史研究中提到，“即使是在昭和初期的农村，调查表明占据订阅杂志第1位的经常是综合杂志《国王》。一般来说，一直以来农村的读者水平都是很低的，订阅杂志的习惯还没普遍形成”，“出版物的订阅习惯主要在城市，在农村还没有普及。纸质文化在农村尚被忽略的时期，《国王》在农村却快速广泛地发展起来”[②]。

1925年讲谈社创刊的《国王》[③]，敏锐地感知到20世纪20年代急速发展的大众社会状况，将全体国民作为接受对象。在使纸面内容平易化，以读者感到有趣的出版方针指导下，该杂志发行量

① 藤井隆至:《日本农业报纸杂志所藏机构目录》，日本经济评论社，1986年。
② 永岭重敏:《杂志与读者的近代》，日本编辑学校出版部，1997年，第225、239页。
③ 日本讲谈社发行的以“全家均可阅读”为广告词的国民杂志。1925年创刊，1957年停刊。

达到了一百万册。当时日本农村的入学率上升，农村青年的阅读欲望一直在提高，但是农村新型的娱乐方式匮乏，作为杂志出版史上第一本大众杂志的《国王》，因此在农村得以快速广泛的渗透。

20世纪20年代虽然有农业杂志，但是还没有专门为农村策划的文化普及性读物。在城市中有很多读者、被出版业界评价为“读者大众化旗手”的《国王》，顺势在农村迅速渗透，销售量达到了第一位，显示了农家作为出版物接受方的存在。这种状态持续到1934年，比《国王》更加符合农家生活要求的、被称为“农村家庭杂志”的《家之光》在农村的发行固定下来。在这个时期，有很多跟农业相关的杂志发行，但是可以称得上农户订阅的主要有实力的杂志只有《家之光》。这种状态一直持续到20世纪60年代《现代农业》登场发行。而《国王》于1957年的停刊，预示着综合杂志的衰落，取而代之的是更加注重可读性且信息量更大的周刊及专业水准较高的实用性杂志。

《家之光》是1925年5月作为农业产业组合，也就是现在的日本农业协同组合（简称“农协”）的机关杂志而创刊的，面向农山渔村的普通会员，旨在出版能让家庭全部成员都能读懂的通俗杂志。它是直接通过农协发行的，跟书店的流通渠道不同，价格也在《国王》的一半以下。1950年发行100万册，1961年发行180万册，创造了日本月刊史上最高的发行纪录。从那以后发行量逐渐减少，2002年以后平均发行约80万册，但依然保持着月刊整体发行量的最高水平，由此也可见农协的影响力。

从杂志的内容来看，这本拥有70多年以上历史的杂志，关于农业报道、料理、西装剪裁、健康、医疗、家庭记事、城市风俗、观光名胜、连载小说、短歌、漫画等方面内容都有所覆盖。《家之光》定位为农业传播媒介，以提高农村的文化生活为出版目标，坚持把新文化和新生活的种子植进人们的心灵，使其生根、发芽。这种理念在战前和战后都一直坚持，影响深远。

板垣邦子对《家之光》做过研究。板垣邦子指出："《家之光》在创建初始，就确立了把城市的现代主义文化生活模式进行改编，并传播到农村的编辑方针，在开始的时候就不排斥现代主义。"[①]另外，野崎贤也做了《家之光》和农文协《农村文化》（《现代农业》的前身）的对比研究。野崎贤也指出"《家之光》通过它的出版历史保持了'文化生活'和'生活文化'之间的平衡"，"对于遍布农村各个角落的有组织的影响力巨大的农协，不仅仅只是在经济或经营层面发挥作用，其文化层面上的影响力也值得去研究"[②]。

农文协《现代农业》的前身是1926年发行的《农政研究》，此后经历了《农村文化》的改刊，1960年改成《现代农业》。野本京子在关于《农政研究》的创刊者古濑伝藏的"农本主义"的研究中指出："古濑批判一直以来的农业政策，追求农政应该将着眼点放在生产农民上。"《农政研究》的编辑方针也是从这个视点出发的[③]。另外野崎贤也指出《农村文化》实现了"从战前追求'文化生活'到战后重视'生活文化'的转变"。不过，野崎贤也在关于《农村文化》的研究中写道："因为急于说明也有论证不足的地方。"

从《现代农业》来看，这本杂志继承了"着眼点为生产农民"和"重视生活文化"的编辑方针。但是从农业的地位持续下降的20世纪60年代开始，与农业相关联的出版社和出版物也不得不进行转型或停刊。在以农业和农家为对象的农业出版的基础动摇的时代，《农村文化》更名为《现代农业》，进行了更加重视生产技术

① 板垣邦子：《昭和战前·战中的农村生活——从杂志〈家之光〉中来看》，三岭书房，1992年，第4页。

② 野崎贤也：《〈家之光〉和农文协中的农村文化论——"文化生活"与"生活文化"之间》，见《近代日本文化论5·都市文化》，岩波书店，1999年，第233—256页。

③ 野本京子：《战前时期的农民系谱——农本主义的再讨论》，日本经济评论社，1999年，第127—163页。

的编辑方针的调整，在沉浮不定的农业出版物中不依靠政府或者农业团体，保持着独立自主的姿态，为读者的需求进行了持续不断的努力，该刊的发行数量紧随《家之光》之后。与农文协有关的研究有近藤康男的《农文协五十年史》①，但是，还没有从出版新闻事业的视角，对《现代农业》进行的研究②。

以上对《家之光》和《现代农业》的出版动向进行了概括。如果一定要将两者进行区分的话，可以理解为《家之光》是根植在农协组织中开展普及活动的杂志；《现代农业》的特征是通过跟农民读者的对话来开展普及活动。虽然考虑到将两者进行对比分析是极其重要的，不过本书只对《现代农业》进行了分析。原因是如果对《家之光》进行分析的话，就必然涉及农协机构，将偏离研究农业专业出版的主题。但是本书第3章，将以《家之光》每年进行的“全国农村读书调查”为依据，分析农家订阅动向。

本书第2章将对农业出版的状况做一个梳理，第4章将通过分析农业专业出版社——农文协的新闻出版活动理念，即《现代农业》是以“上门服务”而不是“说教式推销”，“农民不读书，并不是农民不好，而是书编得不好”等，考察农文协如何直接与农户形成对应和互动的传播关系，如何在农政与农业变化中，与农家既存适应性又具引导性的，进而研究《现代农业》的出版新闻视角。

当然，作为与日本农业和农家紧密相连的社会团体——农协，

① 近藤康男：《农文协五十年史》，农文协，1990年。

②1980年农文协开始出版《现代农业》增刊号。《现代农业》和增刊很大的不同主要有以下两点：第一点是读者定位不同，《现代农业》主要面向农民，而增刊号可以面向城市居民；第二点是销售方式不同，《现代农业》直接对农民出售，增刊号在书店出售。增刊是以农业为基础，介绍农村与城市相关的思考方式和生存方式。例如，增刊《59人对大米进口的意见》（1987年6月号）、《大米的逆袭》（1987年11月号）等，列举了跟国民生活紧密相关的实例，唤起社会对作为国家大事的农业的关注。20世纪90年代有很多“告老还乡”“归农时代”等关于都市居民的报道，“告老还乡”内容的增刊还有过加印的情况。但是本研究中有关《现代农业》的研究基本不包含增刊。

既有出版活动存在，也与出版有密切关联。为了便于理解日本农业出版新闻事业所处的相对完整的生态环境，这里仅对日本农业的最大团体农协做一个简单的介绍。

日本农协是根据1947年制定的《农业协同组合法》设立的事业团体。农协的会员，分为有农家资格的正式会员和没有农家资格但是缴纳一定会费、可以利用农协经营业务的准会员两种。农家（1985年专业和兼业农家共有437万人）的正式会员入会率几乎是100%。但近年来随着农业人口的减少，正式会员的人数也呈减少的趋势。

农协的组织机构见图1–1。由顶层设置各营业部门的全国联合会，延伸到设置各营业部门的都道府县联合会，再辐射到几乎每个市町村（市、町、村是日本地方的行政区划单位，市、町、村是同一级别）设立的综合农协（有生产经营指导、购买、销售、信贷、保险等互助业务，1985年约有4300个）和专业农协（酪农、畜产、园艺等行业的专业组织，约4500个），构成了被称为单位农协的基层组织。但各农协并非都在全国联合会的指令下进行工作，各地方农协都有相对独立的社团法人运行机制，主要事业内容见图1–2。农协渠道的出版物销售时，也是以此为基础，与一般出版社的销售系统不一样（图1–3）。

全国农业协同组合中央会（简称全中）设在东京大手町的农协大厦里，被称作“农协大本营”。其工作范围是掌握农业行政活动的方向，推进指导农业经营、农协经营和教育宣传等。全中设有出版课，出版月刊《农业合作社》《农协年鉴》等杂志；平均每年出版图书10～15种，平均定价为1000日元，平均首印数6000册，这些书基本以每两三年修订一次为标准，起到教科书式的作用。

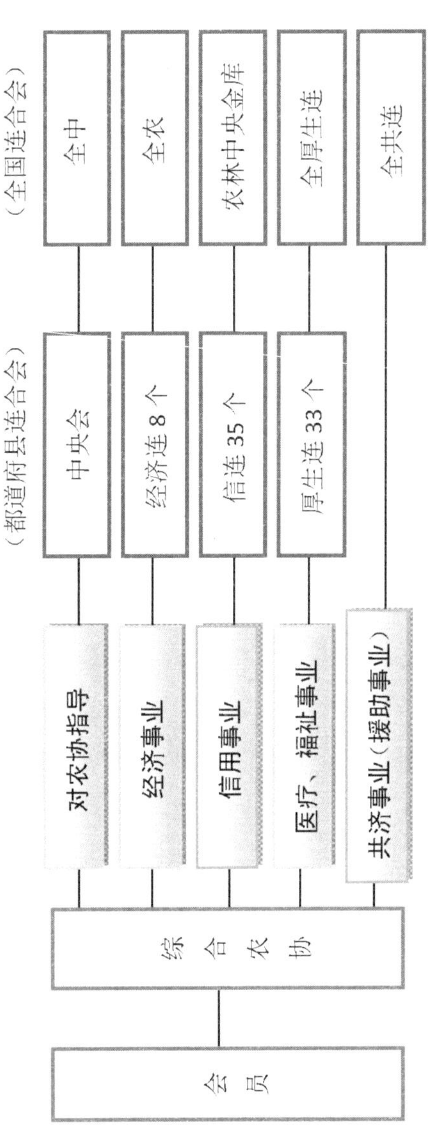

图1-1　日本农协系统组织框架图（2014年3月时的数据）

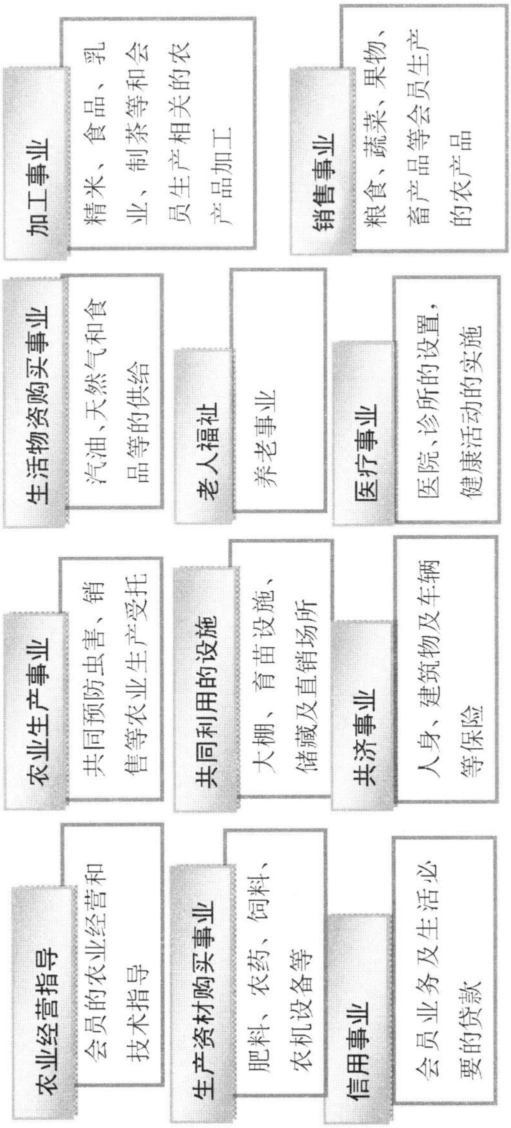

图1-2 农协的主要事业内容

注：依据农协宣传资料做成。

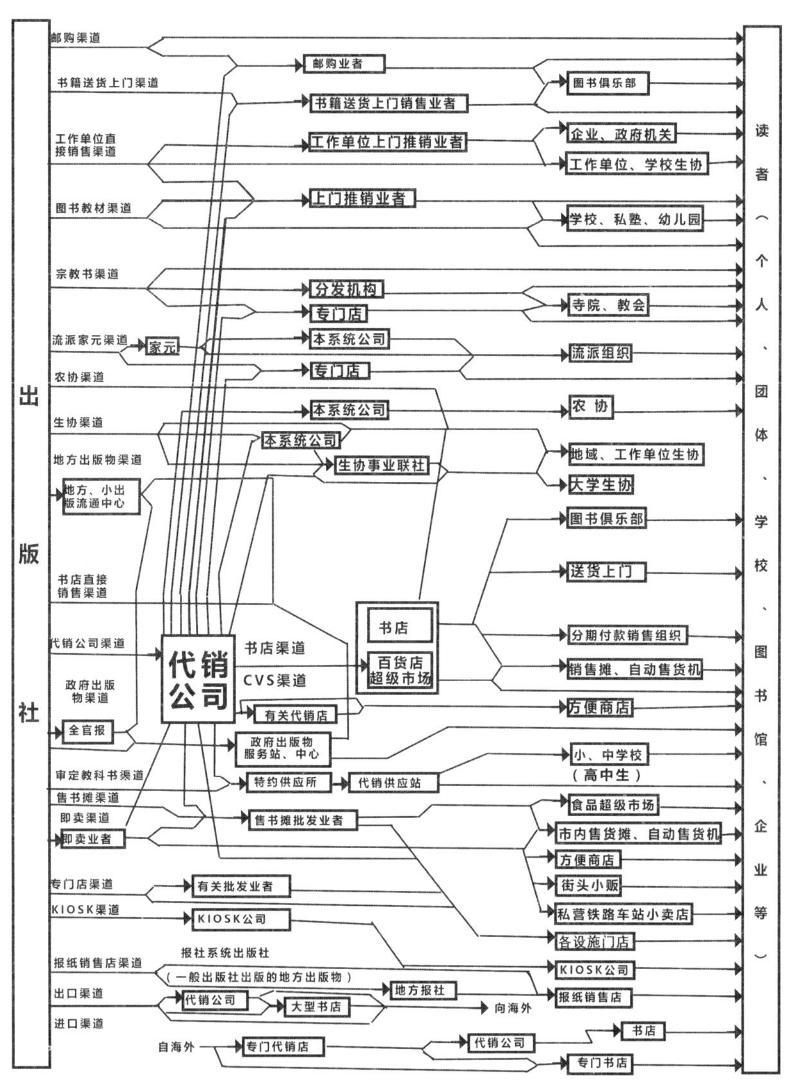

图1-3　出版物流通图表

资料来源：村上信明著，祖秉和译：《日本出版流通图鉴》，北京：中国书籍出版社，1992年。

第2章　农业出版新闻事业的发展历程

第1节　概述

如第1章所述，日本出版新闻事业可以说已经普遍涉及社会的各领域。但是在战后，在农业巨大的变化中，还没有关于出版新闻事业是如何通过书籍、杂志应对农业变化的研究。近年来，农业在日本经济中的地位急剧下降，但农业领域的出版物却没有相应减少，反而呈现上升态势。以出版作为传播形式，推出了跟农业有关的实用书籍、杂志及研究人员的研究成果。对于这样的出版新闻事业动向应该作何理解呢？

本章首先概述战后农业的变化情况，从各种统计数据中把握战后农业出版的动向，研究农业出版如何应对农业、农村变化的各种要求，探究战后农业出版新闻事业的发展历程。最后，通过考察各地区书刊的订阅状况、图书馆及书店的情况，研究农业出版物的动向与现实的订阅环境到底存在着怎样的关联，讨论农业出版新闻事业的存在环境。

第2节　农业的变化与农业出版新闻事业

一、农业变化的概述

战后，日本进行了农地改革，1946年通过并实施《自耕农创设特别措施法案》和《农地调整法改正案》，超过600万的农民成为土地所有者，结束了此前一直存在的地主制度，地主制度被“战后自耕农体制”替代。农地改革的结果是解放了194万公顷的土地。改革后，地主保留的“残留租地”占农业土地总面积的比例缩小到了一成。这次农地改革，使半封建的地主所有制基本解体，创设了新兴的自耕农体制[①]。为了长期维持自耕农体制，日本在1952年制定了《农地法》，稳定了农家努力提高粮食增产的积极性。而土地改良、农地开发等政策，也确保了促进日本人主食稻米的增产。

由农地改革形成的自耕农体制，在一定程度上给农村带来了安定。虽然耕作规模很零散，但是耕作农民得到了自由从事充满创造力的农业生产的机会。同时粮食不足增强了农民增产的需求，粮食增产政策提高了农业生产力，推进了农业生产机械的应用，新的农业技术得到普及，肥料的内需也扩大了。培育肥料产业在政策上得到保证，肥料产业快速地成长起来。1950年、1955年和1960年硫酸铵的产量实现了从1501千吨（本书中沿用日本计量单位）、2129千吨到2422千吨的增长，化肥也实现了从43千吨、1108千吨到2399千吨的快速增产[②]。施肥技术也有了进步。在土地面积一定的条件下，农业生产效率得到了提高。这十年间的数据显示，大米的产量增长了1.3倍，蔬菜的产量增长了1.4倍，水果的产量增长了

---

①田代洋一：《农业问题入门》，大月书店，2003年，第58页。
②北出俊昭：《日本农政50年》，日本经济评论社，2001年，第39页表2-2。

2.3倍[①]，在比较短的时间里实现了农作物增产的目标。

1955年以后，日本经济进入了高度成长期，以重化学工业（煤炭和钢铁工业）为轴心开始了经济转型，各种制造业全面活化，就业结构也发生了急剧变化。1955年日本正式加入关税及贸易总协定（GATT），开始融入国际市场。

在这个时期，城市的劳动力需求增加，工农之间薪酬的差距也扩大。劳动力从农业流向工业，农业人口的绝对数量开始减少。沿海地区和城市周围出现了工厂集中地带，给近郊农村提供了就业机会，兼业的农民增加。

1960年《日美安全保障条约》的签订和1961年《农业基本法》的制定，深化了日本农业的不均衡发展和市场问题。兼营化、农业之外的收入增加等情况都呈递增式发展[②]。这个时期的农业是以提高主体作物的单位面积产量为中心的，而这一提高产量的主要途径，是通过土地整治、品种改良、机械化和大量投入化肥、农药实现的。

《农业基本法》一方面通过农民层的分选实现了农业近代化和工农间收入差距的缩小，另一方面希望通过把弃农的人作为低薪劳动力来使用，实现劳动生产率的提高。1962年开始的农业结构改善事业，在十年规划中以国家补助金为杠杆，谋求土地基础整备和大型设备的引入。另外，从1960年开始，改变大米生产者价格的计算方式，开始按照城市劳动者工资计算大米生产者的劳动工资，同时引入了相应的大米生产者收入补贴政策，实现了农业劳动力和城市劳动者可以取得差不多相同报酬的政策目标。但是仅仅通过提高劳动生产率扩大农业规模，单单依靠农业收入取得跟城市劳动者相当的收入，还是很困难的。这个时期，由于年轻人从事农业者

① 马场启之助:《日本农业读本》,东洋经济新报社,1964年,第68页。
② 三国英实等:《日本农业再编与市场问题》,筑波书房,2001年,第18页。

减少，导致第一产业的从业者减少，在第二和第三产业中，年轻阶层的增加特别明显。一直以来，第一产业都拥有最多的从业者，从20世纪60年代后半期开始，第一产业的从业者数量开始低于第三产业。为培育大规模自立经营农家，实现农业现代化，1962年《农地法》被修改，在维持自耕农体系框架下，推出了土地流转、借贷等农业结构改善措施，土地规整化、均质化、合理化得到了实现。

20世纪70年代的石油危机使世界经济陷入了不景气的状况，各国被迫应对这种局势，世界经济进入结构重组的加速阶段，日本的农产品贸易自由化也进入了重要时期。这个时期，体现日本自耕农主义的《农地法》被大幅修改，准许出租自耕地和佃耕地，取消地租限额，也放宽了租佃条件。这些结构政策的调整，真正使有志扩大耕地经营规模者，可以拥有更多土地来实现规模化经营，进入农业的机械化、化学化、设施化的现代化农家比重快速增加，促进了农民阶层的快速分化和兼业化程度的提高，农民的生活方式随之发生变化。

随着贸易自由化、农业生产的市场化推进，日本政府出台了减少大米耕作面积的调整方针，即《大米生产调整对策实施纲要》，政府停止了一直以来的大米全部买入政策，制定了买入数量的限度。政府还制定了拿出补助金停止大米的常规化生产、减少大米耕作面积的政策，这个政策一直延续着。但是，因为受到进口农产品增加的影响，大米过剩的趋势一直在继续。水稻生产受到产量过剩和价格下降的夹击，不得不进行调整。在其他作物领域，推进了设施化和机械化，扩大了生产规模的农民也因为债务的不断累积导致经营不稳定。在农业生产扩大困难的情况下，农民对用于农业生产的资金需求也降低了。

一直以来支撑着日本集约化农业发展的肥料产业受到耕作面积减少的影响，不得不缩小生产规模。从总的耕作面积变化来看，自1960年开始不断减少，尤其大米过剩明显化后，耕作面积更是不断减少。到1997年，总耕作面积减少到了1967年的66%。特别是水稻的耕作面积在1967年到1997年的30年间实际上减少到了62%，也使得这30年间的肥料市场缩小到原来的60%，相当于水稻每10公亩的施肥量从1985年到1996年减少到N2.14%、$P_2O_5$0.82%、K_2O1.8%[①]。与合理施肥量减少趋势相对的是，农药的使用量从1970年到1985年间增长了5.3倍[②]。

1970年左右，偏重化学农法使得各地出现了土地肥力低下、作物连种障碍等问题，很多矛盾显现出来。特别是弄清了残留在水稻秸秆中的BHC会对牛奶以及牛肉产生严重的污染后，农药的污染等被大书特书[③]。依靠机械化、设施化和化学化的近代农业会给环境造成负担的问题，使人们开始试图向着可持续农业转变。“仅占化学肥料十分之一的小规模的有机肥料增长很迅速，这成为肥料市场动向的一个特征而受到关注”[④]，农业的转变开始着眼于环境保护。那么如何应对化肥的有效机能，是日本集约型农业中环境保护的新课题。

日本的公害问题在日本战后工业的高速发展中逐渐显露出来，田中角荣在其《日本列岛改造论》（日刊工业新闻社，1973年出版）中试图解决这个问题。该书的腰封上醒目地写着“如何创造一个不存在公害和人口过密、国民都安心生活和适宜居住的富足的日本”，提出把工业重心由东京和大阪的太平洋地带转向地方，在各地区发展第三产业，以此带来日本人口的流向转移。甚至有学者

① 纲岛不二雄：《肥料市场的动向和将来的课题》，见《日本农业再编与市场问题》（三国英实主编），筑波书房，2001年，第141—152页。
② 纲岛不二雄：《农协系统的强大肥料市场》，见《食品·农业的相关产业》（宫崎宏等），农山渔村文化协会，1990年，第53页。
③ 河野修一郎：《日本农药事件》，岩波书店，1991年，第8—9页。
④ 纲岛不二雄：《农协系统的强大肥料市场》，见《食品·农业的相关产业》（宫崎宏等），农山渔村文化协会，1990年，第36页。

认为，工业的比重过大导致农林渔业的发展失去了平衡。战备和战争期间研制的除草剂、士兵补给蛋白、军用罐头和为战时粮食问题研制的化学肥料等技术，在战后又被用到和平时期的发展中，完全没有考虑到给社会和国民带来的危害。有吉佐和子在《复合污染》（新潮社，1975年出版）一书中指出："是战争带来了化学和生产技术的飞跃性发展，战争结束后，没有企业想要抑制这种让生产力倍增的方法。火药的生产技术被应用于化学肥料的生产，大量的杀虫剂和农药被撒到了稻田和菜园中，合成洗涤剂取代了肥皂，这一切对水质和土壤都造成了严重的污染，也给人类的生存环境带来了极大的隐患。"这本书成为当时社会上的畅销书，也引起了日本农林水产省的反思，对引起整个社会关注农业环境问题起到了重要的推动作用。

另外，1971年制定的《农村地域工业导入法》，促进了工业在地方的分布。这样的结果使农户的兼营化就业结构有了调整，除去一部分的离家务工形态外，向着在宅通勤的兼业型就业转变，地域的产业构造发生了变化。例如，日本山形县庄内地区，从古时候就是以农业为中心发展起来的。但是从1965年开始，不断地把重心转移到以电器机械为中心的高科技产业上。在此后30年间，处于工业时代的农业的比重急剧减少，2000年农业产值仅是工业产值的四分之一[①]。

地域产业结构的多样变化，带来地域经济稳定、居民收入增长，通过年轻劳动力的稳定来防止人口减少，这样就更加促进了农家兼业化的发展。

从表2-1可以看到日本农家的变化情况。战后农业从业人口的数量变化是很大的。专业农家从1960年的207.8万户减少到1990年

① 《山形县的100个指标》，2003年版。2000年的农业产出额（每户）是444.7万日元，制造业是1988万日元（每个从业者）。

表2-1　农家的变化情况

年份	农家户数		农家人口		主要农业从事者（万人）	农家人口占总人口的比例（%）	农家户数占总户数的比例（%）	第一种兼业农家		第二种兼业农家		专业农家	
	（万户）	指数比(%)	（万户）	指数比（%）				（万户）	占农家户数比（%）	（万户）	占农家户数比（%）	（万户）	占农家户数比（%）
1960	605.7	100.0	3,441.1	100.0	1,175.0	36.5	29.0	203.6	33.6	194.2	32.1	207.8	34.3
1965	566.5	93.5	3,008.3	87.4	894.1	30.3	23.5	208.1	36.7	236.5	41.7	121.9	21.5
1970	534.2	88.2	2,659.5	77.3	710.9	25.4	19.7	180.2	33.7	270.9	50.7	83.1	15.6
1975	495.3	81.8	2,319.7	67.4	488.9	20.7	15.4	125.9	25.4	307.8	62.1	61.6	12.4
1980	466.1	77.0	2,136.6	62.1	412.8	18.3	12.9	100.2	21.5	303.6	65.1	62.3	13.4
1985	437.6	72.2	1,929.8	56.1	367.6	15.9	11.5	77.5	17.7	297.5	68.0	62.6	14.3
1990	383.5	63.3	1,729.6	50.3	312.7	14.0	9.3	52.1	13.6	197.7	51.6	47.3	12.3
1995	344.4	56.9	1,508.4	43.8	277.8	12.0	7.8	49.8	14.6	192.5	55.9	42.8	12.4
2000	312.0	51.5	1,345.8	31.0	240.0	10.7	7.2	35.0	9.4	156.1	50.0	42.6	13.7

注：依据《农业白皮书附属统计表》各年版数据做成，农林统计协会。本书中所有图表数据均为日本数据，表头及文中不一一注明“日本”字样。

的47.3万户，减少了160.5万户，减少比率为77.2%。同样地，第一种兼业农家从203.6万户减少到52.1万户，减少了151.5万户，减少比率为74.4%。而这时期第二种兼业农家的数量却急速上升，1975年的307.8万户显示了这个增加态势。虽然到1990年后，第二种兼业农家下降到和1960年的数量接近，但第二种兼业农家户数分别是第一种兼业农家和专业农家户数的3.8倍和4.2倍；到2000年这个数据为4.5倍和3.7倍。可以看到，1960年高度经济增长期之后，农家的从业构成是按照由专业农家→第一种兼业农家→第二种兼业农家这样的方向变动的。

结果是，平常上班的第一种兼业农家的户数占全部农家户数的比例由1960年的33.6%减少到1990年的13.6%，第二种兼业农家的户数占全部农家户数的比例由32.1%增长到51.6%。主要的农业从业者从1960年的1175万人减少到2000年的240万人，40年间减少了大约935万人。新毕业的学生中，从事农业的学生数量一直在减少，1990年只有1800人进入到农业领域（表2-2）。在这30年里，急速减少到原来的2%。全国范围内1990年新毕业的学生就职者中，从事农业的人数的比例实际上仅占0.032%。伴随着经济发展，农家收入在经济高速增长期快速增加，生活水平也不断提高。农家与一般工薪家庭比较，在农家的总收入、可支配收入和家庭成员人均生活费方面，农家已比工薪家庭高。

但是农家收入中，农业收入所占的比例从1960年的49.5%减少到2000年的13.1%，减少了36.4%。特别是第二种兼业农家对农业的依存比例急剧下降。同样地，从农业收入来的生活费用（家计费）的占比，也从1960年的59.5%急速下降到2000年的20.1%。农业收入和维持家庭生活的费用好像已经完全分离了，图2-1显示了这种倾向。另外，专业农家和第一种兼业农家、第二种兼业农家比较的话，第一种兼业农家和第二种兼业农家的收入比专业农家高。专业农家后代的继承热情比较低。

表2-2　新毕业学生从事农业的倾向

年份	农户数量（万户）	新毕业学生从事农业者（千人）	农业就业者（万人）
1960	605.7	89.8	1,454.2
1965	566.5	68.0	1,151.4
1970	534.2	36.9	1,025.2
1975	495.3	9.9	790.7
1980	466.1	7.0	697.3
1985	437.6	4.8	636.3
1990	383.5	1.8	565.3
1995	344.4	1.8	414.0
2000	312.0	2.0	389.1

注：依据农林统计协会《农业白皮书附属统计表》各年版数据做成。

日本经济从20世纪80年代中期到后期这段时间发生了很大的变化，工业生产的增长率低下，经济陷入长期的不景气。日本面对"谋求国际协调性经济结构的变化是当务之急"的需要，越来越多的企业把生产基地向海外转移，国内产业空心化不断扩大，就业情况不断恶化。在农业方面，"应该推进跟国际市场相适应的农业政策"[①]这样的主张不断地成为社会的基调，也使得给日本的政治、经济带来很大影响的农业保护政策进一步削减，包括促进农产品贸易自由进行的UR谈判，都使得日本不得不进一步开放农产品的国内市场。

①北出俊昭：《日本农政50年》，日本经济评论社，2001年，第131页。

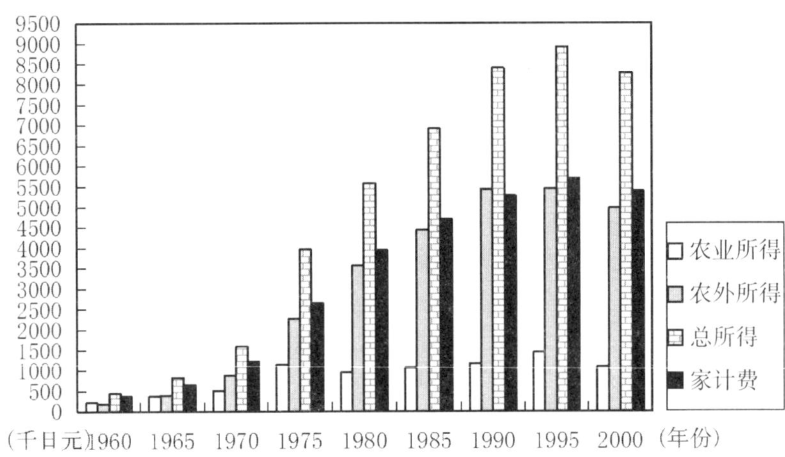

图2-1　农家收入和家计费用的变化

注：依据《农业白书附属统计表》各年版数据做成，农林统计协会。

进口自由化进一步扩大，主要农产品的进口量从1965年到1970年增长了1.6倍，到1990年增长了3.2倍。供给热量自给率在1980年到1990年间，从53%下降到47%①。农业、食品关联产业的生产额中，本土农、渔业所占的比例从1980年的19.1%下降到1990年的15.9%、1998年的12.1%②，国内的食品、农产品市场中农业的地位越来越低。

另外，农家数量的减少，兼营、高龄化的加深，农村人口的过疏化，耕地放弃增多这些问题，使农业进入到了缩小再编的过程，农政的转变也成为必然。1992年，日本政府提出了“新的食品、农业、农村的政策方向”（即新政策）。在产业国际化的大趋势下，农业也面临着变革的紧迫形势。

①田代洋一：《农业问题入门》，大月书店，2003年，第107页。
②农林水产大臣官方调查科：《农业·食品相关产业的经济计算》，1999年。

这个新政策提出"以稳定的价格提供新鲜优质安全的食品"和"防止食品自给率低下的状况"，强调控制使用化学肥料和农药导致的环境污染、农业在环境保护方面发挥多功能性等主张。另外，新政策提出支持稳定高效的个别经营体或者组织经营体承担农业生产的主体，以此推进扩大农业生产规模，强化经营基础。1993年实行《农业经营基础强化促进法》，创立认定农业者制度。

1999年7月制定的《食品·农业·农村基本法》（即《新基本法》），提出培养高效并且稳定的农业者为中坚力量，并采取资格认定制度。被认定的农家，其生产方式必须是采用土壤保护技术、少用化肥和农药的环保型生态农业。以这样的农业者为中心的农业经营被作为日本农业持续的根本。《新基本法》还提到提高食物自给率、提携农业和食品产业、基于市场原理的农产品价格政策及食品安全对策等，不断展开向着与环境相协调的农业体系的转换。

以上是日本农业发展变化的概况，总的说来，在日本的社会产业变革中，农业的相对地位是持续快速下降的。我们可以预想这也会给农业出版事业带来很大的影响。

二、农业出版新闻事业的变迁

1. 战后初期农业出版状况和20世纪50年代农业出版物的活性化

从1945年到1950年，是日本出版业从崩溃状态走向重建的时期。1947年实施了日本国宪法，有了"言论出版自由"的保障，这给出版业重组带来很大的影响。这期间，虽然还有联合国军最高司令部（GHQ）的各种干涉和统治，有1948年将在大战期间协助国策出版的人员开除公职的行动，有用纸的限制等因素，但出版业在这个不安定的时期，还是快速发展起来。出版社的数量从1945年的大约300家激增到1949年的4581家，其中，中小出版社占大多数，当然以后也就不断有小出版社倒闭和再生的情况，但出版社的整体数量基本保持在四五千家的规模。

20世纪50年代由于朝鲜战争的爆发，日本成为美军后方战略基地，为美国提供战略资源，日本经济得到了复苏的机会。出版业用纸的管制也得到了全面的废除，自由出版成为了可能。但是与此同时，纸张价格暴涨限制了很多出版社的发展。这个时期，有实力的出版社借助用纸放开时机，步入了正规出版的道路，在不景气和混乱中显示出了成长的征兆。

在这期间，日本农业出版围绕战后复苏期的粮食增产选题，做了很多的努力。专门为农业、农民服务的专业农业综合出版社的数量虽然不多，但是农业书籍从1945年的34种增加到了1950年的新版、再版合计383种。在这些出版物中，《养马经》（三省堂）、《安全麦作增收法》（产业图书股份公司）、《秋播蔬菜的种法》（儿童书出版社）、《日本的大米》（讲谈社）、《农业机械化图说》（白阳社）等关于农业生产技术的书籍占到了一半以上。1953年农业书籍的新版数量增加到342种，占总书籍新版种数的3.39%，在1950—2000年的50年间达到了最高值（表2-3）。作为载体，很多出版社把农业研究者的研究成果传达给社会，可以说这是战后农业出版为战后农业复兴做出的贡献。在当时，农业生产技术信息对粮食增收是不可缺少的，农业出版起到了基础性的支持作用。

在这些出版农业书籍的出版社中，有实力的综合出版社如岩波书店、日本评论社、东大协同组合出版部等，着眼于农业相关的书籍，在农业领域投入了精力。但是农业书籍的专门出版社比较少，大量出版农业书籍的不是专门出版农业书籍的中小出版社。战后，面向全体国民出版了“为确立一生的读书计划的1000本必读书”[①]，在这些书中，“农业理论”“土地问题”“农业技术”等与

① 《现代读者和教养指导》,《自由国民》,自由国民社，1950年。

农业相关的书籍总计64本，这64本农业书籍由36家出版社出版。

在“粮食增产”“再建日本”的行动下，一直以来都没有出版过农业书籍的出版社也加入到这个潮流中。这些出版社之间竞争激烈，使战后农业书籍的出版得到了发展。

特别要注意的是，农业杂志在战后发展迅速。市面上流通的农业杂志战时有47种，到1946年突破100种。其中，战时依然努力保持农业内容的存续并拥有很多读者的农业技术参考杂志《富民》（大阪）、作为家庭园艺的《农业世界》（东京）、作为准学术杂志的《农业和园艺》（东京）这三本杂志在战后扩大了读者层，是值得在日本农业出版史上记载的。另外，《农业日本》《新农艺》《农耕与园艺》《农家之友》《科学农业》《农业朝日》《农民之友》等面向大众的农业杂志先后创刊。应对粮食增产的课题，农业出版新闻事业变得活跃起来。

农业杂志的地域特性也得到了充分表现。战时，在无视农业技术地方特性的官僚体制下被停刊的《农家之友》（北海道）、《水果月报》（冈山）、《柑橘》（静冈）、《五城农友》（宫城）等地方杂志得以复刊。学术杂志《日本畜产学会报》《日本蚕丝学杂志》《日本水产学杂志》等也相继复刊。

另外，可以说是战前、战时最早为了农民创立的生活娱乐杂志《家之光》，还有农文协复刊的《农村文化》，及在此文化层面上设置的从事电影事业和文化事业的农村部，都积极地开展了活动。但是《农民艺术》等地方杂志由于战后用纸的限制被迫停刊①。

2. 20世纪60年代的农业出版状况

从被称为日本高度发展时代的20世纪60年代开始，日本杂志、书籍的出版呈现出空前的盛况。1969年的书籍发行数比1960年增

① 福岛重郎:《战后杂志发掘》，洋泉社，1985年，第520页。

长了2.9亿册，杂志的月刊发行数量增长了3.3亿册，周刊增加了3.2亿册。出版物的销售额1969年是4048.8亿元，与1960年的1140.9亿元相比，增加了2907.9亿元（图2-2）。可以说“这是出版业的飞速发展和出版产业的稳定时期”[1]。

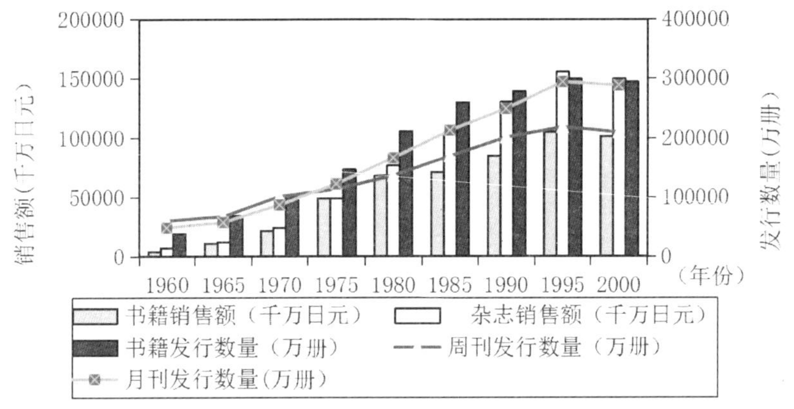

图2-2　书籍、杂志发行数量和销售额的变化

注：依据《出版年鉴》各年版数据做成。

这个庞大的出版浪潮当然也波及到农村。特别是农村收入的增加和城市化进程的推进，生活、文化水准都在上升，对读书的关注度也不断提高，这在第3章中将专门讨论。但是从表2-3来看，1960年以后，农业书籍的新版种数在总书籍的新版种数中所占比例大幅度降低。1959年的农业书籍种数是385种，所占比例是2.82%，1964年是战后的最低点，农业书籍仅出版235种，占比跌至1.75%。虽然1965年开始新版种数呈现了恢复的趋势，但是1969

①小出铎男:《出版业和产业化的实证研究》，载《出版研究》，讲谈社，1986年，17卷，第146页。

年为265种，占比1.49%，达到了战后的较低状况。

表2-3 农业新版书籍出版种数的状况

年份	农业出版状况（种）							总书籍（种）	农业新版书籍所占比例（%）
	农业	园艺	桑蚕	畜牧	林业	水产	合计		
*1950	197	61	6	67	31	21	383	13009	2.94
*1951	199	99	4	81	31	24	438	15536	2.82
*1952	235	105	8	93	38	13	492	17306	2.84
1953	187	57	1	44	31	22	342	10100	3.39
1954	156	41	1	13	30	20	261	11004	2.37
1955	147	68	3	40	30	11	299	13042	2.29
1956	195	73	4	34	42	18	366	14983	2.44
1957	156	59	5	50	33	20	323	14026	2.30
1958	196	63	6	56	49	24	394	14258	2.76
1959	201	70	0	54	44	16	385	13634	2.82
1960	193	70	3	29	51	20	366	13122	2.79
1961	162	64	2	32	43	12	315	12268	2.57
1962	163	73	3	41	42	12	334	12293	2.72
1963	135	48	2	34	42	12	273	12982	2.10
1964	89	63	2	29	26	26	235	13447	1.75
1965	117	64	4	28	35	21	269	14234	1.89
1966	114	59	1	31	33	21	259	14988	1.73
1967	111	74	1	34	22	18	260	16119	1.61
1968	91	96	—	40	24	32	283	16722	1.69
1969	93	97	2	31	23	19	265	17833	1.49
1970	134	95	2	47	26	29	333	18754	1.78
1971	155	116	2	46	33	28	380	20158	1.89
1972	134	142	1	26	27	26	356	20670	1.72
1973	121	129	—	32	28	20	330	20446	1.61
1974	158	146	—	41	23	22	390	20940	1.86

续表

年份	农业出版状况（种）							总书籍（种）	农业新版书籍所占比例（%）
	农业	园艺	桑蚕	畜牧	林业	水产	合计		
1975	182	154	3	26	29	19	413	22727	1.82
1976	164	192	1	42	40	20	459	23464	1.96
1977	220	174	2	35	23	35	489	25148	1.94
1978	224	147	6	51	32	38	498	26906	1.85
1979	178	154	3	45	35	27	442	27177	1.63
1980	174	127	1	47	21	34	404	27891	1.45
1981	188	155	—	41	38	29	451	29362	1.54
1982	194	126	2	52	24	35	433	30034	1.44
1983	186	151	2	38	50	34	461	31297	1.47
1984	196	130	1	52	34	28	441	32357	1.36
1985	250	162	2	47	34	34	529	31221	1.69
1986	196	142	2	85	50	40	515	37016	1.39
1987	236	153	2	67	48	40	546	37010	1.48
1988	241	122	4	70	49	46	532	38209	1.39
1989	232	137	0	77	55	48	549	39698	1.38
1990	242	123	3	66	45	34	513	40576	1.26
1991	247	138	3	67	73	52	580	42345	1.37
1992	254	160	5	74	63	54	610	45595	1.34
1993	241	145	2	87	52	50	577	48053	1.20
1994	324	204	4	114	70	66	782	53890	1.45
1995	302	181	2	121	56	79	741	58310	1.27
1996	359	209	2	151	73	82	876	60462	1.45
1997	344	271	5	187	74	68	949	62336	1.52
1998	331	296	3	199	73	62	964	63023	1.53
1999	316	256	2	242	61	64	941	62621	1.50
2000	310	291	1	274	69	87	1032	65065	1.59

注：依据《出版年鉴》各年版数据做成。*是新版和再版的合计种数。

如前所述，从20世纪60年代开始，日本农业环境发生了巨大的变化，是以农业、农家为对象的农业出版的基础动摇的时代，有很多与农业相关的出版社、杂志改变出版方向或停刊。尤其是致力于农业政策、为了农业发展一直努力的《农业朝日》，在1968年停刊，引起业界的震惊[①]。但是也有坚持农业专业出版不动摇，始终与农民为伍的出版机构，正如第1章所述，面向农家的杂志《家之光》持续出版，在全部的月刊中发行量最大。《农村文化》更名为《现代农业》，将编辑方针转换到更加重视生产技术上来。

3.20世纪70年代以后的农业出版状况

20世纪70年代承接着60年代高度增长的浪潮，日本经济增长率的上升，也推动着出版物的生产量增加[②]。到70年代后半期，经济发展进入低速期，图书出版种数也没有增加。石油危机造成用纸量的不足，导致了书籍的平均定价从1970年的1275日元增长到1978年的2386日元，增长了近2倍。可以说“用纸不足状况不断严重，迎来了前所未有的危机”[③]。

进入20世纪80年代，出版业界进入低增长时代。这个时期也被称为“杂志的时代”“杂高书低”，出版业逐渐依靠出版杂志生存，创刊数达到年均约250种的数量，大型出版社的杂志销量比重不断增大，书籍出版在艰难地勉强维持。

20世纪90年代前半期，从出版物销售金额的变化，可以看到书刊销售总体上升的情况（表2-4）。90年代后半期，出版物销售金额开始下滑，并出现了负增长。日本研究机构认为，其原因除了经济不景气、出版物的编辑内容跟不上读者变化的需求之外，另一个

---

①福岛重郎:《战后杂志发掘》,洋泉社,1985年,第489页。
②山本彦明等编:《图说日本的宣传工具》,日本广播出版协会,1987年,第141页。
③出版新闻社编:《出版资料库》,出版新闻社,2002年,第33页。

原因是电脑跟手机的快速普及，读者可以通过网络查询搜索信息，书籍杂志的魅力相对地减弱了[①]。

表2-4 日本国内总生产值和出版物的销售额与上一年相比增长率的变化

单位：%，亿日元

年份	国内总生产增长率	出版物销售额增长率	书籍销售额	与上年相比增长率	杂志销售额	跟上年相比增长率
1990	8.1	4.4	8 660.4	2.1	12 638.1	6.1
1991	5.3	7.0	9 444.3	9.1	13 340.8	5.6
1992	1.8	3.4	9 637.4	2.0	13 923.0	4.4
1993	0.9	5.7	10 034.3	4.1	14 865.7	6.8
1994	1.0	2.1	10 375.5	3.4	15 050.3	1.2
1995	2.0	1.9	10 469.8	0.9	15 426.7	2.5
1996	2.6	2.6	10 931.1	4.4	15 632.7	1.3
1997	1.0	–0.7	10 730.1	–1.8	15 644.1	0.1
1998	–1.1	–3.6	10 100.4	–5.9	15 314.7	–2.1
1999	–0.2	–3.2	9 935.8	–1.6	14 671.6	–4.2
2000	–0.6	–2.6	9 705.7	–2.3	14 260.5	–2.8

注：依据《出版界会变成什么样》中数据摘编。

这个时期，被称为日本经济泡沫时代。工业生产增长低下，经济陷入长期不景气中。在农村，农家的继承者不足、老龄化加剧、耕作放弃地扩大、自然环境和农业景观的破坏持续进行等严重的问题浮现出来。农村崩溃的危机到了迫在眉睫的境地。另外，进口自由化不断扩大，使得食物自给率进一步降低，产生了诸多关于食

① 详细的出版动向的分析参见出版教育研究社编《出版界会变成什么样》，日本书籍出版部，2002年，第31—38页。

品安全的问题。不仅仅是农业和农民受到冲击，消费者也受到了很大的影响。

不仅农业地位一直下降，石油危机导致的物价暴涨给专业书籍的出版也带来了直接的打击。低价精密复印机的普及，使很多专业书籍中的需求内容能够复印，成本远低于购买整本图书的价格，这又使专业书籍的印数下降，出版困难倍增。但在社会和出版业两方面的变化中，农业专业出版社涉及的农业出版范围的书籍却增加了。例如，一直以来出版农业杂志的农文协，在持续出版杂志的同时，出版的书籍数量每年在不断地增加。1950年1种、1960年13种、1970年24种、1980年41种，到1990年更是增长到了150种（关于农业专业出版社的考察会在第4章中展开论述）。

从表2–5中可以看到战后各领域书籍的出版状况。整体来说，出版业中“社会科学”“文学”始终占大部分，“技术”“自然科学”一直占据着一定的比例，也是出版业中书籍品种分布的一大特征。其中，虽然农业书籍的数量并不是很大，但在农业的相对地位急剧下降的过程中，农业书籍的出版种数一直在增加，这也是值得关注的。

从1950年到2000年之间的具体数值分类比较来看，1950年“技术”和“自然科学”类图书分别为857种和904种，约是“农业”类图书383种的2.24倍和2.36倍；“社会科学”“文学”“儿童”“学习参考”类图书，分别是农业类图书的5.85倍、7.23倍、3.67倍、4.61倍。2000年的“技术”和“自然科学”类图书分别为6105种和5218种，与“农业”的1032种的出版种数相比，分别是它的5.92倍与5.06倍；“社会科学”“文学”“儿童”“学习参考”分别是它的13.66倍、11.13倍、3.23倍、0.92倍，显示了农业书籍数量规模偏低的情况（表2–5）。

表2-5　各类别新版书籍出版种数的变化

单位：种

年份	农业	技术	自然科学	社会科学	文学	儿童	学习参考
1950	383	857	904	2242	2770	1408	1767
1955	299	836	804	1846	3529	1993	776
1960	366	1356	893	2579	2792	1176	779
1965	269	1606	1012	2872	2869	1161	602
1970	333	1933	1427	4262	3593	1407	588
1975	413	2022	1781	4551	4973	1503	836
1980	404	2552	2300	6251	5571	2102	368
1985	529	2657	2605	7118	6290	2310	403
1990	513	3446	2970	9798	8792	2986	689
1995	741	4774	4460	12578	11427	3510	1028
2000	1032	6105	5218	14099	11484	3334	946

注：依据《出版年鉴》各年版数据制成。

但是如果以1995年为基数指数100，1950年的同一类别书籍与此做指数比相比较，“农业”增加了48.31%，“技术”“自然科学”“社会科学”“文学”“儿童”类图书分别增加了82.05%、79.73%、82.18%、75.76%、59.89%，“学习参考书”减少了71.89%。2000年的“农业”和1995年比较，增加了39.27%。同时期，“技术”“自然科学”“社会科学”“文学”“儿童”“学习参考”类图书分别增加27.88%、17.00%、12.09%、0.5%、-5.01%、-7.98%。可以看出，这些类别的书籍达不到农业书籍的增长速度。从整体趋势来看，农业书籍的出版虽然不稳定，但是一直在增长（表2-6）。

其中，出版内容涉及农产品的价格问题、流通问题、农业结构问题、农地问题、食品产业问题、进口限制缓和的建议以及农业、农政等各方面。进入20世纪90年代，伴随着“新政策”之后“新基本法”的相继实施，农业、农村稳定提供食料的机能，得到了社会的重视。另外，1997年度的白皮书阐述了“农业、农村多方面的、公益性的机能”，农业拥有多方面的机能再次受到瞩目，农村文化的传承、景观的形成等珍贵的副产品，给国民带来的意义被再次确认和倡导。

表2-6　各类别新版书籍出版种数的指数比（%）

（1995年为指数100）

年份	农业	技术	自然科学	社会科学	文学	儿童	学习参考
1950	51.69	17.95	20.27	17.82	24.24	40.11	171.89
1955	40.35	17.51	18.03	14.68	30.88	56.78	75.49
1960	49.39	28.40	20.02	20.50	24.43	33.50	75.78
1965	36.30	33.64	22.69	22.83	25.11	33.08	58.56
1970	44.94	40.49	32.00	33.88	31.44	40.09	57.20
1975	55.74	42.35	39.93	36.18	43.52	42.82	81.32
1980	54.52	53.46	51.57	49.70	48.75	59.89	35.80
1985	71.39	55.66	58.41	56.59	55.05	65.81	39.20
1990	60.32	72.18	66.59	77.90	76.94	85.07	67.02
1995	100.00	100.00	100.00	100.00	100.00	100.00	100.00
2000	139.27	127.88	117.00	112.09	100.50	94.99	92.02

注：依据《出版年鉴》各年版数据制成。

在农业书籍中，园艺和畜牧书籍的出版量增多也是这个时期的特征（表2-3）。70年代后期，园艺和畜牧书籍快速增长。1965年畜牧类新书籍种数是28种，30年以后的1995年达到了121种，增加了93种；2000年是274种，比1995年增加了153种。园艺类书籍从1965年的64种，增加到1995年的181种，增加了117种；2000年达到了291种，比1995年增加了110种。

农业书籍快速出版，与农业出版者将目光转向农业与生活关联的内容上有关。反映国民生活多样化、关于饮食的内容以及给生活增添情趣的园艺书籍大量出版。另外，农业出版事业着眼于疯牛病、病原性大肠杆菌等引起食物中毒和农药问题等食品安全方面，试图多角度出版有关确保农业、农民和国民安心生活的图书。农业出版事业的视角已经不仅仅是关注农业领域的问题，而是延伸到整个社会发展趋势的变化中。

表2-7　各种农业杂志的情况

年份	杂志总数（种）①	市面出售的农业杂志（种）②	农林水产省发行的杂志（种）③	农业学术杂志	
				杂志数（种）④	学会数⑤
1950	1537	76			26
1960	2221	87	34	31	62
1970	2319	72	61	101	84
1980	3325	100	72	186	113
1990	3889	93	74	264	131
2000	4533	98	60	265	150

注：①②③④依据《出版年鉴》各年数据做成，不包含日本国内发行的外文学术杂志。

⑤依据《学会名鉴》数据整理，日本学术合作财团，2001年。

另外，根据《出版年鉴》统计，2000年市面上销售的农业杂志是98种，比1950年增加了22种。市面上农业杂志的种数变化体现在表2-7中[①]，变化的趋势是稳步增长的。农业学术杂志从

①在日本，对一般市面上的杂志可以通过代理商的资料进行调查，但对团体、协会杂志、PR杂志和同人杂志进行准确的调查是很困难的。本书中提到的杂志的种类是以《出版年鉴》记载的为准。另外，根据《出版年鉴》，一般市场上贩卖的杂志有月刊、半月刊、双月刊、季刊以及其他种类。发行数量以月刊最多，其他依次是季刊、双月刊、周刊。市面上的农业杂志以月刊的形式为最多。

1970年的101种增加到2000年的265种。表2-8整理了市面上发行的农业杂志名单。在农民中广泛普及的《家之光》，在日本的杂志发行数量排名是首屈一指的。更有《现代农业》在70年代之后，设立了“主张”专栏，针对农业近代化路线的扩大、进口农产品数量增加、化学肥料和农药对农民造成的伤害、破坏土地肥力、污染自然环境等系列问题，表明该杂志及农文协对农业农政的看法。在第4章中将论述该杂志如何不断进行各种努力，去把握读者需要的。

表2-8　市面上发行的农业杂志

家之光	农民之友	爱犬之友
医疗消费协同运动	农友	兔子与生活
田间情报	农村城市结合部	菌草
Vesta	农业经营者	当月的农业
园艺市场信息	农林金融	佐贺的蔬菜
园艺新知识	农业熊本	植物防疫
养生与料理	农业信用保险	饲料与畜产
学校食品供应	农业秋田	快乐的热带魚
大米生活	农业千叶	鸡的研究
科学和生物	农业山形	那贺的农业与生活
柑橘	农业香川	NHK 园艺
果树	农业鹿尔岛	庭
果树园艺	农业茨城	日本的养猪
技术教室	农业爱知	日本的农业
水果月报	农村通信	猫的手信
生活与农业	农业技术	米麦改良
健康教室	农业机械化广报	花的情报
现代农业	农业合作组合经营实务	北方农业

续表

家之光	农民之友	爱犬之友
耕	农业与生活	牧草与园艺
五城农友	农村文化运动	保健室
大米与流通	农业教育	落叶果树
趣味园艺	电化农业	酪农日本
趣味园艺山蔬菜	农政与公务劳动	理农技术
饮食科学	农业及园艺	林业新知识
食农教育	农耕与园艺	劳农的内心
食品流通经济	农林经济	山梨园艺
食物通报	农业和经济	养殖
茶	农业改造改善	养猪界
自然与农业	农林水产图书月报	养鸡之友
水产界	旱地农业	养牛之友
蚕丝之光	肥料	和歌山的果树
盆栽春秋	花卉学家	畜产情报
盆栽世界	菜田	畜产技术

注：依据《出版年鉴》2002年版内容与农文协图书馆资料整理。

1950年到2001年农林水产省图书馆收集的杂志中，关于农业的报道内容分类占比整理在表2-9中。其中，地域农业与环境、公害的报道从1970年开始增加。另外，关于食品产业的报道，2000年达到了总报道量的9.6%。虽然关于农业政策、农业生产、畜牧业、农业合作组合和农业团体的报道与外国事件的报道比例每年都会发生变化，但是这些都会被登载。总体来看，50年间，在农业出版领域，农业问题的研究得到广泛开展。农业出版者在农业不景气之后出现的出版业不景气的状况中，依然把社会面临的问题展现出来，这为农业出版新闻事业的发展提供了重要的研究方向。

表2-9 与农林水产业内容相关的论文比例(%)

收录内容	1950	1960	1965	1970	1975	1980	1985	1990	1995	2000	2001
农业政策·行政	14.6	13.9	6.2	9.3	7.8	5.3	6.4	7.7	8.4	8.0	6.3
农业经济	7.3	3.7	2.6	3.9	0.7	3.2	2.9	4.7	0.7	7.8	7.3
农业经营	7.3	5.0	4.3	3.6	1.9	2.7	2.4	3.6	2.6	1.8	2.0
特殊地带经营	—	—	—	1.2	0.7	0.9	1.7	3.2	1.8	0.7	1.1
农业人口·农业劳动力	0.4	—	—	0.3	0.8	0.8	0.9	0.2	1.1	0.3	0.9
土地问题	2.2	—	—	0.2	0.9	1.0	0.8	0.5	2.0	0.4	0.4
农业金融·保险	2.1	1.6	1.0	1.1	1.2	1.1	1.5	0.2	1.4	0.1	0.9
农业协同组合·农业团体	1.5	3.4	3.0	3.0	2.2	1.3	2.6	2.7	2.4	3.5	3.3
农业物流	2.6	—	—	0.9	1.5	1.6	2.9	7.3	1.9	1.9	3.0
农产物	—	2.7	0.9	4.8	0.6	1.7	4.0	4.4	5.2	1.3	1.9
农村社会	2.5	3.6	2.9	3.1	1.8	1.9	3.0	2.2	2.1	2.2	3.8
地域农业	—	—	—	0.5	1.0	2.2	1.7	4.7	2.8	3.1	2.5
农业统计	—	1.6	0.2	1.0	0.6	0.9	1.1	0.2	1.0	0.7	1.1
农业技术·生产	6.4	4.7	1.8	1.5	3.9	6.2	5.9	5.6	4.4	4.7	5.0
农产物	29.8	13.5	26.6	15.9	19.8	23.4	8.3	5.4	16.6	8.2	8.9
农业土木	2.6	5.8	5.6	2.5	1.6	1.2	1.7	1.8	0.6	1.8	1.9
农业灾害	—	—	—	1.4	5.8	6.0	3.9	1.0	3.8	2.3	2.1
环境·公害	—	—	—	0.2	1.2	0.3	0.6	1.9	2.8	3.6	2.5
畜牧业	6.7	11.9	23.0	20.9	17.5	19.8	19.2	10.5	12.9	9.5	12.0

续表

收录内容	1950	1960	1965	1970	1975	1980	1985	1990	1995	2000	2001
蚕丝业	2.4	4.4	3.3	2.2	2.1	—	—	0.6	2.2	0.4	0.4
林业	2.1	6.5	6.4	4.9	6.3	6.5	7.2	7.0	7.5	5.8	6.4
水产业	8.4	5.4	3.3	4.2	6.2	4.2	6.4	4.7	5.6	5.2	4.9
食品产业	0.9	—	—	0.5	2.6	1.7	4.1	4.0	4.2	9.6	8.9
外国情况	0.3	8.2	5.7	8.6	8.1	4.5	9.4	13.3	4.8	10.3	8.7
书评	—	4.2	3.0	4.3	3.3	1.7	1.5	2.5	1.2	6.7	3.6
影像制品（本）	—	—	—	—	—	—	—	—	—	130	46

注：1. 农林水产省图书馆每月会从该馆收集的杂志中，按照论文标题不同，收录跟农林水产相关的报道，在《农林水产图书资料月报》中的“报道检索”栏中发布。此表依据各年（月）版数据内容统计制作而成。

2. 1998年2月2日，农林水产省图书馆藏有的影像资料大约有380本。伴随着VTR机器、电脑等急速普及，制作记录农山渔村实际情况的影像资料和事典图鉴等书籍，数据统计都可以进行电子化处理，电子出版物作为农业出版传媒的一部分受到重视。本表中的影像统计数据是从1998年3月开始登载的《农林水产图书资料月报》影像清单中整理出来的。

第3节　农业相关出版社的状况

2000年，日本的出版社有4000多家。从资本金来看，在1亿日元以上的有237家，职员在1000人以上的有38家，出版业的经营规模以中小企业居多（参见图2-3、图2-4、图2-5）。当然，有很好口碑的出版社未必专属于大型出版社，有很多规模不大但是口碑甚好的出版社，这是日本出版业的一大特色。

实际上，战后日本出版农业书籍和农业杂志的出版社很分散。1963年成立的农业书协会的会员社如表2-10所示，在2000年有13家。就从业人员的数量来看，都是历史悠久的中小出版社，人员不多。另外，除了出版农业书籍的会员社以外，2001年版的《日本农业书籍总目录》显示，出版农业书籍的出版社突破了140家，特别是大型出版社开始有出版农业实用书的倾向。另外，根据《出版年鉴》2001年的统计，市面上发行农业杂志的出版社有81家。

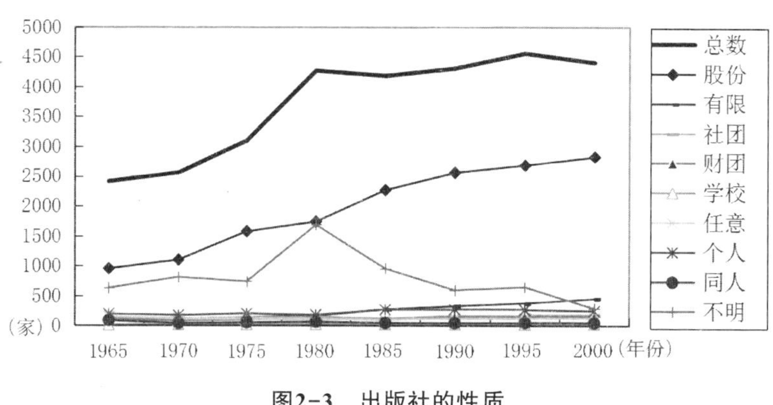

图2-3　出版社的性质

注：依据《出版年鉴》各年版数据做成。

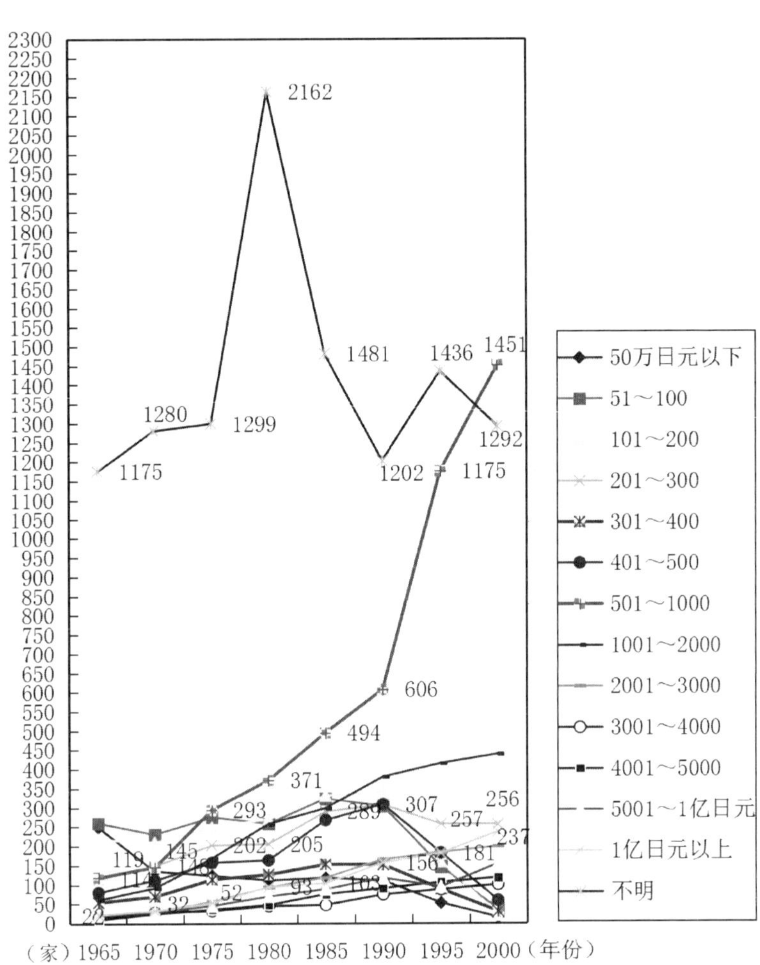

图2-4　出版社的资本金状况

注：依据《出版年鉴》各年版数据做成。

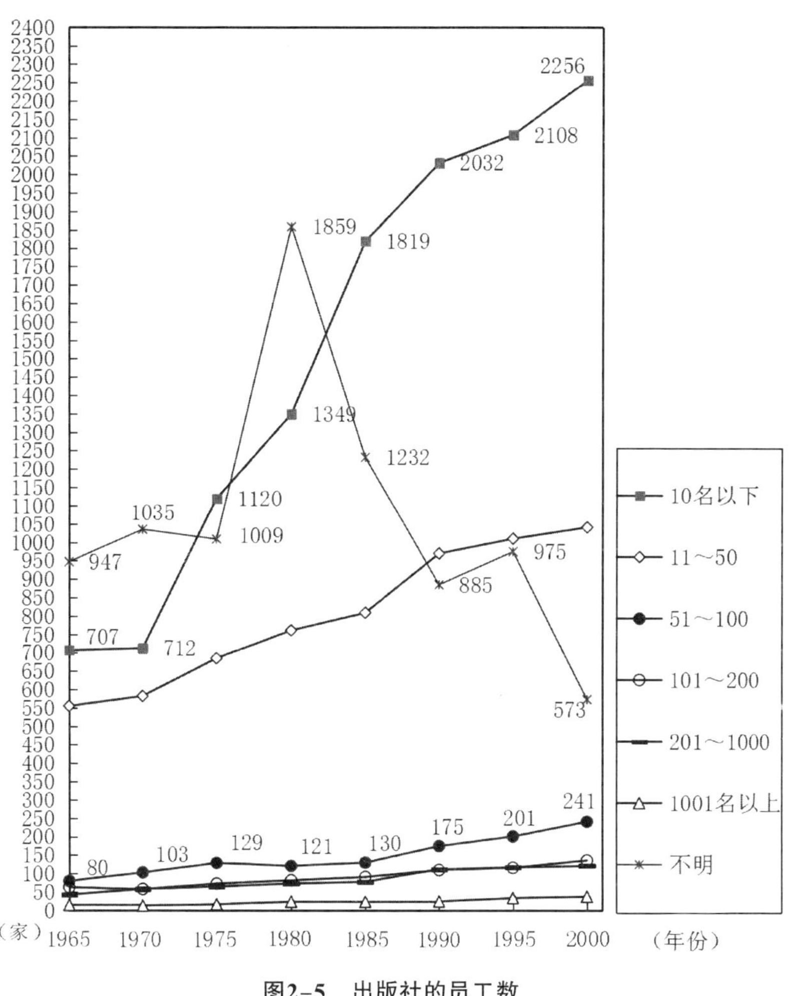

图2-5　出版社的员工数

注：依据《出版年鉴》各年版数据做成。

表2-10　农业书协会会员社的出版社状况

出版社名称	创业时期（年）	从业人数（人）	新版书籍种数				杂志		
			1990年		2000年		种数		农业的代表刊
			全部	农业	全部	农业	全部	农业	
诚文堂新光社	1912	28	158	32	108	25	10	1	农耕与园艺
养贤堂	1914	26	—	9	19	9	3	2	农业与园艺
泰文馆	1923	—	—	—	—	—	—	—	
葵企划・东京文库	1927	—	—	—	—	—	—	—	
富民协会	1927	4	—	10	—	1	2	2	农业与经济
朝仓书店	1929	54	128	3	147	6	—	—	
农山渔村文化协会	1940	193	111	43	115	72	8	8	现代农业
家之光协会	1944	184	38	17	63	38	3	3	家之光
地球社	1946	6	—	—	—	3	—	—	
农林统计协会	1948	60	23	20	91	84	11	11	农林统计调查
博友社	1948	4	—	3	—	3	—	—	
明文书房	1960	2	—	3	—	—	—	—	日本的农业
全国农业改良普及协会	1964	32	—	—	—	—	2	2	
合计：13社			458	140	543	243	39	29	

注：以上的13家出版社是日本农业书协会（成立于1960年）的会员出版社，主要出版跟农业相关的书籍，同时在广泛的领域积极地进行着出版活动。在《日本农业书总目录》2001年版中记载的出版社有143家。本表根据《日本农业书总目录》《出版年鉴》1991、2001年版整理而成，从业人数为2000年数据。

但是，在专业农业出版社数量较少的情况下，农文协、家之光和农林统计协会等中小农业专业出版社在战后依然持续发展。农文协的《现代农业》和家之光协会的《家之光》成为农民的主要订阅杂志。尤其是在战时农村存在的农山渔村文化协会，战后被解散①，在没有补助金的情况下，作为社团法人开展了独立自主的出版活动，被业界称为"特色出版社"②（在第4章中展开阐述）。"虽然进入出版业很容易，但是能持续永久是很难的，出版社早期夭折的比例很高。"③

农业地位相对较低，出版业身处严峻的环境中，这种情况下能坚持始终关注农业领域的出版，并以持续的努力推进农业相关出版物的出版，这样的农业专业出版社或非农业专业出版社，对农业续存的影响是不言而喻的，当然，也成就了农业出版新闻事业自身的存在。

第4节　农业出版的订阅环境

一、与农业相关的读者情况

在日本，定期持续进行的阅读调查有：（1）每日新闻社，从1947年开始的"全国读书舆论调查"；（2）全国大学生活协同组合，以特定范围为调查对象，从1963年开始进行的"学生生活实态调查"；（3）家之光协会，以农村读者为调查对象，从1946年开始的"全国农村读书调查"等。虽然这些调查的机构和统计方法都不同，但是，从这些调查中可以发现人们的读书倾向。

从1985年的调查来看，上面提到的调查（1）显示了全国读书或

① 出版新闻社编：《出版资料库》，2002年，第11页。
② 长冈义幸：《特集 特色出版社的研究》，《创》，1996年10月号。
③ 记田顺一郎：《书的情报事典》，出版新闻社，1986年，第232页。

者读杂志人数的综合读书率为76%，每日的平均读书时间是49分钟。2000年进行的同样调查数据显示，全国综合读书率为71%，每日平均读书时间为44分钟。调查（2）中，大学生1985年的每日读书时间为50分钟，1997年的每日平均读书时间为31分钟，与1985年相比减少了19分钟[①]。可以看出虽然读书是学生的本分，但是学生的读书时间却出乎意料地少，也可以说已经不是学生们仅从书本上获得包括专业知识在内的知识的时代了。

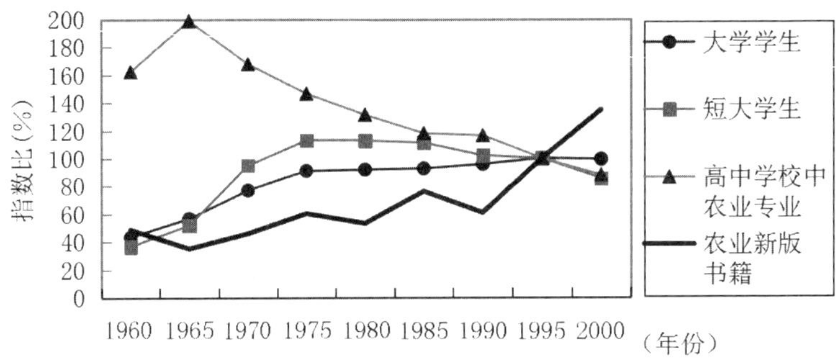

图2-6　大学、短大、高中学校里农业专业相关学生数指数比和农业新版书籍指数比的比较（1995年=100的指数比）

注：依据文部省《学校基本调查》和《出版年鉴》各年版的数据做成。

社会全体的读书状况也表现在农业相关的书籍、杂志的阅读状况上。特别是如上所述，伴随着战后经济高速增长，农村人口和农业就业者急速减少。在新毕业的学生中，从事农业的就业者一直在下降。他们本来应该作为农业出版的重要接受者，但是他们

①1998年的第34次学生生活实态的调查（大学生协会），没有关于大学生每天读书时间的记录。

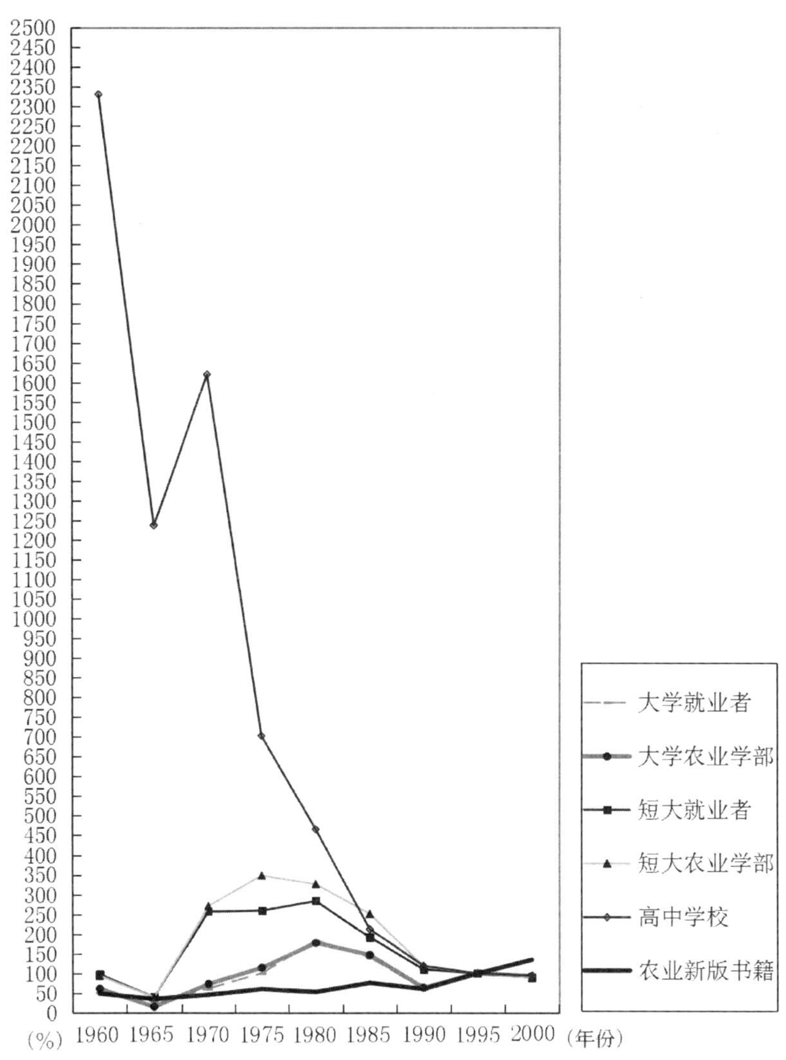

图2–7　大学、短大、高中学校里农业相关就业者和农业新版书籍指数比的比较（1995年=100的指数比）

注：依据文部省《学校基本调查》和《出版年鉴》各年版的数据做成。

数量的减少，必然影响农业书籍、杂志的订阅数量。图2-6、图2-7显示战后的40年间，全国范围内大学、短期大学、高中农业专业的学生及毕业后从事农业的就职者数量一直在减少，这里不能忽视作为重要受众的学生数量的减少对农业书籍出版的影响。这些影响同样可以从农业高中教科书的发行量逐年减少的趋势中看出（表2-11）。但是从图2-6和图2-7可见，农业书籍出版增加的比例要比以上所述的学生状况更稳定，特别是1995年以后的比例增加更明显。在调查（3）中显示1985年农家综合读书率为78%，每日平均读书时间是25分钟。2000年的综合读书率减少到73%，每日平均读书时间为20分钟，减少了5分钟，也没有很大的变化（参见第3章表3-12）。

表2-11　农业高中用教科书的发行状况（册）

年份	农图社	农文协
1970	22511	127808
1975	43094	118160
1980	25800	129790
1985	16459	150961
1990	7532	109137
1991	6872	95657
1992	5235	83916
1993	4117	72964
1994	1451	101495
1995	583	104278
1996	—	101978
1997	—	96674
1998	—	90120
1999	—	84677
2000	—	78795

注：依据《出版年鉴》各年版数据做成。

二、各地区的订阅状况

2003年由文化厅开始实施的“关于国语的舆论调查”中，对“一个月中能读几本书”这个设问，全国有37.6%的人回答“完全不读”比例比较高的地区分别是四国59.8%、东北48.5%、九州47.4%[①]。

东北地区在1999年有四个县（注：日本的“县”相当于中国的“省”）的食品自给率超过了100%，成为日本食品供应的重要地区（表2-12）。但是除了宫城县以外的五县，每年的人均书籍、杂志购入量却在全国平均水平以下。从图书馆的利用状况来看，在2000年，这个地区的个人登录率和平均每百人拥有的馆藏图书数量，都在全国的平均水平以下（表2-13）。也就是说，虽然重要的农业产区的作物生产率很高，但是“脱离书籍”的现象还是有所表现。

出现这种情况的原因之一，是日本的出版社大多集中在东京，出版物的运输成了从东京到地方的单向流通。拿周刊来说，从首都圈开始销售的日期之后的第三天，北海道和九州才能开始销售。

表2-12　东北地区人均书籍杂志购买额和食物自给率

年份	全国	青森	岩手	宫城	秋田	山形	福岛
	人均每年购买额（日元）	人均每年购买额（日元）（排序）	人均每年购买额（日元）（排序）	人均每年购买额（日元）（排序）	人均每年购买额（日元）（排序）	人均每年购买额（日元）（排序）	人均每年购买额（日元）（排序）
1988	12140	11942（12）	10000（23）	11860（14）	10532（21）	9144（27）	7618（41）
1989	12672	10950（18）	10384（22）	14027（5）	10089（25）	9707（30）	8186（38）

① 《完全不读书》，《朝日新闻》，2003年6月20日。

续表

年份	全国	青森	岩手	宫城	秋田	山形	福岛
1990	13243	12405（15）	10828（27）	14854（6）	11233（22）	11146（23）	9140（43）
1991	14198	12965（16）	11468（27）	15923（6）	11909（22）	11905（23）	9730（40）
1992	14282	11764（24）	10519（35）	15292（5）	9949（38）	10551（33）	9982（37）
1993	14858	12211（25）	10968（35）	15849（6）	10409（36）	11022（33）	10379（38）
1994	14535	11974（24）	10756（34）	15455（6）	10226（36）	10813（33）	10156（37）
1995	14688	12742（21）	10526 39）	15087（8）	10987（37）	12794（20）	11097（33）
1996	15240	13243（21）	10945（36）	15604（8）	11459（34）	13323（20）	11526（33）
1997	14729	12837（20）	10606（36）	15041（8）	11136（32）	12928（18）	11157（31）
1998	14148	12570（20）	11447（33）	14349（11）	10594（41）	11678（31）	10675（39）
1999	13814	12332（20）	11220（32）	14007（11）	10415（38）	11448（30）	10547（37）
2000	13518	1216（20）	11021（31）	13708（11）	10257（39）	11259（29）	10261（38）
东北地区的食物自给率							
供给热量基础（1998年）	40%	120%	106%	81%	163%	129%	81%
金额基础（1999年）	70%	190%	173%	105%	142%	155%	108%

续表

年份	全国	青森	岩手	宫城	秋田	山形	福岛
东北地区的农家数（1999年）							
农家数（户）	3239000	62990（18）	79960（6）	75540（8）	74210（9）	60110（20）	95720（3）
农家人口（1 000人）	11011	285（17）	360（7）	371（6）	334（11）	299（14）	458（3）
农业就业人口（1000人）	3845	102（15）	126（17）	101（16）	92（19）	92（19）	137（6）

注：依据《出版年鉴》各年版数据做成，括号内的数字是全国的排序数。

依据东北农政局《平成12年东北的食品、农业、农村情况报告》、2001年《日本统计年鉴》的数据做成。

因此，有很多地方的读者对周刊不能及时满足阅读需求感到不满①。地域文化是孕育国家文化的源泉，地域文化的担当者正是地域的读者。特别是在明确传承农村文化、景观形成等也是对国家地域生态环境协调发展的保障这一理念共识的日本当下，就必须具备能够保障地域读者文化活动的有效机制。

为了推进不同区域的读书活动，英国、德国、法国等发达国家利用航空运输来实现杂志的同日发行。在法国，杂志的航空运输靠国家补助。唤起读书活动不仅仅是出版业的责任，国家也有必要全力开展唤起出版物需求的保障措施。

① 日本书店商业组合联合会21世纪愿景委员会：《书店21世纪愿景报告》，《出版年鉴》，2001年，第373—375页。

三、各地区图书馆、书店的状况

日本图书馆协会编辑、发行的《市民的图书馆》一书中写道："公共图书馆是支持公民知识自由的机构，是向社会提供知识和教养的机构。"

但是，现实中图书馆的数量还是不够多。大体的情况是，虽然几乎城市里都有图书馆，但是城市的面积很大，也不是所有图书馆都设有分馆，所以人们很难便捷地利用，表2-13中显示了日本东北地域图书馆的状况。拥有多个分馆的自治体只有16%，村镇上有图书馆的自治体的仅占5成。

在日本，每10万人有2.11个图书馆，在德国，每10万人拥有17.4个图书馆。日本的图书馆数量在7个发达国家中是最少的[①]。

图书馆的资料费在1993年以后也因为经济不景气不断被削减。1993年每个公立图书馆平均有1617万日元资料费，到2001年的时候减少到了1332万日元。经费减少的理由是经济不景气，而在经济不景气的时候恰恰要重视的就是文化，因为文化可以成为摆脱经济不景气的力量。也有不管是经济不景气还是发生什么状况，都不会削减图书馆资料费的自治体。也就是说财政状况并不是全部理由，问题在于自治体对图书馆的政策态度。

从村镇中书店和图书馆的设置情况来看，全国有31%的村镇既没有书店也没有图书馆，39%的村镇有书店但是没有图书馆。其中，东北地区的6县中有3～4县在这个水平以下（表2-14）。

① 《图书馆当下的白皮书·日本的图书馆2002年》，日本图书馆协会，2002年。

表2-13　东北地区图书馆的状况

	地区基本状况			图书馆数				藏书		图书馆的馆外个人借出							
	人口（千人）	市数	町村数	市	设置率（%）	町村	设置率（%）	总册数（千册）	每百人册数	登记数（千册）	登记率（%）	上位数	借出数（千册）	儿童借出率（%）	上位数	每百人册数	上位数
全国	125 860	694	2558	1 570	226	973	38	284714	226	34 704	28		507 685	27		403	
青森	1504	8	59	7	88	17	29	2734	182	270	18	40	1911	31	26	127	47
岩手	1428	13	46	17	131	24	52	3355	235	220	15	43	3768	37	4	264	35
宫城	2340	10	61	18	180	10	16	4058	173	360	15	43	6252	27	40	267	34
秋田	1209	9	60	15	167	22	37	2670	221	127	11	47	1917	30	32	159	46
山形	1249	13	31	18	138	10	32	2798	224	220	18	41	2469	33	14	198	43
福岛	2139	10	80	18	180	19	24	4053	190	277	13	46	4811	37	6	225	39

注：依据日本图书馆协会《日本图书馆统计和名录2000年》的数据做成。

表2-14　东北地区村镇中书店、图书馆的设置状况（1997年）

	既没有书店也没有图书馆的村镇		有图书馆和书店的村镇		有书店没有图书馆的村镇		没有书店有图书馆的村镇	
	%	排名	%	排名	%	排名	%	排名
全国	31		25		39		5	
青森	42	8	19	34	36	27	3	26
岩手	15	38	37	11	39	21	9	9
宫城	26	22	15	40	59	2	0	47
秋田	27	21	25	18	45	13	3	26
山形	42	8	26	17	26	35	6	16
福岛	35	13	13	44	50	8	3	26

注：上位是指在全国所占的排位数，依据1998年出版的《出版年鉴》数据做成。

表2-15对东北地区六县的书店小卖店的数量、发行社的数量及在全国的排名情况进行比较。2001年，秋田县小卖店的数量是248家，在全国排名第12位；宫城县有131家，全国排名第21位。与1950年的情况相比，秋田县的小卖店数量增加了120家，排名上升了6位；宫城县增加了50家店，排名上升了15位；但是青森县减少了9家店，排名下降了7位；山形县减少了21家店，排名下降了9位；岩手县减少了30家店，排名下降了12位；福岛县虽然增加了2家店，但是排名下降了5位。3个县的小卖店数量的减少和4个县在全国书店小卖店排位数的下降倾向很明显。发行社的增减状况与书店的情况基本相同。

表2-12比较了人均购书额，福岛县2000年的农业人口数量排在全国第3位，居民的年书籍购买量却在全国平均水平以下，排到第38位。在表2-14中，有书店没有图书馆的村镇占50%（排到全国第8位）；没有书店有图书馆的村镇占3%（排到全国第26位）；既有书店也有图书馆的村镇为13%（排到全国第44位）；既没有书店又

表2-15　东北各地区发行社和小卖店的数量

年份	全国		青森		宫城		秋田		山形		岩手		福岛	
	发行社	小卖店	发行社	小卖店	发行社	小卖店	发行社	小卖店	发行社	小卖店	发行社	小卖店	发行社	小卖店
1950	1869	6896	—	120（22）	—	81（36）	5（14）	128（18）	1（24）	122（21）	—	112（26）	4（16）	136（13）
1952	2262	7076	—	134（19）	—	83（37）	4（13）	91（36）	1（24）	111（27）	1（24）	122（23）	3（17）	142（17）
1953	1541	7074	—	134（19）	—	83（37）	3（10）	91（30）	1（16）	111（27）	1（16）	122（23）	1（16）	142（17）
1954	1912	7138	2（21）	152（15）	—	86（32）	4（14）	164（12）	1（27）	124（20）	1（27）	124（20）	1（27）	143（16）
1955	1983	7123	1（31）	126（17）	3（20）	84（35）	3（20）	120（21）	4（13）	105（29）	2（25）	126（17）	3（20）	143（16）
1956	2201	7619	2（30）	171（14）	2（30）	84（35）	9（9）	142（17）	2（30）	105（31）	3（22）	130（20）	2（30）	143（16）
1957	2095	7666	3（17）	177（13）	3（17）	120（24）	6（12）	142（17）	1（35）	89（34）	2（26）	130（21）	2（26）	155（16）
1958	2274	7701	5（21）	177（12）	3（29）	102（32）	7（11）	150（17）	2（34）	89（34）	2（34）	130（20）	2（34）	155（16）
1959	2524	7923	5（27）	177（10）	2（40）	89（32）	7（17）	172（13）	4（28）	75（33）	3（33）	138（19）	8（15）	144（18）
1960	2732	7943	6（20）	177（12）	4（29）	103（31）	12（12）	172（15）	3（33）	75（35）	5（24）	138（21）	2（40）	144（20）
1961	2793	7513	6（19）	123（22）	4（27）	103（30）	6（19）	172（13）	3（33）	75（35）	3（33）	137（20）	4（27）	165（17）
1962	2906	7617	6（22）	134（22）	1（44）	110（30）	12（12）	172（13）	6（22）	75（35）	7（153）	137（21）	5（32）	165（16）
1963	2128	7721	4（14）	132（11）	5（14）	121（25）	5（14）	167（15）	5（14）	80（36）	1（34）	132（21）	4（19）	165（16）
1964	2160	7515	2（27）	132（22）	3（21）	120（24）	6（11）	159（15）	5（14）	77（35）	2（27）	134（20）	2（27）	171（12）
1965	2410	7347	6（14）	132（20）	1（37）	120（25）	6（14）	159（15）	5（18）	77（34）	3（25）	134（19）	3（25）	164（14）

续表

年份	全国		青森		宫城		秋田		山形		岩手		福岛	
	发行社	小卖店	发行社	小卖店	发行社	小卖店	发行社	小卖店	发行社	小卖店	发行社	小卖店	发行社	小卖店
1966	2676	7581	4（23）	132（21）	2（36）	120（24）	9（11）	159（16）	4（23）	77（34）	4（23）	134（20）	4（23）	164（14）
1967	2452	7800	5（19）	127（21）	4（23）	128（20）	6（12）	160（15）	4（23）	78（34）	4（23）	121（23）	1（38）	171（13）
1968	2494	7886	4（17）	127（21）	2（22）	127（21）	5（12）	166（15）	5（12）	78（34）	2（22）	121（22）	3（18）	173（13）
1969	2605	8133	2（22）	136（20）	4（13）	128（22）	6（10）	18（13）	3（16）	79（32）	4（13）	120（23）	2（22）	167（14）
1970	2561	8579	3（20）	139（21）	2（21）	124（22）	5（12）	205（13）	3（3）	77（35）	3（20）	122（23）	3（20）	175（15）
1971	2748	8654	7（14）	143（19）	4（1）	125（22）	8（12）	217（13）	5（21）	78（34）	9（11）	118（23）	4（22）	178（46）
1972	2883	9081	5（21）	144（21）	6（18）	130（24）	7（14）	224（13）	7（14）	78（34）	3（32）	105（28）	8（13）	178（17）
1973	2894	9339	6（15）	145（20）	5（18）	130（23）	6（15）	229（13）	5（18）	91（31）	5（18）	101（29）	8（12）	187（16）
1974	2988	9580	7（15）	142（21）	1（43）	132（23）	9（13）	237（13）	7（15）	94（31）	4（23）	104（29）	4（23）	192（16）
1975	3098	10132	9（13）	137（22）	6（19）	132（24）	12（12）	254（13）	97（33）	7（14）	7（14）	102（30）	5（24）	200（16）
1976	3170	10470	5（21）	137（23）	4（25）	135（24）	11（12）	262（13）	10（13）	103（31）	5（21）	105（30）	2（36）	209（16）
1977	3244	11006	6（21）	142（23）	6（21）	135（25）	10（12）	292（13）	7（17）	107（33）	4（23）	105（34）	6（21）	219（4）
1978	3704	11337	12（13）	143（24）	12（13）	148（22）	14（12）	309（12）	8（18）	117（26）	8（18）	111（31）	7（22）	220（15）
1979	4092	11741	16（12）	146（23）	11（15）	160（22）	14（13）	326（12）	8（25）	123（31）	9（19）	116（34）	11（15）	223（15）
1980	4269	12144	16（13）	156（23）	9（21）	159（22）	13（16）	338（12）	10（18）	126（31）	10（18）	119（33）	9（21）	223（17）

续表

年份	全国		青森		宫城		秋田		山形		岩手		福岛	
	发行社	小卖店	发行社	小卖店	发行社	小卖店	发行社	小卖店	发行社	小卖店	发行社	小卖店	发行社	小卖店
1981	4154	12251	11（16）	160（22）	7（25）	157（23）	16（12）	338（12）	10（17）	130（31）	8（20）	126（32）	8（20）	222（17）
1982	4327	12507	13（15）	159（23）	9（19）	133（33）	16（14）	344（12）	10（17）	134（30）	9（19）	133（33）	8（23）	227（17）
1983	4231	12719	13（15）	158（23）	9（19）	158（23）	15（14）	353（12）	10（17）	135（33）	9（19）	134（34）	2（42）	225（17）
1984	4169	12861	12（14）	156（23）	8（21）	156（23）	13（13）	358（12）	10（16）	135（33）	7（22）	135（33）	2（40）	213（18）
1985	4183	12985	12（13）	160（24）	8（16）	157（28）	12（13）	361（13）	7（18）	135（36）	7（18）	138（35）	3（34）	209（18）
1986	4258	13024	12（13）	165（23）	8（16）	156（27）	12（13）	363（12）	7（19）	127（35）	7（19）	127（35）	3（35）	215（17）
1987	4258	12949	12（14）	156（28）	9（16）	153（30）	14（12）	364（12）	7（20）	116（38）	7（20）	116（38）	3（36）	210（16）
1988	4282	12778	13（14）	159（25）	9（17）	159（25）	15（12）	361（12）	6（23）	137（32）	7（21）	106（40）	2（40）	213（15）
1989	4282	12556	14（12）	156（26）	9（17）	153（27）	14（16）	365（12）	6（24）	106（39）	6（24）	109（37）	2（41）	213（16）
1990	4309	12205	16（12）	144（30）	9（16）	170（22）	16（12）	348（12）	6（24）	126（33）	6（24）	112（37）	2（40）	203（17）
1991	4320	12017	15（12）	144（30）	9（15）	168（22）	15（12）	348（12）	6（24）	125（33）	5（26）	113（35）	2（40）	203（16）
1992	4284	11751	15（11）	143（27）	10（14）	163（22）	15（11）	342（12）	6（22）	129（33）	5（24）	111（34）	2（38）	202（17）
1993	4324	11511	15（13）	140（27）	11（15）	168（21）	15（13）	336（12）	6（23）	128（31）	5（25）	108（36）	2（38）	198（17）
1994	4198	11286	14（15）	141（27）	9（18）	168（21）	16（12）	334（12）	6（25）	126（32）	6（25）	102（37）	3（35）	189（17）
1995	4561	11168	15（15）	142（25）	9（19）	167（22）	17（14）	337（12）	6（28）	124（32）	7（24）	101（38）	5（32）	187（18）

续表

年份	全国		青森		宫城		秋田		山形		岩手		福岛	
	发行社	小卖店	发行社	小卖店	发行社	小卖店	发行社	小卖店	发行社	小卖店	发行社	小卖店	发行社	小卖店
1996	4602	10894	15（15）	139（27）	9（20）	161（21）	17（14）	334（12）	6（29）	117（34）	8（22）	100（37）	5（34）	182（18）
1997	4612	10569	15（15）	134（27）	10（19）	155（22）	19（13）	326（12）	6（30）	117（31）	8（24）	98（36）	5（34）	175（15）
1998	4453	10233	14（15）	131（26）	10（19）	147（23）	17（14）	311（12）	6（30）	114（31）	7（26）	95（36）	5（35）	168（18）
1999	4406	9793	15（16）	119（28）	11（18）	146（20）	17（14）	296（12）	5（33）	113（29）	5（33）	99（35）	6（31）	159（18）
2000	4391	9316	15（15）	118（28）	11（19）	141（20）	17（14）	275（12）	6（31）	108（30）	5（36）	96（34）	6（31）	145（18）
2001	4424	8741	15（16）	111（29）	10（21）	131（21）	16（14）	248（12）	6（32）	101（30）	5（37）	82（38）	6（32）	138（18）

注：小卖店的数量统计依据日本出版物零售业组合全国联合会员的数量。括号内是占全国的排名。没有1951年的数字。来源于《出版年鉴》各年版数据。

没有图书馆的村镇是35%（排到全国第13位）。可以看出读书环境对读书产生了很大的影响。

对于前文提到的“关于国语的舆论调查”的结果，文化厅的国语课表示：“说到地区间的差异，可以从居所附近是否有很方便地买到书的书店、坐电车通勤的时候能不能很轻松地看书等因素考虑。干劲十足的人们，因工作而读书的可能性也是有的。”[①]由此看来，各地区间有些地方读不到书的原因之一是书店的数量不足。

图书馆活动搞得好的地区，书店的数量也在增加。图书馆以读者的多样需求为基础，能够把读者想读的书、想了解的信息反馈到出版业。不能忽视的是，那些出版优质书籍的小出版社是依靠图书馆的订单来生存的事实。这样的小出版社出版的书籍，有好多是读者在图书馆读过，感觉值得拥有而买下来的。为振兴地域的读书活动，地区图书馆与书店的合作是必不可少的。

第5节　讨论

这一章考察了战后农业出版的发展历程。虽然战后农业的地位急速下降，但是农业出版还是以书籍或杂志的形式一直活跃着。

具体说来，战后农业书籍与“技术·工学”“自然科学”等一直占有一定份额的图书领域相比，所占比例不大。但是值得注意的是农业书籍的出版种数一直在增加，这显示出了战后农业出版为农业复兴和粮食增产所做的努力。20世纪70年代以后，在农业的相对地位持续下降、物价暴涨、专业图书出版困难倍增的时期，农业

① 日本书店商业组合联合会21世纪愿景委员会:《书店21世纪愿景报告》，载《出版年鉴》，2001年，第373—375页。

出版事业一直扮演着将农业相关的研究成果不仅向农村普及，而且迅速传达给社会大众的角色，把农业文明积极地融入到社会文明中，同时也自觉地担负起引导社会价值取向的责任。拉德金斯基说过，“社会结构的基础无论成败都必定在于乡村，因此必须把农民的利益和抱负放在中心位置”。在日本近代化的发展中，城镇化已经很普及了，但是乡村问题再次被提到国民面前，且已经不局限于以前的乡村如何发展、如何增收脱贫的问题。乡村问题关系到社会和生态发展，关系到每一位国民的健康生存，农业农村问题是和整个社会关联起来的。

日本农业出版以其自身的敏感和对农村农家的了解，在农业专业出版社的数量依旧很少的情况下，保持着不断努力的姿态。与其他领域的书籍出版种数增长率相比，很显著的是园艺与畜牧业的增加比重是很大的。在农业生产环境急速变化的情况下，有关食品自给、食品安全以及自然环境和农村景观等问题得到关注。农业杂志方面，一般市面上的农业杂志一直呈现稳定的增长，其中农业学术杂志增幅较大。可以看出农业书籍、杂志的出版数量在社会不稳定的环境中增长的状况。这也说明，无论是杂志还是书籍，只要和受众的价值观念紧密地结合，就会有需求，出版的使命是出版好书。上述情况可以作为战后日本农业出版事业积极方面的评价。

但是，以各地域的读书环境为例，在探讨地域的书店、图书馆的状况和人均书籍购买额的时候，农业地域订阅状况跟订阅环境应该引起注意。农业书籍订阅对象的减少及农业地域购买环境的不完善，使农业出版处于比较艰难的境地，这些因素会影响到农业出版物的订阅，农业出版一直是在直面困难的现实中持续存在的。

第3章　农业出版和农家订阅动向

——家之光协会《农村和读书》分析

第1节　概述

本章主要分析日本战后农家的阅读情况。在日本农业经济不景气、农政不协调的时期，农业出版不是简单的信息传达，更肩负了传媒的重要责任，如阐述粮食供应稳定、深化农业农村结构改革的重要性，引导农民以追求真实生活为使命等。出版行业的成长需要大量的读者群体，这个群体的形成并不简单。读者群体的信息和阅读接受能力直接关系出版行业的发展。提高农家读者接受信息和阅读的能力，是农业出版者特别关注的。但是，在农业状况不断变化的情况下，作为信息接受者的农家方面，其经济等困难在增加，农业出版的市场也在逐步缩小。在这种变化下，农业出版应当如何应对？为了方便论述这个课题，这里首先考察农家读者的阅读情况。

实例分析采用家之光协会的《农村和读书——全国农村读书调查》（以下简称《农村和读书》）。这个调查可能由于受众所限没有引起社会广泛的关注，但实际提供了很有价值的数据。

社团法人家之光协会是服务于日本的农业协同组合联合会

（简称“农协”）会员的教育和信息传播机构，承担了全国农协中央会的部分出版工作。总部设在东京饭田桥，员工有200余人，在全国设有5个分支机构。协会出版的农业生活类月刊《家之光》创刊于1925年，创刊号印发2万册，之后一路上升，1935年月销突破100万册，1962年达到了180万册，直到1986年仍然保持110万册的发行量。

《家之光》是通过农协自身的渠道销售的，主要由农协的妇女部组织征订、发行、回款等具体工作，一般提取定价的15%作为手续费，用于妇女部3000多个支部的活动经费。妇女部大约有3700个支部，有260万人参加协会工作（1992年数据）。

家之光协会从1946年开始出版农业、生活、文艺和儿童等方面内容的书籍，每年出版新书30种左右，重版和新版图书平均年销售100万册，有一半的图书是通过农协渠道直接销售的。其办法是在分布全国各地的基层农协事务所中设立小型图书室（1960年前后设置），每本新书都赠送给图书室一册，以此促进会员订购。和杂志一样，书籍的营销工作也主要由农协的妇女部承担，定价的20%用作活动经费。除了农协自己的出版物外，有些地方的农协还购买其他出版社的图书存放于图书室，供会员借阅。有些新书消息，还通过广播传达给会员，农协出版的《农协通信》也有新书介绍。

家之光协会在战后不久（1946年）便做了“农村读书关联调查”，即第一次全国的农村读书调查；1947年做了主题迥异的“农村舆论调查”；1948年做了“农村读书倾向调查”；1949年改称“农村读书调查（全国读书调查）”；1950年后改名为“全国农村读书调查”并一直进行着。这些调查结果以《农村和读书》为名公开发布，旨在“探求农村地区对书籍杂志的阅读程度，了解农民的阅读水平”（《农村和读书——第17次全国农村读书调查》“前言”），成为日本唯一一个长期关注农民的读书调查。

家之光协会的读书调查采用发放调查问卷形式，通过这个调查数据，首先可以了解农家阅读书籍杂志的一般倾向；其次可以了解农家购买书籍的状况及每年的订阅情况变化；最后，可以研究农家对报纸杂志书籍等大众传媒的认识和兴趣的变化。当然 由于不同年度的对象抽样方法和对象数量不同，不能确定地说这个调查表示出绝对准确的动向。但是这个持续数十年的调查，可以大致反映出农村读者的读书倾向。

第2节　农家书籍杂志的订阅动向

一、调查方法说明

《农村和读书》调查对象的基础群体为加入全国农协、年龄在16～69岁（1995年以前为59岁）的男女会员。

调查问卷分发至全国的8个区域，分别为北海道·东北地区、关东、甲信越·北陆地区、东海、近畿、中国、四国、九州·冲绳地区，按照各区域正式会员户数的构成比例进行分配。

调查对象是在调查点正式会员名单中选取的，在此基础上，根据居民基本台账一户一人进行随机抽选。

调查方法是调查员进行家庭访问，发放调查问卷后再回收。如果由于调查对象的情况无法进行留置法调查，就实行垂询调查。有效回收率达到70%以上。

主要调查项目：①月刊、周刊、书籍的阅读情况；②月刊、周刊、书籍的购买地点和方式；③月刊、周刊、书籍的购入金额；④月刊的定期订阅情况；⑤喜爱的作家、作者；⑥报纸的定期订阅情况；⑦接触的媒体情况等。

这个调查，也可以说在某种程度上准确地把握了农民的阅读情况。

二、杂志的订阅动向

战后日本经济快速的增长给农业和农村带来了巨大的影响，其中就包括农业劳动力的急剧减少，兼业农家增加，农业生产劳动力发生了巨大变化，由男性转为女性和高龄者。这些变化当然也会影响到农家对农业的认识和农业出版物的订阅。

在这里，根据《农村和读书》调查结果的分析，对“杂志”的有关指标特别是农业杂志的主要出版形式进行总结，做成表格。表3-1为农家对月刊的购买阅读动向的总结，表中的有关数据指标说明如下。

·回答者数①：调查对象中回答者的数目；

·综合阅读率②：月刊、周刊、书籍阅读一种以上的比例；

·杂志阅读率③：阅读月刊或周刊的比例；

·月刊阅读率④、⑩：阅读月刊的比例。

以下的项目回答“阅读”，并要求追加回答杂志名（杂志名不计入的回答也较多）。这些杂志都是家之光协会企划部独自制定的资料，为排名在前十的杂志。

订阅总数⑤、⑪：阅读的月刊中排名前十的回答数；

订阅数⑦、⑬：阅读的月刊中排名前十的杂志中农业杂志的回答数；

农业杂志种数⑨、⑮：阅读的月刊中排名前十中包含的农业杂志的种数。

另外，为了清楚表明平均订阅数⑥、⑧、⑫、⑭的长期趋势，订阅总数、订阅数皆为除以回答者数①得出的。

表3-1中杂志阅读率（包含月刊和周刊）的变化中，可以推断出

战后农村整体杂志阅读率下降的倾向。杂志阅读率③中2001年为68%，与1951年的96%相比下降了28%，与1969年的77%相比，也有9%的下降。这表明，在国民脱离纸介阅读的现象中，农村读书倾向也总体呈减弱趋势。

农业杂志出版形式主要为月刊。这里首先看表3-1中月刊阅读率④，“每期阅读”和“经常阅读”（以下表示为“每期阅读+经常阅读”）的回答里，在1969年后的30年间降低了约10%。2001年月刊的阅读率50%，与1969年的63%相比降低了13%。月刊阅读率④相比于包含周刊的杂志阅读率③明显下降，“每期阅读”⑩的回答也同样呈下降趋势，可以看到月刊的魅力逐渐减弱。

其次，研究农家阅读何种杂志。这个调查为了自由填写杂志名的需要，“每期阅读+经常阅读”或“每期阅读”的回答和杂志名不一定直接相关，但能从中看到某些阅读杂志种类的倾向。例如，2001年“每期阅读+经常阅读”的人中，排名前十的杂志名和订阅者数，第1名《家之光》为98人，第2名《现代农业》为24人，第3名《橘色页》为18人，第4名《ESSE》为16人，第5名《NHK趣味园艺》为15人，并列第5名《NHK今日料理》为15人，第7名《文艺春秋》为13人，第8名《妇人公论》和《妇人俱乐部》均为12人，第10名《MORE》为10人。这10种杂志合计订阅人数为234人，其中与农业相关的杂志《家之光》《现代农业》《NHK趣味园艺》三种杂志订阅人数为138人，约占60%，同表3-1中“每期阅读”的统计呈相同趋势，这表明农家对农业报道的关注度相对提高了。

同样，表3-1中，月刊中“每期阅读+经常阅读”排名前十的回答总数除以回答人数所得的平均订阅数⑥中，从20世纪50年代平均0.9册、60年代平均0.7册、70～80年代均约0.5册来看，订阅数持续走低。总体看50年情况，2001年平均订阅数0.28册，相比1951年

表3-1　农家月刊购买阅读动向

年份	回答者数①	综合阅读率②	杂志阅读率③	每期阅读+经常阅读							每期阅读					
				月刊阅读率④	排名前10杂志						月刊阅读率⑩	排名前10杂志				
					合计		农业杂志		农业杂志种数⑨			合计		农业杂志		农业杂志种数⑮
					订阅总数⑤	平均订阅数⑥	订阅数⑦	平均订阅数⑧				订阅总数⑪	平均订阅数⑫	订阅数⑬	平均订阅数⑭	
1948	1505	—	—	—	1044	0.69	300	0.20	1			631	0.42	228	0.15	2
1949	1501	—	—	—	1117	0.74	533	0.36	3		—	—	—	—	—	—
1950	302	—	—	—	289	0.96	105	0.35	2			175	0.58	90	0.30	3
1951	331	—	96%	—	529	1.60	196	0.59	2		—	296	0.89	150	0.45	2
1952	451	—	—	—	—	—	—	—	—		—	—	—	—	—	—
1953	749	—	79%	—	—	—	—	—	3		—	—	—	—	—	—
1954	785	—	75%		738	0.94	349	0.44	3			430	0.55	281	0.36	3
1955	1499	—	77%	—	1121	0.75	458	0.31	2		—	734	0.49	359	0.24	2
1956	1500	—	78%	—	1420	0.95	429	0.29	1		—	730	0.49	334	0.22	2
1957	1575	—	80%	—	1694	1.08	601	0.38	1		—	890	0.57	505	0.32	2
1958	1521	—	78%	—	1365	0.90	587	0.39	2		—	772	0.51	442	0.29	2
1959	1480	—	83%	—	—	—	—	—	2		—	691	0.47	391	0.26	2
1960	2587	—	81%	—	—	—	—	—	2		—	915	0.35	522	0.20	2
1961	2575	—	82%	—	1967	0.76	940	0.37	2		—	1163	0.45	707	0.27	2
1962	1279	—	76%	—	858	0.67	476	0.37	3		—	473	0.37	331	0.26	3
1963	2618	—	78%	—	1701	0.65	999	0.38	3		—	1701	0.65	968	0.37	2

续表

年份	回答者数①	综合阅读率②	杂志阅读率③	每期阅读＋经常阅读						每期阅读					
				月刊阅读率④	排名前 10 杂志					月刊阅读率⑩	排名前 10 杂志				
					合计		农业杂志		农业杂志种数⑨		合计		农业杂志		农业杂志种数⑮
					订阅总数⑤	平均订阅数⑥	订阅数⑦	平均订阅数⑧			订阅总数⑪	平均订阅数⑫	订阅数⑬	平均订阅数⑭	
1964	1335	—	78%	—	948	0.71	536	0.40	3	—	579	0.43	411	0.31	3
1965	1384	—	82%	—	925	0.67	517	0.37	3	—	553	0.40	424	0.31	3
1966	1383	—	80%	—	1124	0.81	705	0.51	3	—	1124	0.81	738	0.53	2
1967	1320	—	83%	—	950	0.72	583	0.44	3	—	490	0.37	396	0.30	4
1968	1301	—	80%	—	768	0.59	463	0.36	3	—	380	0.29	292	0.22	3
1969	1286	—	77%	63%	814	0.63	473	0.37	4	39%	448	0.35	344	0.27	4
1970	861	—	80%	68%	582	0.68	336	0.39	3	42%	336	0.39	265	0.31	3
1971	862	—	79%	59%	—	—	—	—	3	40%	285	0.33	233	0.27	4
1972	848	—	77%	—	—	—	—	—	3	—	218	0.26	184	0.22	5
1973	840	—	79%	60%	—	—	—	—	4	36%	223	0.27	187	0.22	4
1974	812	—	78%	58%	444	0.55	219	0.27	3	37%	223	0.27	171	0.21	4
1975	840	78%	76%	57%	453	0.54	207	0.25	3	36%	214	0.25	147	0.18	3
1976	843	82%	79%	57%	437	0.52	216	0.26	2	42%	234	0.28	186	0.22	4
1977	861	78%	75%	—	—	—	—	—	3	—	219	0.25	188	0.22	5
1978	871	80%	76%	58%	429	0.49	248	0.28	3	40%	248	0.28	206	0.24	4
1979	866	84%	79%	60%	426	0.49	240	0.28	3	43%	253	0.29	202	0.23	4

续表

年份	回答者数①	综合阅读率②	杂志阅读率③	每期阅读＋经常阅读						每期阅读					
				月刊阅读率④	排名前10杂志					月刊阅读率⑩	排名前10杂志				
					合计		农业杂志		农业杂志种数⑨		合计		农业杂志		农业杂志种数⑮
					订阅总数⑤	平均订阅数⑥	订阅数⑦	平均订阅数⑧			订阅总数⑪	平均订阅数⑫	订阅数⑬	平均订阅数⑭	
1980	860	83%	80%	62%	470	0.55	301	0.35	4	42%	302	0.35	267	0.31	5
1981	898	81%	77%	57%	396	0.44	245	0.27	2	39%	234	0.26	171	0.19	3
1982	860	82%	78%	61%	384	0.45	237	0.28	3	40%	215	0.25	171	0.20	4
1983	892	78%	73%	58%	368	0.41	257	0.29	4	38%	225	0.25	195	0.22	6
1984	915	74%	69%	54%	—	—	—	—	3	31%	201	0.22	138	0.15	3
1985	983	78%	74%	58%	—	—	—	—	3	32%	205	0.21	147	0.15	3
1986	882	76%	71%	56%	304	0.34	192	0.22	3	32%	209	0.24	173	0.20	4
1987	873	80%	75%	59%	325	0.37	214	0.25	3	38%	—	—	—	—	3
1988	889	84%	78%	65%	366	0.41	249	0.28	3	40%	—	—	—	—	3
1989	898	87%	84%	70%	395	0.44	258	0.29	3	38%	224	0.25	181	0.20	4
1990	862	85%	81%	65%	337	0.39	188	0.22	3	36%	173	0.20	111	0.13	3
1991	870	82%	78%	61%	—	—	—	—	3	31%	—	—	—	—	4
1992	848	80%	75%	56%	232	0.27	127	0.15	2	31%	141	0.17	95	0.11	3
1993	728	85%	81%	60%	273	0.38	163	0.22	3	34%	147	0.20	104	0.14	3
1994	713	83%	80%	58%	242	0.34	149	0.21	2	30%	119	0.17	91	0.13	3
1995	754	78%	71%	57%	244	0.32	145	0.19	3	29%	136	0.18	101	0.13	4

续表

年份	回答者数①	综合阅读率②	杂志阅读率③	每期阅读＋经常阅读						每期阅读					
				月刊阅读率④	排名前10杂志					月刊阅读率⑩	排名前10杂志				
					合计		农业杂志		农业杂志种数⑨		合计		农业杂志		农业杂志种数⑮
					订阅总数⑤	平均订阅数⑥	订阅数⑦	平均订阅数⑧			订阅总数⑪	平均订阅数⑫	订阅数⑬	平均订阅数⑭	
1996	754	79%	72%	59%	280	0.37	166	0.22	3	34%	166	0.22	118	0.16	4
1997	788	79%	71%	57%	240	0.30	152	0.19	3	30%	138	0.18	107	0.14	3
1998	820	69%	62%	45%	—	—	—	—	3	25%	—	—	—	—	3
1999	1146	—	—	56%	303	0.26	209	0.18	3	27%	169	0.15	139	0.12	6
2000	843	73%	66%	52%	249	0.30	158	0.19	3	27%	132	0.16	97	0.12	3
2001	831	74%	68%	50%	234	0.28	138	0.17	3	27%	126	0.15	102	0.12	4

资料：①～④及⑩依据家之光协会《农村和读书》各年版统计做成，⑤⑦⑨⑪⑬⑮依据家之光协会企划制作资料做成。

注：1. 综合阅读率②为月刊和周刊设问中“每期阅读”和“经常阅读”，以及书籍设问中回答“阅读”的人数除以回答者数①所得。此表中未列出书籍的阅读率，可在表3-7中查到。

2. 杂志阅读率③为月刊和周刊设问中“每期阅读”和“经常阅读”回答的人除以回答者数所得。

3. 月刊阅读率④为月刊设问中“每期阅读”和“经常阅读”回答人数除以回答者数①所得。月刊阅读率⑩为回答“每期都读”回答人数除以回答者数①所得。

4. 订阅总数⑤、⑪和订阅数⑦、⑬为回答者记录的杂志名总数。平均订阅数⑥、⑧、⑫、⑭为订阅总数或订阅数除以回答者数①所得。

的1.6册，减少1.32册，减少85%。“每期阅读”排名前十位的杂志平均订阅数中，1951年开始到2001年减少0.74册，降低83.1%。表明一般月刊的订阅降低倾向。

那么农业相关的杂志订阅情况又如何呢？“每期阅读+经常阅读”排名前十包含农业杂志平均的订阅数⑧，从20世纪50～60年代的0.4册，到70年代以后开始呈现递减趋势。2001年平均订阅数为0.17册，较1951年0.59册下降了0.42册，减少了71.2%。这个订阅趋势，从“每期阅读”的回答中也可以看出。1951年至2001年“每期阅读”排名前十的包含农业杂志的平均订阅数从0.45册减少到0.12册，降低了0.33册，减少了73.3%。与上述一般月刊相比，减少的比例达十几个百分点。

此外，月刊订阅倾向中“每期阅读+经常阅读”平均订阅数⑥和农业杂志平均订阅数⑧的差，从1951年1.01册缩小至2001年的0.11册。“每期阅读”中杂志平均订阅数⑫和农业杂志平均订阅数⑭的差，1951年0.44册缩小至2001年的0.03册。排名前十的月刊总体订阅数虽然减少了，但其中农业杂志订阅数所占比例却相对较高。也就是说，农村排名前十的月刊杂志订阅数中，农业杂志所占比例相对呈较高倾向。

农家在减少阅读月刊这样整体大趋势下，由于对农业的兴趣和关心，依然保持阅读农业相关杂志的积极性。这进一步表明农业劳动者对于提高自身素质的热情依然不减。

表3-1中，没有看到进入排名前十的农业杂志数⑨、⑮的减少，相反“每期阅读”排名前十的杂志中，农业杂志的种数70年代以后有3～5种，与以前相比有所增加。表3-2表示排名前十的“每期阅读”杂志的变化。可以看到这期间农业杂志《家之光》《现代农业》总体稳定，位居前列，近年来《NHK趣味园艺》稳定在前十，2000年《园艺新知识》也开始跻身前十。虽然月刊订阅数量下

降，但还是能看到农业杂志整体需求的相对增加。农家为了在农业生产方面引进新技术、开展科学化的生产管理、积极应对国民生活多样化和市场发生的各种各样的变化，其农业杂志的订阅范围也在相应变化。可以预见，为确保农业生产持续发展，拥有丰富知识和经验的农家的存在具有越来越重要的作用。随着日本农业和农村教育机能重要性的进一步凸显，可以期待未来农民自主提高农业教育能力的意识会进一步增强。

表3-2　排名前十的“每期阅读”月刊

	1950 年		1960 年		1970 年
排名	杂志名	排名	杂志名	排名	杂志名
1	家之光	1	家之光	1	家之光
2	主妇之友	2	平　凡	2	地　上
3	农业朝日	3	妇人生活	3	现代农业
4	Lee	4	主妇之友	4	主妇之友
4	主妇和生活	5	妇人俱乐部	5	文艺春秋
6	妇人俱乐部	6	文艺春秋	6	PHP
6	妇人世界	6	明　星	7	主妇和生活
8	平　凡	8	主妇和生活	7	Lee
8	农　村	9	地　上	7	妇人生活
10	KING	10	中央公论	10	妇人俱乐部
	1980 年		1990 年		2000 年
排名	杂志名	排名	杂志名	排名	杂志名
1	家之光	1	家之光	1	家之光
2	现代农业	2	现代农业	2	现代农业

续表

	1980年		1990年		2000年
排名	杂志名	排名	杂志名	排名	杂志名
3	地　上	3	月刊·少年JUMP	3	NHK趣味园艺
3	桑蚕丝之光	4	月刊·少年MAGAZAINE	4	文艺春秋
5	NHK趣味园艺	4	P H P	5	月刊·少年MAGAZAINE
5	主妇之友	6	NHK趣味园艺	6	E S S E
5	主妇和生活	6	妇人百科	7	MORE
8	文艺春秋	6	增刊·雏菊	7	NHK时尚作坊
8	增刊·雏菊	9	ESSE	7	月刊·少年JUMP
10	生活记事本	9	Mrs.	10	园艺新知识

注：依据家之光协会《农村和读书》各年版内容整理，排名序号重复的为并列。

表3-3为农村地区阅读月刊、周刊一种以上的比例（杂志阅读率）。从表中可以看出，1998年以后，全部杂志阅读率呈上升趋势，1998年全体阅读率为62%，较前一年下降9%，农业者阅读率急剧下降15%；2002年全体为69%，较1998年回升7%，特别是农业者读书率为74%，比1998年激增21%。并且，2002年农业者杂志阅读率为74%，比全体69%的阅读率高出5个百分点。可以说农业生产者相较于其他行业者阅读的倾向在相对增强。

杂志依然是订阅的中心。月刊的订阅动向如表3-4所示，农业者的阅读率1998年为40%（全体45%），2002年达到最高值66%（全体54%），增加了16个百分点。同时，农业者月刊阅读率相比于整体的54%，也高出了12个百分点，这和农业杂志刊载大量直面现实问题的取材不无关系。例如《现代农业》中提出少农药无农药、有机农业（《米糠防除减少农药投入》2001年6号）、农产品销售渠道（《大豆是发展地区经济的强心剂》2001年11号）、无登记农药问题（《无登记农药问题——现场的观点》2002年12号）等。当然，这个时期消费者自身对食品安全有了更高的要求，此类农业记事的增加反映了消费者的愿望，这种愿望对农家也产生了很大的影响和激励。以专业农家为中心，志在无农药、少农药、有机栽培等提高食品安全技术的决心提高了，农业期刊也及时大量刊载此类相关内容，满足农家的需要。

表3-3　杂志阅读率（月刊和周刊阅读一种以上的比率）（%）

年份	全体	16～19岁	20～29岁	30～39岁	40～49岁	50～59岁	60～69岁	农业者	工薪层	主妇	自营者	学生	无业
1951	96	98	98	95	98	78	—	—	—	—	—	—	—
1952	—	—	—	—	—	—	—	—	—	—	—	—	—
1953	79	91	92	84	76	67	—	76	—	—	—	—	—
1954	75	92	90	75	68	47	—	72	—	—	—	—	—
1955	77	90	89	78	70	51	—	73	—	—	—	—	—
1956	78	91	85	79	70	56	—	74	—	—	—	—	—
1957	80	91	89	78	71	64	—	77	—	—	—	—	—
1958	78	91	88	81	68	59	—	76	91	—	—	93	—
1959	83	96	92	80	77	58	—	80	95	—	—	96	—
1960	81	94	91	79	77	62	—	76	93	—	—	95	—
1961	82	93	92	81	78	65	—	78	93	—	—	94	—
1962	76	93	89	78	71	52	—	70	92	—	—	95	—
1963	78	88	88	79	74	62	—	73	89	—	—	—	—
1964	78	93	90	77	76	59	—	73	86	—	—	—	—
1965	82	95	94	83	77	64	—	75	94	—	—	—	—

续表

年份	全体	16～19岁	20～29岁	30～39岁	40～49岁	50～59岁	60～69岁	农业者	工薪层	主妇	自营者	学生	无业
1966	80	95	93	82	73	64	—	76	92	—	—	97	—
1967	83	95	94	83	79	68	—	79	94	—	—	94	—
1968	80	95	94	83	72	63	—	74	92	—	—	94	—
1969	79	99	93	81	68	63	—	—	—	—	—	—	—
1970	80	92	90	81	78	64	—	—	—	—	—	—	—
1971	77	87	90	73	76	64	—	72	85	—	—	—	—
1972	76	84	89	80	70	60	—	70	85	—	—	84	—
1973	79	92	96	85	76	57	—	69	91	—	—	91	—
1974	77	89	90	87	68	56	—	71	84	—	—	87	—
1975	77	98	92	84	71	56	—	69	87	—	—	95	—
1976	79	88	91	85	80	57	—	73	87	—	—	87	—
1977	75	88	87	80	74	60	—	67	83	—	—	87	—
1978	76	92	91	82	70	61	—	70	79	—	—	95	—
1979	79	88	86	85	75	69	—	70	82	66	—	91	—
1980	80	96	92	82	75	73	—	75	82	83	—	96	—
1981	77	90	93	80	73	65	—	71	84	68	—	90	—
1982	78	80	96	77	73	71	—	69	82	83	73	81	—
1983	73	96	91	81	67	60	—	67	79	67	72	93	—
1984	69	84	87	72	69	56	—	57	77	70	74	83	—
1985	74	90	84	81	69	64	—	70	77	70	68	93	—
1986	71	71	84	77	67	64	—	61	76	78	70	76	—
1987	75	88	82	83	72	63	—	71	78	72	64	88	—
1988	78	90	90	82	77	66	—	73	82	78	72	91	—
1989	84	95	93	87	82	72	—	76	86	86	82	97	—
1990	81	91	86	88	80	67	—	75	82	88	79	92	—
1991	78	90	84	84	75	69	—	73	79	81	78	89	—
1992	75	84	85	80	70	70	—	65	78	79	65	84	—
1993	81	91	87	83	80	74	—	75	78	86	89	94	—
1994	80	82	86	84	83	69	—	71	81	89	79	83	—

续表

年份	全体	16～19岁	20～29岁	30～39岁	40～49岁	50～59岁	60～69岁	农业者	工薪层	主妇	自营者	学生	无业
1995	71	78	88	76	72	76	58	64	77	77	72	80	—
1996	72	81	89	81	75	69	61	66	76	71	70	84	—
1997	71	92	81	75	71	72	61	68	75	63	73	89	—
1998	62	81	73	72	66	60	49	53	67	61	68	84	—
1999	—	—	—	—	—	—	—	—	—	—	—	—	—
2000	66	76	73	68	66	70	57	62	69	73	55	76	52
2001	68	81	85	72	68	71	57	64	72	71	70	80	45
2002	69	82	77	68	66	72	65	74	72	67	72	80	51

注：依据家之光协会的《农村和读书》各年版数据做成。

表3-4　月刊阅读率（每期阅读+经常阅读合计比率）（%）

年份	全体	16～19岁	20～29岁	30～39岁	40～49岁	50～59岁	60～69岁	农业者	工薪层	主妇	自营者	学生	无业
1969	63	82	76	65	54	46	—	58	72	—	—	86	—
1970	68	84	77	67	64	59	—	65	74	—	—	89	—
1971	59	62	65	59	59	50	—	59	58	—	—	70	—
1972	58	62	70	59	54	46	—	57	60	—	—	75	—
1973	59	68	71	61	60	44	—	53	71	—	—	67	—
1974	57	67	71	65	52	38	—	55	63	—	—	66	—
1975	57	84	69	61	50	42	—	51	61	—	—	86	—
1976	57	71	62	60	59	39	—	56	57	—	—	71	—
1977	55	66	59	59	55	43	—	51	58	—	—	73	—
1978	58	83	67	56	57	50	—	55	61	—	—	81	—
1979	60	68	63	66	54	56	—	63	58	47	—	71	—
1980	62	77	77	61	57	56	—	61	63	59	—	85	—
1981	57	70	69	59	54	49	—	59	58	49	—	68	—
1982	61	67	77	61	58	53	—	56	61	73	50	67	—
1983	58	85	74	59	52	49	—	58	60	52	49	83	—

续表

年份	全体	16～19岁	20～29岁	30～39岁	40～49岁	50～59岁	60～69岁	农业者	工薪层	主妇	自营者	学生	无业
1984	54	67	73	56	48	45	—	47	55	58	58	72	—
1985	58	76	61	64	52	52	—	58	59	52	57	75	—
1986	56	52	66	60	51	53	—	51	56	67	55	57	—
1987	59	61	70	64	57	51	—	56	65	58	45	62	—
1988	65	82	79	68	62	50	—	59	67	62	58	83	—
1989	70	87	77	74	69	59	—	63	74	70	71	84	—
1990	65	82	72	68	55	61	—	61	65	69	62	80	—
1991	61	81	68	68	58	52	—	59	59	66	57	79	—
1992	56	56	66	63	49	52	—	54	61	57	40	57	—
1993	60	71	75	58	58	53	—	61	56	64	59	75	—
1994	58	45	68	63	58	49	—	57	59	55	57	52	—
1995	57	47	75	64	57	57	44	48	63	58	61	71	—
1996	59	70	75	66	55	56	48	53	62	62	52	73	—
1997	57	75	65	59	53	60	50	58	56	54	55	73	—
1998	45	61	58	58	47	43	34	40	49	42	44	67	—
1999	56	70	68	63	55	52	51	54	58	56	52	70	—
2000	52	52	62	54	52	51	49	54	53	58	41	55	43
2001	50	57	64	59	51	49	42	50	52	59	43	60	30
2002	54	63	64	51	49	58	51	66	52	56	62	61	35

注：依据家之光协会的《农村和读书》各年版数据做成。

在各年龄层的读者阅读倾向中，表3-3和表3-4虽然显示了全体阅读率都在减少，50岁、60岁的阅读率却有增加的势头。表3-5的不同年龄段订阅月刊的理由中，50～59岁年龄段想“了解新话题”“拓展知识面”和“娱乐”的比率升高。

表3-5　不同年龄段订购月刊的理由（读的人=100%）

	16～19	20～29	30～39	40～49	50～59	60～69
了解新话题	51	49	41	38	44	—
拓展知识面	16	35	37	43	31	—
实际应用	18	30	41	50	49	—
提高教养	4	6	12	11	15	—
娱乐	71	64	47	37	38	—
消磨时间	40	32	20	18	24	—
无意识	20	13	14	7	12	—
其他	—	3	2	4	6	—

注：依据《农村和读书》1988年版数据做成，该统计内容从1988年开始。

（1998年）

	16～19	20～29	30～39	40～49	50～59	60～69
了解新话题	50	44	57	38	56	48
拓展知识面	27	20	28	29	50	46
实际应用	27	20	40	38	48	53
提高教养	14	5	9	12	11	21
娱乐	59	59	49	31	42	29
消磨时间	36	36	15	14	13	11
无意识	23	20	6	13	11	10
其他	—	2	6	2	3	3

注：依据《农村和读书》1998年版数据做成，该内容1999年以后没有统计。

“了解新话题”的比率，从1988年的44%到1998年的56%，增加了12%；同期“拓展知识面”的比率也从31%上升到50%，增加了19%；“娱乐”增加了4%；“实际应用”两个时间点分别为49%和48%，大体持平。1998年，60～69岁年龄段中，想“了解新话题”“拓展知识面”和“实际应用”的理由所占阅读比率分别为

48%、46%、53%。农村的中老年者为了追求实际工作生活的效益而阅读的倾向，从调查数字中可以显示出来，这一代人也是这个时期农业生产的主要担当者。

表3-6　不同职业订阅月刊的理由（读的人=100%）　　（1978年）

	农业者	工薪层	自营者	主妇	学生
了解新话题	56	48	38	—	46
拓展知识面	61	53	29	—	41
实际应用	72	52	49	—	28
提高教养	28	26	21	—	17
娱乐	39	38	32	—	65
消磨时间	16	28	23	—	37
无意识	—	—	—	—	—
其他	—	—	—	—	—

注：依据《农村和读书》1978年版数据做成。

（1988年）

	农业者	工薪层	自营者	主妇	学生
了解新话题	38	49	22	41	48
拓展知识面	32	35	42	35	26
实际应用	54	35	36	48	24
提高教养	8	6	8	11	6
娱乐	37	52	53	40	68
消磨时间	16	32	31	23	36
无意识	13	13	6	12	14
其他	2	3	3	6	—

注：依据《农村和读书》1988年版数据做成。

（1998年）

	农业者	工薪层	自营者	主妇	学生
了解新话题	50	48	41	42	41
拓展知识面	41	35	29	42	23
实际应用	54	36	53	55	23
提高教养	20	9	15	11	14
娱乐	26	47	38	34	68
消磨时间	7	16	21	16	45
无意识	8	14	9	16	23
其他	4	1	6	3	—

注：依据《农村和读书》1998年版数据做成，该内容1999年以后没有统计。

表3–6是根据不同职业者订阅月刊情况进行的统计。根据此表，不同职业者购买月刊的理由，回答“实际应用”的人群中，虽然农业者所占比率从1978年的72%降低到1988年和1998年的54%，但和工薪层、自营者相比依然非常高。除了实用性外，“了解新话题”“拓展知识面”和“提高教养”的回答中，农业者在1988年分别为38%、32%、8%，较1978年的56%、61%、28%有所降低，但在1998年分别为50%、41%、20%，有所回升，和1988年相比分别提高了12个、9个、12个百分点。而在1988至1998年的10年间，工薪阶层和学生“了解新话题”“拓展知识面”和“提高教养”的订阅理由所占比率没有太大变化；自营者呈19%、–13%、7%的增减变化；主妇呈1%、7%和无变化的趋势。另一方面，农业者回答“消磨时间”的比例从1978年、1988年的16%下降到1998年7%，工薪阶层则为28%、32%、16%，相比学生的37%、36%、45%要低。可见农业者“娱乐”的阅读倾向非常低。相较于其他行业，农业者为了实用、知识、新话题而阅读的倾向更加明显。结合表3–1分析，这种倾向也是一致的。

如表3-1②所示，综合阅读率在1975年为78%，2001年为74%，降低了4%，同期杂志阅读率③下降8%，相比综合阅读率下降的比率相对较小。尽管杂志订阅率持续下降，还是可以看出农家对纸介媒体需求相对增加。

以上所示，通过分析战后农村杂志订阅率的变化，可以看出农民订阅普通杂志状况呈现下降趋势，与农业相关杂志的订阅数则相对增加。这一方面或许可以反映出在备受农业结构危机、农业人口稀少、高龄化困扰的农村，农业者对订阅杂志，特别是实用性杂志和对阅读的依附感很强，对农业存续的热情也可见一斑；另一方面，也可以看到农业出版对多样化需求积极应对的姿态，比如伴随着时代各种各样的变化，“回归农业”成为出版的一个重要的话题。

事实上，农业出版事业一方面表现在促进农业、农村直接相关联的产业发展上持续推进；另一方面以农业与人们生活息息相关、密不可分的关系为背景，试图从多角度阐述农业、农村问题，以此作为与农业和国民生计相关的重要议题，来推动社会对农业多面机能的重视。在健康安心的饮食生活、丰富的自然环境和食品与农业环境教育等多方面做出各种努力，出版事业的这些贡献是被社会认可的，也充分展示了新闻出版媒体的社会作用。

三、书籍的购买动向

表3-7为农村读者中男性和女性阅读率的变化。从此表可以看出农村读者的书籍阅读率一直比杂志低。1951年到达66%的最高点后，阅读率急速下降至1953年的32%。1975年后，超过了40%，随后在有增有减中缓慢上升，在1988年突破50%，1993年达到54%。之后又由升转降，2002年降至33%，同70年代前期的阅读率持平。

表3-7　农村读者中男性和女性阅读率的变化（%）

年份	男性					女性					综合全体	全体杂志	全体月刊	全体周刊	全体书籍
	综合阅读率	杂志阅读率	月刊阅读率	周刊阅读率	书籍阅读率	综合阅读率	杂志阅读率	月刊阅读率	周刊阅读率	书籍阅读率					
1951	—	97	—	—	71	—	93	—	—	59	—	96	—	—	66
1952	—	—	—	—	—	—	—	—	—	—	—	—	—	—	—
1953	—	83	—	—	38	—	76	—	—	25	—	79	—	—	32
1954	—	77	—	—	27	—	73	—	—	19	—	75	—	—	23
1955	—	80	—	—	40	—	74	—	—	33	—	77	—	—	37
1956	—	80	—	—	39	—	76	—	—	28	—	78	—	—	33
1957	—	81	—	—	40	—	78	—	—	32	—	80	—	—	36
1958	—	80	—	—	32	—	77	—	—	34	—	78	—	—	33
1959	—	86	—	—	43	—	80	—	—	32	—	83	—	—	37
1960	—	83	—	—	32	—	79	—	—	28	—	81	—	—	30
1961	—	85	—	—	34	—	79	—	—	28	—	82	—	—	31
1962	—	79	—	—	27	—	74	—	—	24	—	76	—	—	26
1963	—	79	—	—	28	—	77	—	—	25	—	78	—	—	26
1964	—	79	—	—	33	—	77	—	—	35	—	78	—	—	34
1965	—	83	—	—	36	—	81	—	—	33	—	82	—	—	34
1966	—	82	—	—	27	—	79	—	—	25	—	80	—	—	26
1967	—	86	—	—	35	—	80	—	—	33	—	83	—	—	34
1968	—	81	—	—	39	—	80	—	—	34	—	80	—	—	36
1969	—	80	63	61	33	—	77	62	59	28	—	77	63	60	31
1970	—	79	64	54	32	—	81	71	52	27	—	80	68	53	29

续表

年份	男性					女性					综合全体	全体杂志	全体月刊	全体周刊	全体书籍
	综合阅读率	杂志阅读率	月刊阅读率	周刊阅读率	书籍阅读率	综合阅读率	杂志阅读率	月刊阅读率	周刊阅读率	书籍阅读率					
1971	—	79	56	59	29	—	76	62	54	27	—	77	59	56	28
1972	—	77	55	58	36	—	75	60	54	28	—	76	58	56	32
1973	—	79	59	61	40	—	79	59	62	36	—	79	59	62	38
1974	—	78	53	64	38	—	76	61	57	32	—	77	57	59	35
1975	—	76	52	62	44	—	78	62	58	39	78	77	57	60	41
1976	83	78	52	60	46	83	80	61	62	41	82	79	57	61	43
1977	81	78	56	59	39	76	73	53	51	34	78	75	55	55	37
1978	82	77	56	57	45	78	74	61	52	35	80	76	58	54	40
1979	—	79	61	61	52	—	78	59	59	44	84	79	60	60	48
1980	85	80	60	62	45	82	80	64	54	45	83	80	62	58	45
1981	81	77	55	63	43	80	77	59	55	40	81	77	57	59	41
1982	80	75	54	61	42	84	80	67	57	44	82	78	61	59	43
1983	80	74	56	56	46	76	72	60	48	42	78	73	58	51	44
1984	74	69	50	57	41	73	69	57	47	40	74	69	54	52	40
1985	80	77	60	60	41	77	71	57	52	41	78	74	58	56	41
1986	78	69	53	54	40	78	73	60	56	44	76	71	56	55	42
1987	80	76	58	60	46	80	74	60	55	46	80	75	59	57	46
1988	88	76	62	62	52	88	81	68	67	51	84	78	65	64	51
1989	88	83	68	69	52	88	85	72	72	49	87	84	70	70	50
1990	83	77	61	67	45	88	85	68	73	50	85	81	65	70	47

续表

年份	男性					女性					综合全体	全体杂志	全体月刊	全体周刊	全体书籍
	综合阅读率	杂志阅读率	月刊阅读率	周刊阅读率	书籍阅读率	综合阅读率	杂志阅读率	月刊阅读率	周刊阅读率	书籍阅读率					
1991	80	74	56	59	45	85	81	67	66	45	82	78	61	63	45
1992	74	70	52	57	37	85	81	60	64	44	80	75	56	61	41
1993	82	78	56	65	52	88	84	65	67	56	85	81	60	66	54
1994	80	76	53	63	53	85	83	61	74	55	83	80	58	69	54
1995	71	64	51	44	42	83	76	62	50	47	78	71	57	48	45
1996	77	71	58	49	44	81	74	60	45	47	79	72	59	47	46
1997	76	70	53	52	47	81	72	60	47	52	79	71	57	49	49
1998	65	59	42	46	36	73	63	49	43	40	69	62	45	45	38
1999	52	—	52	48	—	60	—	60	44	—	56	—	56	46	—
2000	69	62	46	45	35	76	70	58	44	38	73	66	52	44	36
2001	70	65	43	47	29	77	71	56	48	38	74	68	50	47	34
2002	72	67	49	51	32	79	71	58	49	33	76	69	54	50	33

注：综合阅读率为月刊、周刊、书籍阅读一种以上的比率。

杂志阅读率为月刊、周刊阅读一种以上的比率。

月刊、周刊的阅读率为“每期都读”和“经常阅读”的合计比率。

一般而言，相比杂志，读者阅读书籍更有抵触感。书籍和报纸、杂志、电视等媒介不一样，需要阅读习惯的养成和较高水平的接受能力。所以把读书看作日常生活中的一部分、成为较高水平的读者并不容易。这不仅仅是读者自身的原因，还与教育的普及、图书馆及书店的数量等客观环境有着密切联系。清水英夫指出：“报纸和初等教育、杂志和高中教育、书籍和高等教育的普及情况密切相关。”[①]根据第2章的分析结果，农村的读书环境、读书状况和城市相比不容乐观。农村在50年间依然维持30%～40%的书籍阅读率并不容易，这30%～40%的读者在农村有坚持阅读的习惯，这个读者群可以说成为农业持续发展和农业教育机能发挥的中坚力量。

四、女性读书活动的活跃

1986年《男女雇佣机会均等法》开始施行，目的是为了提高女性的社会地位和鼓励女性积极参与社会活动。1999年又相继颁布了《食粮、农业、农村基本法》和《男女共同参加社会规划基本法》，其中寄托了对农业生产，特别是对保持农村地区活跃性起重要担当作用的女性的期待。

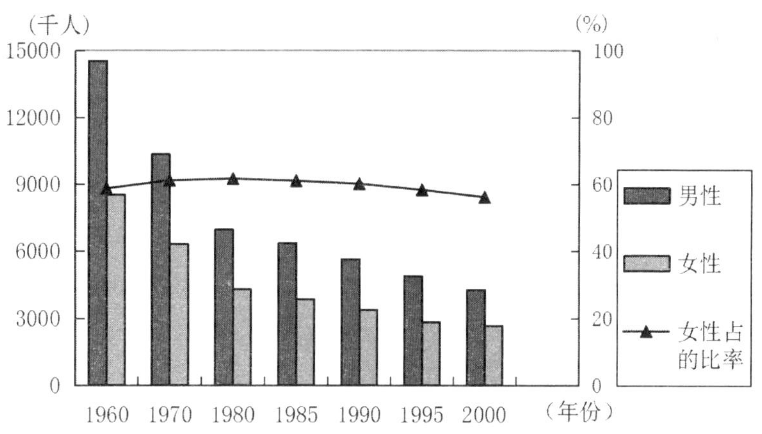

图3-1　农业就业人口中女性占的比率

注：依据农林水产省《袖珍农林水产统计》2000年版数据做成。

①清水英夫：《现代出版学》，竹内书店，1972年，第79页。

从图3-1看，在1960年之后，农业就业人口中女性所占比率为60%多，基本处于稳定状态。农家生活的现代化也使农家家庭主妇从繁重的家务劳作负担中解放出来，有时间从事农业工作。

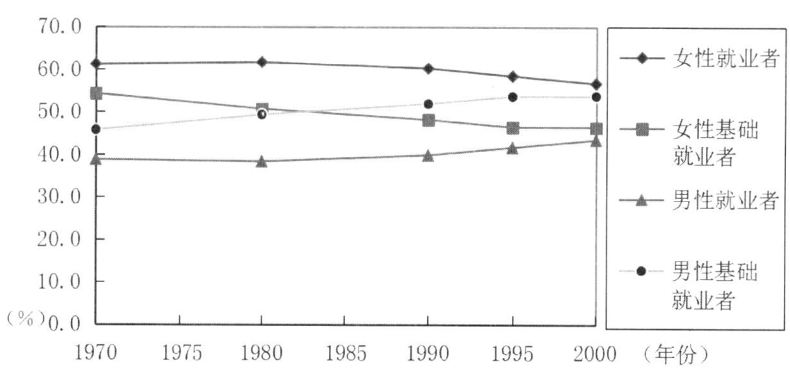

图3-2　农业就业者中男女所占的比率

注：依据农林统计协会《农业白皮书附属统计表》各年数据做成。

如图3-2所示，农业就业人口比率和基础农业从业者比率进行比较，女性就业人数总体处于上位，高于男性。但是女性从事基础农业人员的比率较低。这表示从事基础农业生产的女性比男性少，女性主要是从事农业的辅助性工作和经营性工作。但在1995年之后，表现出了女性向农业的支柱性基础成员转变并趋于稳定的趋势，女性在日本农业中发挥的作用突显出来。

积极活跃的农村女性在杂志、书籍的阅读情况中也有显著表现。如表3-7所示，农村读者男女阅读比例变化中可以明显看出男女阅读率的差别。80年代前期，男性阅读率高于女性，到1985年以后逐步缩小。1990年开始逆转，女性的杂志、书籍阅读率开始超过男性。1990年女性的综合阅读率为88%，杂志阅读率为

85%，书籍阅读率为50%，明显高于男性的83%、77%、45%。可见农村女性在日常生活中广泛接触出版物，这与农协妇女部长期经营农协的出版物有一定关系。农协妇女部的会员们有推销杂志书籍的特殊任务，这促进了农村女性读者群的形成和扩大。当然，生活水平的提高、教育的普及和家庭主妇休闲时间增加等也是影响因素，但农村妇女自觉参与图书运营和读书活动、积极参加农业生产活动却是明显的事实。从“读书行为的内化，决定了价值创造行为”[①]这一读者价值创造的意义考虑，可以理解近年农村女性在家务劳动、农业生产劳动和农业经营活动中，农业女性自身的努力和文化意识的自觉提升，也可以说与阅读有关。阅读催生了农村女性文化意识上的重大转变，也提升了她们在生产性价值形成环节中的地位。

第3节　农家书籍、杂志购买费用动向

农家的阅读率发生了改变，那么战后书籍、杂志的购买费用发生了哪些变化？其实，即使有稳定订阅状态的读者，其订购意愿也是会被左右的。而电脑、手机普及后，社会整体对订阅图书的投入费用明显减少，农家当然也不例外。

从农家支出层面进行分析，目的是要了解农家收入的增加带来生活水平的提高，那么他们在读书倾向上是如何反映的呢？第2章研究显示，农家家庭成员一人所得大于一般家庭成员一人所得。根据表3-8农家生活消费和出版物消费状况所示，农家家庭财务支出中，一年平均每人饮食、被服、居住费用构成比在战后逐年减少，

①清水英夫:《现代出版学》，竹内书店，1972年，第75页。

第3-8表　农家生活消费和出版物消费的状况

年份	家计费																			
	1户平均千日元	1人平均千日元	1人平均的饮食·被服·居住·教育·娱乐费（千日元）										1人平均的书籍·杂志费·（日元）							
			饮食费	构成比	被服费	构成比	居住费	构成比	教育费	构成比	娱乐费	构成比	书籍	构成比	月刊	构成比	周刊	构成比	合计	构成比
1955	312.8	49.9	24.8	49.7	5.4	10.9	5.8	11.7	1.4	2.9	1.5	2.9								
1960	368.4	64.4	27.9	43.3	7.2	11.2	8.9	13.8	1.7	2.6	2.8	4.4								
1965	654.5	123.0	44.0	35.8	12.8	10.4	19.2	15.6	* 19.9											
1970	1225.2	251.1	72.4	28.9	24.2	9.7	34.8	13.9	37.6		13.9									
1975	2650.0	579.9	142.0	24.5	50.1	8.6	67.9	11.7	* 44.2											
1980	3942.0	895.9	188.6	21.1	65.9	7.4	89.8	10.0					1528	0.2	3708	0.4	1884	0.21	7120	0.8
1985	4700.7	1083.1	252.4	23.3	72.1	6.7	58.1	5.4	26.2	2.4	83.9	7.7	1903	0.2	4476	0.4				
1990	5274.3	1241.0	276.0	22.2	79.2	6.4	66.7	5.4	36.9	3.0	112.7	9.1	3101	0.2	5364	0.4	3516	0.28	11981	1.0
1991	5415.0	1289.3	270.9	21.0	76.0	5.9	77.6	6.0	40.0	3.1	111.9	8.7	2486	0.2	5292	0.4	2880	0.22	10658	0.8
1992	5504.0	1280.0	225.5	17.6	70.5	5.5	68.3	5.3	40.6	3.2	113.6	8.9	2028	0.2	4980	0.4	3552	0.28	10560	0.8
1993	5606.3	1303.8	266.4	20.4	68.3	5.2	79.7	6.1	41.1	3.2	111.5	8.6	3129	0.2	6060	0.5	4548	0.35	13737	1.1
1994	5661.6	1341.6	272.9	20.3	67.7	5.0	80.0	6.0	44.1	3.3	113.6	8.5	3150	0.2	5292	0.4	3456	0.26	11898	0.9
1995	5705.0	1361.6	276.9	20.3	64.0	4.7	85.2	6.3	47.0	3.5	118.5	8.7	2267	0.2	5088	0.4	2640	0.19	9995	0.7
1996	5729.8	1374.1	276.3	20.1	67.6	4.9	98.2	7.1	48.1	3.5	107.6	7.8	2466	0.2	5832	0.4	3012	0.22	11310	0.8

续表

年份	家计费																			
	1户平均千日元	1人平均千日元	1人平均的饮食·被服·居住·教育·娱乐费（千日元）										1人平均的书籍·杂志费·（日元）							
			饮食费	构成比	被服费	构成比	居住费	构成比	教育费	构成比	娱乐费	构成比	书籍	构成比	月刊	构成比	周刊	构成比	合计	构成比
1997	5736.5	1389.0	281.8	20.3	62.5	4.5	97.3	7.0	49.1	3.5	115.8	8.3	2702	0.2	5292	0.4	2988	0.22	10982	0.8
1998	5626.2	1365.6	283.9	20.8	57.7	4.2	95.4	7.0	46.7	3.4	116.2	8.5	2073	0.2	4428	0.3	2712	0.20	9213	0.7
1999	5543.8	1372.2	290.8	21.2	54.2	4.0	113.2	8.3	44.2	3.2	113.3	8.3	4248	0.3	6180	0.5	2820	0.21	13248	1.0

注：依据《农家经济调查》、家之光协会《农村和读者》各年版数据做成。*含保健教育娱乐费。

到90年代进入相对稳定的状态。但是，教育费用1990年为36900日元，比1955年的1400日元增加了26.4倍；饮食、被服、居住费用同期增加了11.1倍、14.7倍、11.5倍。与之相比，增加的幅度变大，说明农家对教育的重视程度开始提高，同期急剧增长75倍的娱乐费用颇令人感叹。教育费用约占家庭总支出的3%，也是很低的，在90年代以后基本上没有增加。同期书籍杂志的消费在家庭总支出中约占1%，是最低的。当然，这里可以考虑视其为农家生活多样性的变化。

表3–9、表3–10中可以看出农家月刊、周刊不同购买者的支出状况。从性别上看，男性购买费用比女性要高。从年龄上看，20～40岁是购买的主力军。从职业上看，学生和工薪阶层的花费最高，农业者最低。表3–11中农家书籍支出状况和杂志大致相同。从整体来看，比较书籍、月刊、周刊的消费，月刊花费金额最高，书籍最低。

如图3–3所示农家家庭整体消费杂志、书籍的倾向，80年代后期的消费呈现不稳定趋势。这种不稳定趋势和农业杂志、书籍消费支出所占比例较低的原因之一，就是书籍、杂志的价格上涨。但即使考虑到当时的消费者物价指数，如图3–4所示，书籍、杂志的平均定价指数还是比消费者物价指数增加幅度大。书籍定价的变化倾向相比杂志要低。尽管出现这种结果，还是凸显出农家不稳定的购买状态。80年代中期开始，受削减农业补贴、农产品贸易自由化等的影响，农业所得比非农业所得也降低。

表3-9　农家每月购买月刊消费（日元）

年份	全体	男性	女性	16～19岁	20～29岁	30～39岁	40～49岁	50～59岁	60～69岁	农业者	工薪层	主妇	自营者	学生	无业
1972	129	130	128	153	194	119	106	92	—	116	150	—	—	—	—
1973	135	140	131	160	168	162	120	92	—	119	168	—	—	—	—
1974	149	136	158	192	200	172	124	80	—	116	191	—	—	—	—
1975	—	—	—	—	—	—	—	—	—	—	—	—	—	—	—
1976	232	235	229	301	282	270	226	127	—	195	250	—	—	—	—
1977	216	242	192	247	257	264	201	153	—	171	272	—	—	—	—
1978	254	255	253	433	300	249	226	209	—	221	273	—	—	—	—
1979	290	—	—	—	—	—	—	—	—	—	—	—	—	—	—
1980	309	324	296	318	326	320	297	301	—	296	293	327	—	—	—
1981	318	308	325	391	409	357	286	243	—	316	345	277	—	—	—
1982	292	294	290	291	408	300	261	247	—	281	283	297	313	315	—
1983	—	—	—	—	—	—	—	—	—	—	—	—	—	—	—
1984	289	267	309	334	436	297	257	227	—	244	306	318	285	406	—
1985	373	406	339	478	443	423	300	328	—	318	421	324	346	486	—
1986	398	391	404	369	537	452	341	335	—	301	438	436	472	402	—
1987	418	451	387	365	506	490	398	329	—	366	471	371	397	395	—
1988	457	500	416	450	580	500	469	304	—	440	497	366	418	522	—
1989	519	551	491	578	613	571	458	435	—	456	578	479	475	566	—
1990	447	445	448	487	519	493	463	323	—	404	452	410	538	472	—
1991	441	454	429	561	500	522	438	325	—	358	497	368	534	542	—
1992	415	426	405	415	456	545	336	354	—	388	449	423	300	402	—
1993	505	527	478	363	722	501	570	406	—	503	512	470	500	460	—
1994	441	464	421	229	520	559	431	339	—	417	484	329	504	304	—
1995	424	435	414	513	589	513	427	435	285	366	471	412	483	545	—
1996	486	506	465	456	600	574	532	489	372	442	526	470	499	458	—
1997	441	469	413	571	572	467	495	416	316	366	486	409	541	599	—
1998	369	374	364	382	508	553	432	326	251	310	458	267	394	369	—
1999	—	—	—	—	—	—	—	—	—	—	—	—	—	—	—

续表

年份	全体	男性	女性	16～19岁	20～29岁	30～39岁	40～49岁	50～59岁	60～69岁	农业者	工薪层	主妇	自营者	学生	无业
2000	1042	1062	1026	1381	1327	1412	1098	1064	612	656	1236	985	1318	1295	487
2001	941	992	896	994	1214	1208	1058	980	617	757	1028	837	1 074	1017	816
2002	965	1089	873	1151	1164	1248	1073	961	670	871	1150	707	927	1200	557

注：依据家之光协会《农村和读书》各年版数据做成。1999年只有全员平均购买费用515日元，没有其他数据。2000年以后改变统计方法，杂志、书籍合计统计。表中数字包含不读月刊的所有人每月平均购买费用。

表3-10　农家每月购买周刊消费（日元）

年份	全体	男性	女性	16～19岁	20～29岁	30～39岁	40～49岁	50～59岁	60～69岁	农业者	工薪层	主妇	自营者	学生	无业
1972	67	84	52	80	—	119	68	48	—	35	34	133	—	83	—
1973	79	103	58	109	164	84	47	39	—	49	124	—	—	125	—
1974	88	123	67	134	149	99	46	52	—	46	136	—	—	136	—
1975	—	—	—	—	—	—	—	—	—	—	—	—	—	—	—
1976	130	156	104	166	258	119	92	44	—	51	217	—	—	179	—
1977	113	163	65	167	209	122	89	44	—	57	188	—	—	136	—
1978	124	167	88	234	231	127	84	59	—	53	159	—	—	270	—
1979	136	—	—	—	—	—	—	—	—	—	—	—	—	—	—
1980	157	217	106	354	306	119	139	86	—	76	213	96	—	340	—
1981	162	227	109	331	346	173	92	60	—	74	231	82	—	325	—
1982	180	228	135	334	359	187	134	82	—	99	229	105	270	291	—
1983	—	—	—	—	—	—	—	—	—	—	—	—	—	—	—

续表

年份	全体	男性	女性	16～19岁	20～29岁	30～39岁	40～49岁	50～59岁	60～69岁	农业者	工薪层	主妇	自营者	学生	无业
1984	203	256	154	377	436	209	167	82		104	268	100	292	376	—
1985	—	—	—	—	—	—	—	—	—	—	—	—	—	—	—
1986	217	259	174	246	319	249	182	162	—	137	278	165	301	235	—
1987	201	257	149	357	309	223	178	113	—	138	228	107	334	355	—
1988	220	287	156	335	384	205	184	125	—	153	281	118	216	377	—
1989	267	335	209	348	499	311	170	130	—	156	355	191	277	350	—
1990	293	343	248	523	378	363	218	170	—	187	319	246	367	498	—
1991	240	310	170	326	357	258	215	184	—	156	296	171	352	313	—
1992	296	344	251	554	389	315	250	212	—	175	342	241	268	567	—
1993	379	459	285	478	530	427	398	239	—	257	402	250	559	578	—
1994	288	329	253	530	313	338	307	160	—	203	301	212	380	509	—
1995	220	262	187	236	374	206	278	203	130	175	261	189	212	236	—
1996	251	324	178	372	375	250	281	215	172	185	307	171	291	251	—
1997	249	328	172	344	376	297	273	222	151	172	300	191	355	318	—
1998	226	272	178	226	300	250	277	264	140	121	260	185	379	247	—
1999	—	—	—	—	—	—	—	—	—	—	—	—	—	—	—
2000	1042	1062	1026	1381	1327	1412	1098	1064	612	656	1236	985	1318	1295	487
2001	941	992	896	994	1214	1208	1058	980	617	757	1028	837	1074	1017	816
2002	965	1089	873	1151	1164	1248	1073	961	670	871	1150	707	927	1200	557

注：依据家之光协会《农村和读书》各年版数据做成。1999年只有全员平均购买费用235日元，没有其他数据。2000年以后改变统计方法，杂志和书籍合计统计。表中数字为包含不读周刊的所有人每月平均购买费用。

表3-11　农家每年购买书籍消费(日元)

年份	全体	男性	女性	16～19岁	20～29岁	30～39岁	40～49岁	50～59岁	60～69岁	农业者	工薪层	主妇	自营者	学生	无业
1974	405	502	346	838	734	318	220	230	—	228	559	—	—	1051	—
1976	820	990	653	1206	1163	926	595	491	—	358	1,213	—	—	1419	—
1977	806	932	686	1362	1470	907	483	412	—	339	1227	—	—	1582	—
1978	1343	1677	1051	3136	2031	1447	868	798	—	519	1892	—	—	3451	—
1980	1528	1738	1348	2130	2489	1799	1099	1092	—	849	2106	1186	—	2798	—
1982	1828	2328	1354	1472	3216	2165	1531	1099	—	1272	2348	1389	1933	2043	—
1984	1920	2333	1453	1489	3461	1658	2105	1270	—	1165	2483	1608	1615	2440	—
1985	1903	2309	1495	2220	3030	2905	1121	1522	—	995	2571	1451	1982	2702	—
1986	2177	2363	1996	795	2878	2845	2460	1321	—	755	3419	1752	2616	1153	—
1987	2427	3103	1795	2449	2787	3250	2368	1446	—	1184	3223	1706	2269	2909	—
1988	2974	2827	2160	5109	3748	3280	2966	1488	—	1898	3509	2164	2484	6342	—
1989	3244	4047	2551	4524	4806	3319	3639	1559	—	1800	4439	2338	2598	4155	—
1990	3101	3573	2669	3954	3278	3747	3654	1432	—	2163	3850	1830	2961	4327	—
1991	2486	3046	1925	2878	3015	2627	2657	1920	—	1747	2955	2175	2780	3407	—
1992	2028	2278	1791	1482	2063	3075	1897	1239	—	1097	2630	1691	2221	1881	—
1993	3129	3595	2581	3698	3953	3541	2992	2466	—	1864	3525	2190	2988	4148	—
1994	3150	4003	2434	3816	4703	4274	3055	1407	—	2095	3755	1765	3590	4316	—
1995	2267	2906	1768	4655	3582	2274	2740	1664	1421	1007	2767	2218	2024	6569	—
1996	2466	2415	2518	4500	2750	3306	3127	1913	1432	1596	2953	1904	2625	4698	—
1997	2702	3012	2392	5113	3506	2700	3526	1812	1836	1402	3382	2147	2875	6038	—
1998	2073	2201	1937	3054	2685	2065	2745	2612	1040	1097	2365	1640	4247	3357	—
1999	—	—	—	—	—	—	—	—	—	—	—	—	—	—	—
2000	1042	1062	1026	1381	1327	1412	1098	1064	612	656	1236	985	1318	1295	487

续表

年份	全体	男性	女性	16～19岁	20～29岁	30～39岁	40～49岁	50～59岁	60～69岁	农业者	工薪层	主妇	自营者	学生	无业
2001	941	992	896	994	1214	1208	1058	980	617	757	1028	837	1074	1017	816
2002	965	1089	873	1151	1164	1248	1073	961	670	871	1150	707	927	1200	557

注：依据家之光协会《农村和读书》各年版数据做成。1999年只有全员平均购买费用为4248日元，没有其他数据。2000年以后统计方法改变，杂志和书籍合计统计。表中数字包含不读书的所有人每年（2000年后为月）平均购买费用。

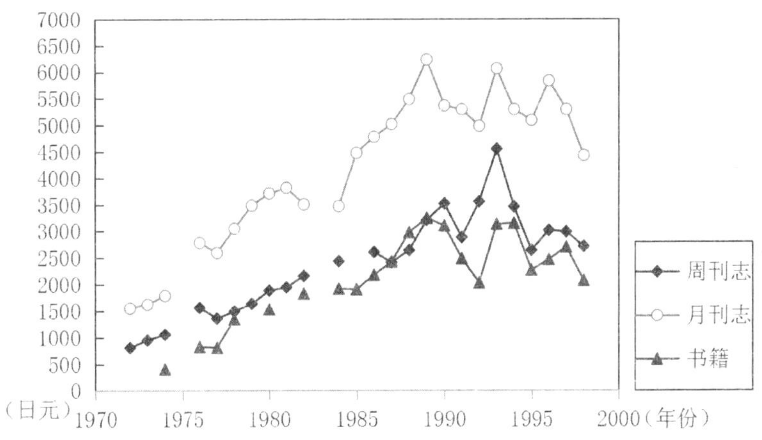

图3-3　农家全员年间购买杂志和书籍的费用变化

注：依据家之光协会《农村和读书》各年版数据做成。杂志、书籍购买人中包含不阅读的总人数每月平均消费额。

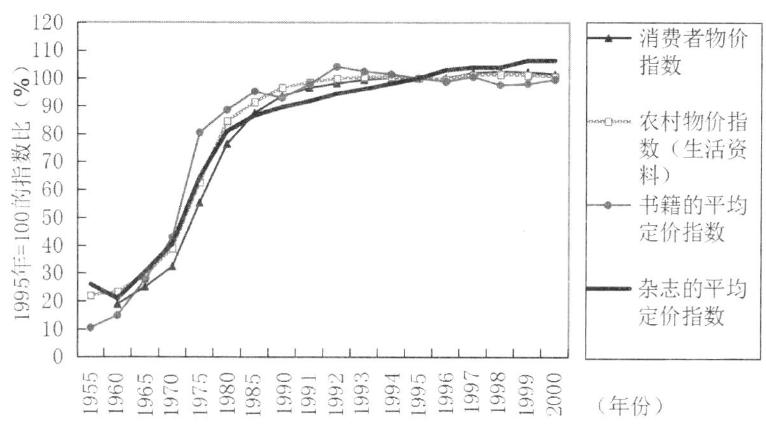

图3-4　消费者物价指数和书籍、杂志平均定价指数水平的比较

注：①依据总务省统计局《消费者物价指数年报》、农林水产省统计情报部《农村物价统计》和《出版年鉴》各年版数据做成。

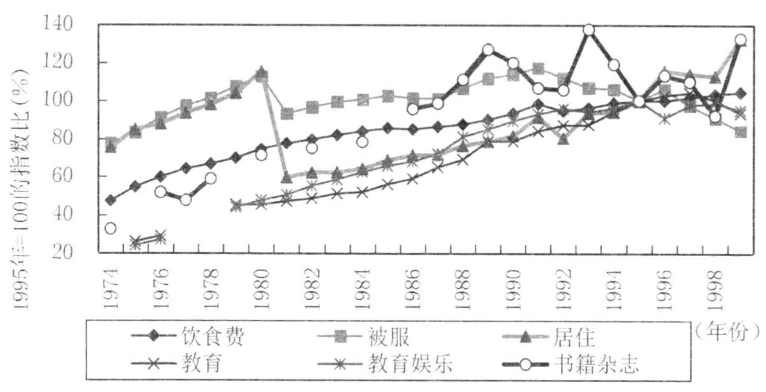

图3-5　农家生活主要费用和购买书籍、杂志费用的变化

注：依据农林水产省《农家经济调查》和家之光《农村和读书》各年版数据做成。

图3-5反映了1974年到1998年家庭收支变化的指数比的情况。1980年以前农家日常消费中，饮食、被服、居住费用占了非常高的比例。1980年除居住费用降低外，教育、书籍杂志的费用都呈上升的趋势。特别是80年代后期，书籍、杂志的费用比饮食、被服、居住费用增加幅度更大。1990年以后，由于家庭成员间各个成长阶段导致的变化和购买进口服饰等原因，被服费用开始下降。居住费和教育费虽然有了若干变动，但其实没有增加的倾向[①]。这个时期，书籍和杂志费用变化幅度非常大，但和其他费用变化动向相比，在不稳定中仍然是上升的趋势。农业的相对地位虽然降低，但农家读书的热情未减。

除了前文提到过的农家求知欲望增强等因素以外，还考虑的因素之一是：在日本进入国际化视野之后，日美经济摩擦不断加大，UR、WTO带来的一系列日本经济结构的重组，日本农业政策随之不断调整。1999年新的《食品、农业、农村基本法》颁布，以多样性农业共存的口号倡导粮食安全保障及农业的多功能性。这些农业所处环境和政策的变化，导致农家希望通过阅读书籍和杂志去了解更多相关内容，提高生产质量和效率，探寻现代社会中“食”方和“农”方的多样性关系，满足消费者追求安全、安心、多样化的农产品需求。而作为新闻媒介的出版事业能及时与农家需求相对应，提供多样化的阅读内容的速度也可易见。

①这种情况不只是农家独有的表现，日本国民全体的消费倾向也是一样的。与此关联的研究参见小谷正守《消费经济和生活环境》，MINERVA出版社，1999年，第162—171页。

第4节　农家阅读书籍、杂志的时间

虽然现代社会中纸质出版物之外的大众传媒开始活跃，但农家的综合阅读率没有大幅度降低。家之光协会的《农村和读书》，又对农家每天阅读书籍和杂志的时间做了详细的调查，这里继续借助这些有趣的数据做一些分析。

农家每天阅读书籍、杂志的时间（包括不读书的人）大约在16～25分钟。根据性别区分，男性比女性多1分钟左右，可视为基本无差距。根据年龄区分，10多岁者最长，为30～49分钟，这和漫画的流行不无关系。随着年龄的增长，读书的时间在缩短。但是，2001年读书时间最短的60多岁者（14分钟），在2002年增加了4分钟，而50多岁者（17分钟）开始垫底（表3-12）。可以看到经常读书的人每天的读书时间大致没有变化（图3-6、图3-7、图3-8）。从职业来看，学生读书时间最长，为30～50分钟，但2002年比2001年减少了4分钟。主妇和无业者减少了5分钟，分别为17分钟和15分钟。相反，农业者和工薪层增加了3分钟，分别为17分钟和21分钟。可见，学生每天读书的时间大幅度减少，农业者、工薪层和自营业者的读书时间没有大的变化。

表3-12 每天阅读杂志和书籍的时间(包括不阅读的所有人)(分钟)

年份	全体	男性	女性	16~19岁	20~29岁	30~39岁	40~49岁	50~59岁	60~69岁	农业者	工薪层	主妇	自营者	学生	无业
1976	22	23	21	45	26	20	17	15	—	13	26	—	—	50	—
1977	19	20	17	38	28	19	14	11	—	11	25	—	—	42	—
1978	20	19	20	48	26	18	16	14	—	13	21	—	—	52	—
1979	—	—	—	—	—	—	—	—	—	—	—	—	—	—	—
1980	18	17	19	40	27	15	15	13	—	11	21	20	—	46	—
1981	—	—	—	—	—	—	—	—	—	—	—	—	—	—	—
1982	18	17	19	34	27	19	11	14	—	12	19	17	12	36	—
1983	—	—	—	—	—	—	—	—	—	—	—	—	—	—	—
1984	19	20	18	31	34	19	15	12	—	13	23	14	22	33	—
1985	25	25	24	42	34	25	19	20	—	20	27	23	18	47	—
1986	24	24	24	30	30	25	23	20	—	16	28	22	26	37	—
1987	24	25	23	47	33	24	22	15	—	16	25	24	15	54	—
1988	25	24	26	49	30	25	23	17	—	19	25	22	24	50	—
1989	24	25	23	40	29	23	15	16	—	16	27	19	24	40	—
1990	23	25	21	37	29	26	21	14	—	19	24	18	26	41	—
1991	23	22	25	42	28	25	22	17	—	19	23	24	25	38	—
1992	21	21	21	38	31	23	16	16	—	14	24	18	18	37	—
1993	22	23	22	35	30	22	23	16	—	16	20	24	26	40	—
1994	19	21	18	27	29	20	19	13	—	13	21	16	22	30	—
1995	17	17	16	34	29	16	17	16	11	11	18	17	17	43	—
1996	22	22	21	36	25	19	24	20	17	16	24	20	22	29	—
1997	20	20	20	39	24	17	21	15	19	14	20	23	18	37	—

续表

年份	全体	男性	女性	16～19岁	20～29岁	30～39岁	40～49岁	50～59岁	60～69岁	农业者	工薪层	主妇	自营者	学生	无业
1998	16	16	16	37	26	17	21	13	9	9	20	9	18	42	—
1999	—	—	—	—	—	—	—	—	—	—	—	—	—	—	—
2000	20	20	20	39	25	21	20	21	14	15	21	21	24	39	13
2001	19	18	19	28	25	24	19	18	14	14	18	22	21	30	20
2002	20	20	19	29	23	22	19	17	18	17	21	17	22	26	15

注：依据家之光协会《农村和读书》各年版数据做成。

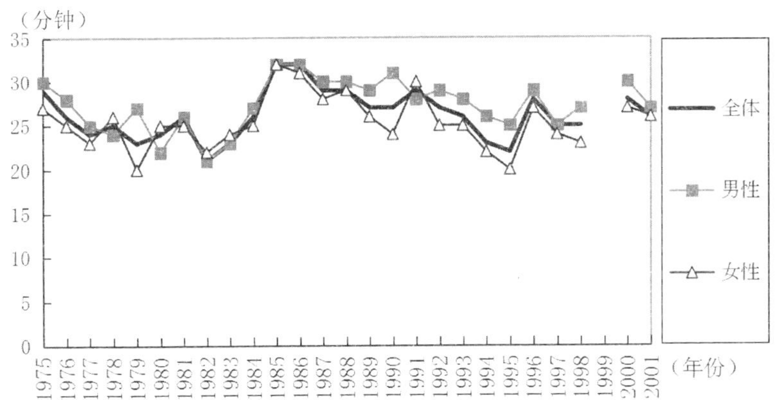

图3-6　全体及性别不同者每日阅读杂志、书籍的时间

注：依据家之光协会《农村和读书》各年版数据做成，1999年数据缺失。

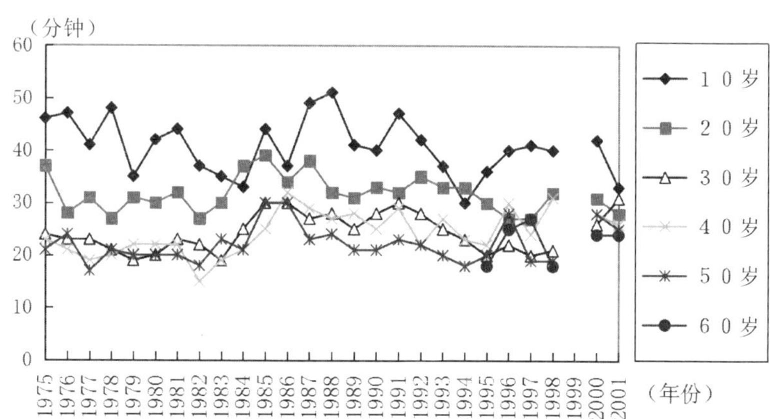

图3-7 年龄段不同者每日阅读杂志、书籍的时间

注：依据家之光协会《农村和读书》各年版数据做成。10岁代表10～19岁年龄段，以此类推。

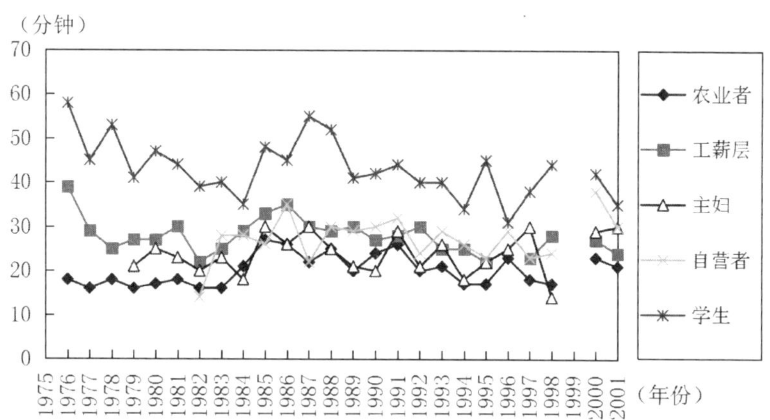

图3-8 职业不同者每日阅读杂志、书籍的时间

注：依据家之光协会《农村和读书》各年版数据做成。

表3-13　每天读报时间（包括不读报的所有人）（分钟）

年	全体	男性	女性	16～19岁	20～29岁	30～39岁	40～49岁	50～59岁	60～69岁	农业者	工薪层	主妇	自营者	学生	无业
1976	27	33	21	23	25	28	30	25	—	26	29	—	—	25	—
1977	24	30	18	17	21	27	25	24	—	22	27	—	—	18	—
1978	25	32	19	18	24	26	27	25	—	24	28	—	—	20	—
1979	—	—	—	—	—	—	—	—	—	—	—	—	—	—	—
1980	27	32	23	21	26	29	27	28	—	27	28	25		24	—
1981	—	—	—	—	—	—	—	—	—	—	—	—	—	—	—
1982	23	27	19	16	19	24	25	26	—	23	25	22	24	15	—
1983	—	—	—	—	—	—	—	—	—	—	—	—	—	—	—
1984	22	25	19	13	17	23	23	24	—	24	22	21	22	12	—
1985	—	—	—	—	—	—	—	—	—	—	—	—	—	—	—
1986	24	28	21	11	17	22	30	28	—	27	24	23	29	11	—
1987	22	25	19	13	14	20	27	25	—	26	21	19	23	13	—
1988	23	28	19	13	17	21	27	30	—	28	22	20	29	12	—
1989	23	26	21	12	17	23	27	28	—	29	21	24	24	12	—
1990	24	28	21	16	16	23	28	28	—	27	23	22	28	15	—
1991	23	25	20	10	15	21	25	28	—	27	21	23	25	11	—
1992	22	26	10	10	16	22	24	25	—	24	12	19	24	9	—
1993	19	22	15	9	13	16	23	22	—	21	20	17	21	9	—
1994	18	20	16	10	12	15	20	23	—	20	17	16	20	10	—
1995	20	24	18	1	14	15	20	25	24	23	18	21	19	13	—
1996	21	24	18	12	13	17	21	24	27	25	21	19	23	14	—
1997	19	23	16	11	12	13	20	22	25	21	17	22	23	11	—

续表

年	全体	男性	女性	16～19岁	20～29岁	30～39岁	40～49岁	50～59岁	60～69岁	农业者	工薪层	主妇	自营者	学生	无业
1998	20	23	18	8	11	12	21	23	24	23	19	19	23	8	—
1999	—	—	—	—	—	—	—	—	—	—	—	—	—	—	—
2000	24	29	21	9	15	20	23	28	32	28	23	23	33	11	28
2001	25	28	23	10	14	20	23	31	31	27	25	30	25	9	32
2002	26	30	23	16	14	16	24	28	33	29	24	25	32	14	32

注：依据家之光协会《农村和读书》各年版数据做成。

农家每天读报时间比较如表3-13所示，包括不读报的人在内的全体人员每天阅读时间在18～27分钟之间浮动，与杂志、书籍阅

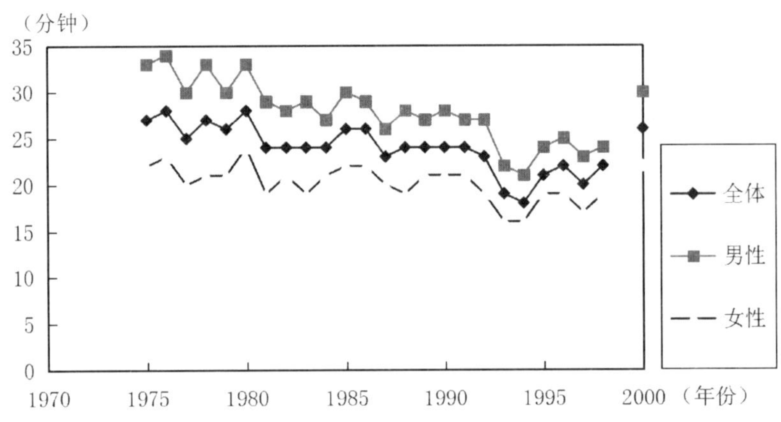

图3-9　全体及性别不同者每日读报纸的时间

注：依据家之光协会《农村和读书》各年版数据做成。

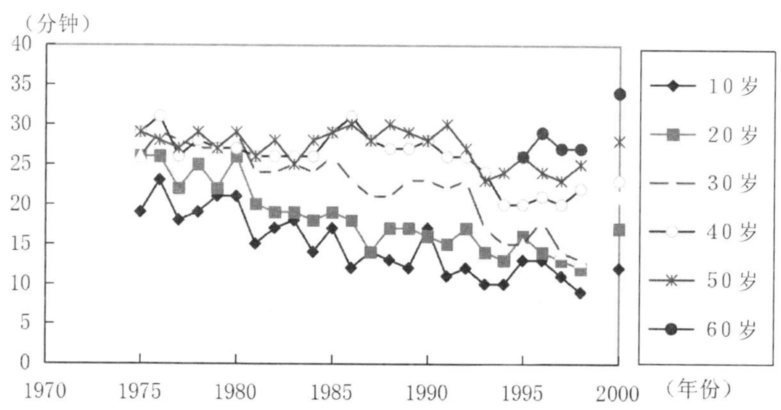

图3-10　年龄段不同者每日读报纸的时间

注：依据家之光协会《农村和读书》各年版数据做成。

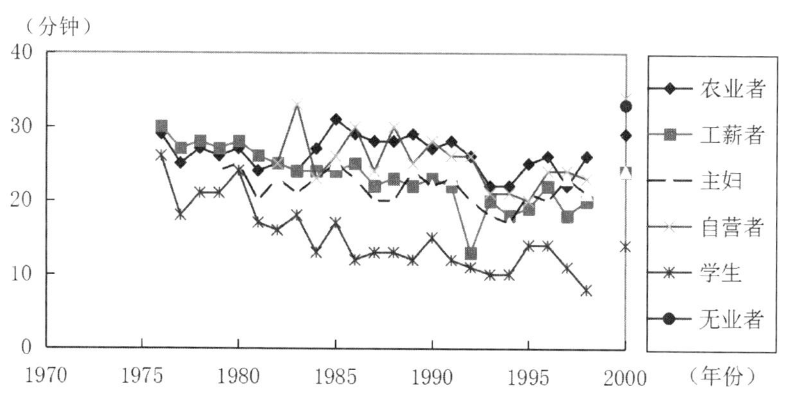

图3-11　职业不同者每日读报纸的时间

注：依据家之光协会《农村和读书》各年版数据做成。

读时间大致相近。男性和女性阅读时间比较，男性比女性多出5分钟以上。从年龄上看，年龄越大读报时间越长。从职业区别看，农业者阅读时间比工薪层要长。2002年，农业者阅读时间为29分钟，比工薪层的24分钟多出5分钟。经常读报的人也大致呈上述的趋势（图3-9、图3-10、图3-11）。另一方面，30～50岁者读报时间明显减少，但到60岁以后又开始有所增加。尽管60多岁者购买纸质出版物的费用不是最多，但阅读的时间却是最长，可以考虑有对出版物热心的特定读者群的存在。

表3-14　每天看电视时间（包括不看电视的所有人）（分钟）

年份	全体	男性	女性	10～19岁	20～29岁	30～39岁	40～49岁	50～59岁	60～69岁	农业者	工薪层	主妇	自营者	学生	无职业
1976	126	124	127	140	126	113	125	132	—	132	112	—	—	137	—
1977	122	120	123	127	125	113	116	130	—	124	116	—	—	129	—
1978	127	127	126	132	134	117	115	139	—	134	116	—	—	135	—
1979	—	—	—	—	—	—	—	—	—	—	—	—	—	—	—
1980	131	132	131	157	139	119	121	141	—	132	120	164		151	—
1981	—	—	—	—	—	—	—	—	—	—	—	—	—	—	—
1982	132	134	130	155	137	128	124	135	—	141	123	135	128	152	—
1983	—	—	—	—	—	—	—	—	—	—	—	—	—	—	—
1984	123	125	122	138	122	120	114	132	—	139	115	123	112	135	—
1985	—	—	—	—	—	—	—	—	—	—	—	—	—	—	—
1986	129	130	128	165	138	121	119	132	—	131	116	137	135	169	—
1987	125	130	120	151	128	117	116	131	—	126	115	134	128	153	—
1988	130	135	125	158	142	119	116	142	—	145	125	114	122	144	—
1989	135	139	131	171	135	127	123	143	—	135	125	154	113	163	—
1990	128	124	132	148	129	124	120	136	—	139	118	141	124	146	—
1991	127	127	126	147	131	120	120	134	—	130	118	134	130	131	—

续表

年份	全体	男性	女性	10～19岁	20～29岁	30～39岁	40～49岁	50～59岁	60～69岁	农业者	工薪层	主妇	自营者	学生	无职业
1992	138	142	134	170	147	133	131	138	—	144	129	143	126	168	—
1993	134	138	129	148	151	128	124	136	—	128	129	152	152	151	—
1994	139	141	138	180	156	121	131	148	—	157	120	155	137	183	—
1995	150	153	149	174	164	125	144	150	163	153	138	168	138	168	—
1996	150	150	149	144	165	135	141	154	156	153	140	161	163	148	—
1997	149	150	148	168	140	139	139	150	163	146	129	184	151	158	—
1998	149	157	143	191	137	138	137	137	170	155	142	146	146	180	—
1999	—	—	—	—	—	—	—	—	—	—	—	—	—	—	—
2000	145	139	150	162	152	139	131	139	157	145	137	163	129	165	177
2001	148	143	153	164	151	137	129	147	163	160	135	167	123	159	188
2002	151	153	150	183	154	128	130	148	167	150	136	164	156	172	171

注：依据家之光协会《农村和读书》各年版数据做成。

农家每日看电视的情况调查显示，包括不看电视的所有人在内，每天的观看时间为123～151分钟，比阅读书籍、杂志和报纸的时间要长。从性别上来看，男性比女性看电视的时间更长；从年龄上来看，30～40岁者看电视时间较短，如70年代，10～20岁比30～40岁者看电视时间要长10分钟，进入2000年以后，各个年龄段的观看时间平均都增加了20分钟左右；从职业上来看，学生的观看时间一般比较长，工薪层是最短的，农业者在1976—2002年的20多年间，每天看电视时间平均为140分钟，比工薪层和自营者都要高。看电视的时间也如图3-12、图3-13、图3-14所示，呈现相同走势。

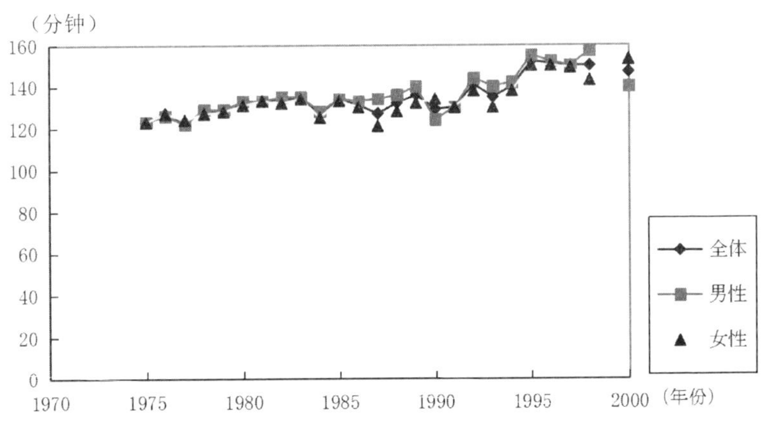

图3-12　全体及性别不同者每日看电视的时间

注：依据家之光协会《农村和读书》各年版数据做成。

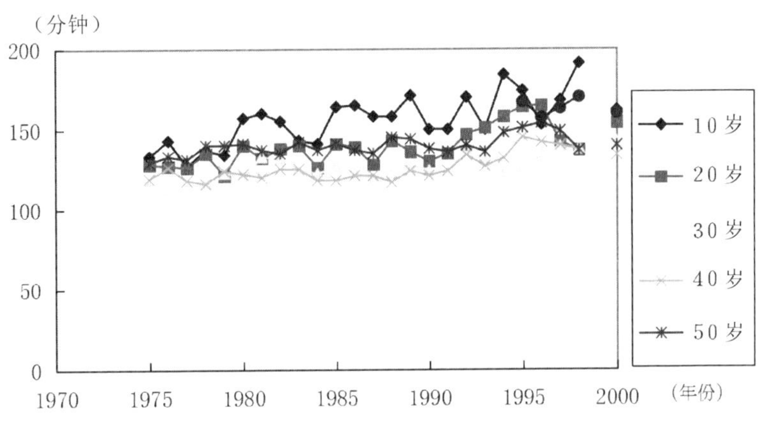

图3-13　年龄段不同者每日看电视的时间

注：依据家之光协会《农村和读书》各年版数据做成。

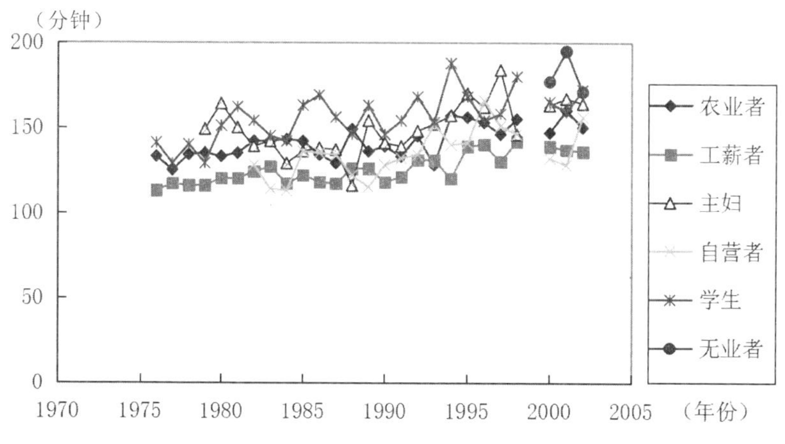

图3-14 职业不同者每日看电视的时间

注:依据家之光协会《农村和读书》各年版数据做成。

表3-15 书籍杂志、报纸、电视三大媒体看与不看者的时间比较(分钟)

年份	整体差别	农家阅读杂志书籍的时间差			整体差别	农家读报的时间差			整体差别	农家看电视的时间差		
		全体	读者	差		全体	读者	差		全体	看者	差
1976	4	13	18	5	1	26	29	3	1	132	133	1
1977	5	11	16	5	1	22	25	3	1	124	125	1
1978	5	13	18	5	2	24	27	3	1	134	134	0
1979	—	—	16	—	—	—	26	—	—	—	135	—
1980	6	11	17	6	1	27	27	0	1	132	133	1
1981	—	—	18	—	—	—	24	—	—	—	135	—
1982	3	12	16	4	1	23	25	2	2	141	142	1
1983	—	—	16	—	—	—	24	—	—	—	142	—
1984	7	13	21	8	2	24	27	3	4	139	143	4

续表

年份	整体差别	农家阅读杂志书籍的时间差			整体差别	农家读报的时间差			整体差别	农家看电视的时间差		
		全体	读者	差		全体	读者	差		全体	看者	差
1985	7	20	27	7	—	—	31	—	—	—	142	—
1986	8	16	26	10	2	27	29	2	2	131	134	3
1987	5	16	22	6	1	26	28	2	2	126	129	3
1988	4	19	25	6	1	28	28	0	2	145	149	4
1989	3	16	20	4	1	29	29	0	1	135	136	1
1990	4	19	24	5	0	27	27	0	1	139	139	0
1991	6	19	26	7	1	27	28	1	3	130	133	3
1992	6	14	20	6	1	24	26	2	3	144	145	1
1993	4	16	21	5	0	21	22	1	1	128	128	0
1994	4	13	17	4	0	20	22	2	1	157	157	0
1995	5	11	17	6	1	23	25	2	2	153	156	3
1996	6	16	23	7	1	25	26	1	1	153	153	0
1997	5	14	18	4	1	21	22	1	1	146	146	0
1998	9	9	17	8	2	23	26	3	1	155	155	0
1999	—	—	—	—	—	—	—	—	—	—	—	—
2000	8	15	23	8	2	28	29	1	2	145	147	2
2001	7	14	21	7	2	27	28	1	2	160	160	0
2002	13	17	30	13	2	29	30	1	4	150	150	0

注：依据家之光协会《农村和读书》各年版数据做成。整体差别包括不看三大媒体的所有人的时间减去阅读观看者的时间，农家阅读或看电视的时间差也用相同方法计算。

根据表3-15，杂志书籍、报纸、电视三大媒体包含受众者和非受众者在内的全体人员媒体接触时间比较来看，第一，包括不看电视的人在内的所有人，看电视和不看电视的时间差仅为1分钟，基本没有差别；第二，读报的时间差也几乎没有；第三，包括阅读书籍者与不阅读者在内的所有人的时间相差非常大，1980年二者之间的时间差为6分钟，2002年时间差为13分钟。可以考虑，日常生活中读书和不读书的人的分化倾向在进一步增大，长期亲近阅读的人在增加。可以预想伴随着农家经营农业意识的改变，农家读者层的分化也受到影响。

第5节　讨论

本章通过对家之光协会“全国农村读书调查”数据的研究，考察了农村读者的阅读情况，分析了农业出版的动向和农村读者的关系。结论是杂志的阅读率从50年代开始大致在70%～80%，进入90年代后开始下降，到2002年，农业者读书的比例比全体阅读比例高出12%。

尽管如此，农村阅读排名前十的月刊平均订阅数还是呈下降趋势。其中，农业杂志平均购买数明显呈逐渐下降趋势，农民综合阅读率基本没有变化，书籍、杂志的支出基本持平。排名前十的农业月刊和一般月刊的平均订阅数近年相近，但农业杂志的订阅排名在逐年前移。

读书时间里，农业者阅读时间相对增加。这说明在农业环境整体恶化的大背景下，农业者追求新知识、新话题和实用性的阅读倾向，反而更加强烈。

综上所述，主要从事农业生产的农业者，通过每天读书来提高自身素质是不争的事实。另一方面，农业地位相对低下的情况下，农业出版界为了应对农业农村的变化，针对农业者多种需求和消费者的意向，进行积极努力，这些都体现在刊载内容的多样性中。

此外，女性读书时间增加，比读报纸的时间多，女性的读书率年年都在增加。在农业生产活动中，女性发挥了重要的作用，这对女性专业知识的要求也更高。可以期待作为21世纪农业的主要劳动力，女性在家务和农业生产两方面都会非常活跃。但是相比男性而言，女性花费的钱数较少是一大特征。事实上，随着战后日本教育的普及和女性参与社会性工作的扩大，女性读者也在增加，成为日本图书消费增加的重要因素。早在1965年，《每日新闻》的调查就显示女性读者人数超过了男性读者。这里也可以看出，农村女性文化程度的提升，是和日本社会的文化水平相符的。

技术创新带来的劳动时间的缩短，产生了大量的休闲时间，人们把大部分时间用在大众娱乐特别是看电视上。但农家整体的读书时间，并没有特别受到增加的电视时间的影响。可以看到社会整体的“背离纸质”的大环境下，农村读者读书的相对稳定性现象。

如果把农村读书的情况放到日本社会大环境下来考虑，这种阅读习惯与其社会阶级结构有密切关系。诸葛蔚东在其著作《战后日本出版文化研究》中认为，在日本的统治阶级和劳动阶级之间，并不存在明显的区别。日本人喜欢阅读是与日本的识字率高分不开的，在没有进行义务教育的时代，日本人大多到寺子屋中去学习识字，因此普通大众大都有阅读习惯。他还指出，在日本的近代化过程中起了重要作用的町人对“守旧”感到无聊，于是便创造出了具有町人阶级特征的文化。当时的统治阶级不懂得文化，但将其视为体面上必要的教养，所以也没有创造出新的文化来，他们中间没有什么像样的文化。日本的文化可以说是为大众接受后，在民间生根开花的。日本的大众视文化为生活中必需的、使生活变得有乐趣的自娱，对文化产生深刻的学习意识[①]。从这个角度，可以了解日本农村读书习惯的养成基础，也可以看到日本出版新闻事业与农村的紧密程度。

当代的日本农村，从物质、文化信息上看，与城市的差距越来越小，农家阅读书籍、杂志和报纸已经不存在非常困难的问题了，更不是经济负担和读书时间投入的问题。农家希望提高自身素质等生活中各种各样的需求因素都介入其中，这不仅仅和物质生活的富裕有关，更重要的是与追求精神及劳动素质提升的内在需求息息相关。通过读书，农业者不仅能获得多种专业知识，也可以达到满足自己的兴趣、爱好和休闲的目的。农业、农家整体素质的提高，农业技术、知识的普及，形成了农家对生活主体认知的改变，也显示了农村文化的重新发现和重新构建的可能性。特别是在“食”和“农”的更深层含义延伸到全社会范围内，并引起广泛重视之时，农业出版事业自身存在的理由及持续发展的必要性更加明确。今后在考虑农村和农业环境时，农业出版事业的作用很有必要在社会学视角下得到重视。

①诸葛蔚东:《战后日本出版文化研究》,北京:昆仑出版社,2009年,第191页。

第4章　面向农家的农业专业出版

——农山渔村文化协会的事例

第1节　概述

第3章分析了战后农家对农业书刊购买阅读的情况，可明显看出农家杂志的阅读率呈逐渐下降的趋势。但是，从中也可看到农家的综合阅读率并没有显著变化，购买书籍、杂志的费用也呈平稳上升趋势，其中农家读书时间相对地呈现增加的趋势。特别是农业书籍的出版量有所增加，名列前十名的农业月刊杂志和一般月刊杂志的平均购买阅读率呈持平的倾向，农业相关杂志的阅读数量也在不断增加。这些趋势表明农家越来越多地通过阅读来寻求实用性、知识性的内容以及最新的资讯。尽管处于农业环境不断恶化的状态，农家借助阅读反而显示了较强的应对能力。

本章主要分析在农业面貌改变的环境下，农家订阅量持续变化的状态中，农业出版是如何持续下来的，在今后应对农业及环境变化时，农业出版在新的出版方向上如何探索并展开，以农业、农村为出版方向的农业出版新闻事业是如何发挥作用的。分析对象为日本农业专业出版机构中，具有一定出版历史的日本社团法人农山渔村文化协会（以下简称“农文协”）。在此引用农文协的事例，重点并不是研究农文协的发展史或对作为农业专业出版社的变化过程进行讨论，而是希望通过对农文协以往出版物的分析，考察农业出版新闻事业在农业变化中是如何发挥作用的，也以此尝试分析以农文协为代表的农业出版新闻事业在出版活动中所表现的媒体社会属性。

第2节　分析对象——农文协

农文协成立于1940年，当时主要工作内容是在农村上演话剧、放映电影和幻灯片，配合政府在农村开展国策宣传活动，战败后事实上处于崩溃状态。战后重建时，农文协正视日本对亚洲的侵略战争，深刻反省，拒绝政府财政支持，坚持作为独立的民间团体参与农村建设事业，专门从事农业书籍和杂志的出版[①]。2003年员工约有200人，总收入为49亿日元，较1995年的39亿日元增长了10亿日元。现已是日本最大的农业专业出版社，在北海道、东北、甲信越北陆、东海近畿、中国四国、九州冲绳等地设有6个事务所，也是一个广泛开展农村文化活动的公益团体。

农文协每年出版各类丛书及单行本上百种，同时还出版《现代农业》《食农教育》《初等理科教育》等多种杂志及影像作品多部，建有农业电子图书馆。其内容以农业技术为主，也涉及医疗卫生、饮食文化、哲学教育、居家生活以及中华文化等众多领域，由于杂志刊载的内容有四分之一是编辑部亲自取材写作，水稻、蔬菜等图片也是摄影师亲自拍摄，非常接地气，深受日本农村和城市亲近农业和自然的各阶层读者欢迎。

---

①详细的研究参照近藤康男的《农文协五十五年略史》，农文协，1995年。

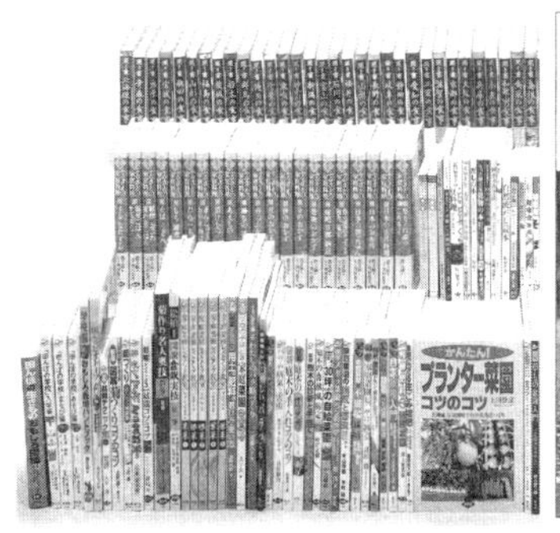

图4-1　农文协出版的部分图书和杂志

农文协的农业技术书籍的主要特点是专业性、实效性强，且无论是内容还是读者对象，都有很广的覆盖面。这些书籍不仅汇集了专家学者的最新研究成果，也汲取了日本各地农民的实践经验，又经过熟悉农村基层情况的专业人员编辑，形成了最具代表性的《农业技术大系》《农业总览》《最新农业技术》等系列丛书。这些实用型的书籍已成为日本农民提高生产技术水平必不可少的帮手。农文协还把农民的技术和科研单位的研究结合起来，以通俗易懂的表述形式，通过其技术杂志《现代农业》进行推广。

农文协的出版物除了在农业技术内容方面贴近读者外，在文化方面，农文协不仅善于挖掘日本乡村社会的传统民俗和地域风土人情，还坚持探寻亚洲农业文明的发展轨迹以及由此产生的宝贵农耕遗产，认为中国古代农业技术是亚洲农业技术的精华，翻译出版了很多中国农业书籍，如《氾胜之书》《中国大豆栽培史》《中国农业的传统与现代》等，还策划出版了18卷的《图说中国文化百华》丛书。农文协认为，亚洲地区的生活文化的理念，是21世纪自然与人类和谐的重要方面。中国的文化和生活对亚洲的影响深远，因此出版这样的书籍，有助于日本读者了解日本是如何汲取中华文化精髓的，重新认识和发现日本文化与中国文化之间密不可分的联系，促进两国人民之间的和平友好关系。

农文协十分注重农业文化的传承和对青少年的教育作用，出版了系列推动“食农教育”方面的图书，如关于种植养殖方面的《边育边玩》和关于传统食品制作保存方面的《边做边玩》两套大型儿童系列绘本，已经成为日本中小学乃至各大图书馆必备图书。

近年来，随着网络的普及，农文协又研究开发了“电子图书馆”。读者可以随时上网查询农文协的出版物以及《现代农业》《季刊·地域》《农业技术大系》等相关农业技术的详细内容。

从第2章的表2-10中可看出，农文协在日本的农业书籍协会会员中，从业人数及农业书籍出版量较多，每年书籍出版量为100余种，2001年发行杂志8种，在全国4000多家出版社中位居前100名。

该社战后主要出版情况在表4-1中进行了总结。从战后到2000年期间，该社总计出版单行本图书2576种、幻灯片951部、电影42部、录像带196部、CD-ROM44张。这些出版物基本都是农文协基于农业生产实际先策划，然后委托作者写作，再反复贴标签修改，使作者真正了解编辑出版意图，最后的出版物其实是作者和编辑共同努力的结果，因此出版物很受农家和农业技术人员欢迎。

表4-1　农文协出版和活动的情况统计

年份	书籍种数①	《现代农业》发行册数（千册）②	幻灯片部数③	电影部数④	录像带部数⑤	CD-ROM张数⑥	文化活动次数⑦
1945	2	—	3	1	—	—	—
1946	0	15.0	2	2	—	—	—
1947	3	—	4	2	—	—	—

续表

年份	书籍种数①	《现代农业》发行册数（千册）②	幻灯片部数③	电影部数④	录像带部数⑤	CD-ROM张数⑥	文化活动次数⑦
1948	3	15.0	—	—	—	—	—
1949	2	15.0	—	—	—	—	—
1950	1	30.0	1	—	—	—	—
1951	2	27.5	12	—	—	—	—
1952	2	20.0	14	—	—	—	—
1953	5	15.0	17	—	—	—	—
1954	7	12.8	9	—	—	—	—
1955	12	13.7	16	—	—	—	—
1956	19	14.1	25	—	—	—	—
1957	20	14.7	25	—	—	—	—
1958	20	15.4	29	1	—	—	—
1959	15	19.2	26	1	—	—	—
1960	13	25.7	23	3	—	—	—
1961	20	27.8	36	4	—	—	—
1962	26	34.9	39	2	—	—	—
1963	15	46.5	21	3	—	—	—
1964	14	49.4	24	3	—	—	—
1965	21	58.0	27	1	—	—	—
1966	32	73.7	23	1	—	—	—
1967	21	96.5	21	1	—	—	—
1968	20	120.0	23	2	—	—	—
1969	19	134.4	20	4	—	—	—

续表

年份	书籍种数①	《现代农业》发行册数（千册）②	幻灯片部数③	电影部数④	录像带部数⑤	CD-ROM张数⑥	文化活动次数⑦
1970	24	129.5	26	3	—	—	—
1971	25	113.3	27	2	—	—	—
1972	24	117.8	32	1	—	—	—
1973	27	138.7	33	1	—	—	—
1974	36	148.0	36	1	—	—	—
1975	38	156.4	25	1	—	—	—
1976	30	165.5	22	—	—	—	—
1977	30	175.9	23	—	—	—	—
1978	29	187.7	27	—	—	—	—
1979	26	159.8	22	1	—	—	—
1980	41	197.7	21	—	—	—	—
1981	52	197.3	20	—	—	—	—
1982	34	195.5	28	—	—	—	—
1983	29	197.0	21	1	—	—	—
1984	35	201.6	17	1	—	—	—
1985	47	209.0	19	—	—	—	—
1986	97	209.2	23	—	—	—	—
1987	86	206.0	13	—	3	—	—
1988	81	188.0	17	—	2	—	63
1989	89	177.0	12	1	5	—	—
1990	150	165.0	14	—	20	—	57
1991	145	156.0	13	—	24	—	38

续表

年份	书籍种数①	《现代农业》发行册数（千册）②	幻灯片部数③	电影部数④	录像带部数⑤	CD-ROM张数⑥	文化活动次数⑦
1992	133	158.5	6	—	24	—	38
1993	110	159.5	5	—	25	—	46
1994	129	156.5	4	—	6	—	42
1995	118	168.0	4	—	15	—	82
1996	119	169.0	3	—	26	11	66
1997	124	166.0	—	—	15	10	63
1998	130	163.0	2	—	22	13	67
1999	121	158.0	—	—	9	10	67
2000	104	151.0	—	—	—	—	—
合计	2576		951	42	196	44	629

注1：①②依据农文协《农文协刊行图书年表》（1990年）、《农文协六十年史略》（2000年）等文献数据做成。③～⑦依据农文协四十五年、五十年、五十五年、六十年史资料及《农文协图书目录》2000年、2001年版数据做成。

注2：书籍的种数是每年1～12月间书籍出版的种类。文化活动是农文协对农家自主团体开展的自主援助活动，包括面向农家的交流会、读者会或学者、研究者和农业技术员参加的研究活动等（1987年以前的活动次数不详）。协力活动、连环画和歌谣的创作活动等，此表中未涉及。1960年杂志《农村文化》变更为《现代农业》。

从表4-1中可以看出，杂志《现代农业》一直是出版活动的中心。从1960年杂志名称变更为《现代农业》后，发行数量开始逐年增加。

到了80年代后半期，农户家庭减少（第2章表2-1），杂志的发行数量从1986年的最高点209.2千册减少至2000年的151.0千册，此后一直维持在这个水平。书籍的出版量逐年递增，1990年突破100种。“农文协的书籍及杂志，哪怕只有1本也会录入数据库，如果是新书就一定会开展促销活动。”[①]通过这样精细化管理，不仅是杂志和书籍，以往形成的传统产品如幻灯制作、录像带、电影和后来出版的CD-ROM等，都得以持续下来。农文协以农民为对象，开展了各种各样的图书出版活动，以积极的态度，直面社会的变化，采取更多的应对方法，帮助农家适应这种变化。（关于农文协的书籍和增刊号另外介绍。）

日本出版业界中，书籍、杂志的流通有多种途径。出版社—代理公司—书店—读者这样的途径通常被称为“正常途径”。时任国联大学学术情报局局长箕轮成男说：“日本的出版产业在与流通相关的领域，创造出了世界上最高标准的体系。对于无论什么都模仿欧美发展的日本，独特的快速、准确、低成本的出版流通体系却完全是自主发展起来的。”当然，也存在其他的议论，如“想要的书却得不到”，“有预订也需要很长时间”，“无论到哪都是一样的书摆在那”，“关于出版流通，读者也有不同的抱怨”。微辞也是有的[②]。

农文协出版物的流通途径却非“正常途径”，其编辑和销售人员与一般出版社的出版人员不同，他们最大的特点是每天要有半数以上的人在农村进行巡访（表4-2）。

---

①植田康夫、清田义昭、筱田博之：《影像现象严重化的出版不景气》，载《创》，2004年4月号。

②研究集团：《问媒体的明天（出版）》，1998年，第67页。

表4-2　农文协的特点

会刊的变化	承接了1936年创刊的日本农政会会刊《农政研究》，1941年将其改名为《农村文化》，1960年又改名为《现代农业》——伴随着农业的变化曲折地发展，最后终于稳定下来。
职员的活动	农文协的职员约200人，分布在日本各个地区。每天有近一半的职员与农家接触，从“现场”直接捕捉农业问题，倾听农家的需求。
出版物的特征	日本农业出版社中，拥有农业相关的杂志数最多（11种），杂志有自己的“主打”栏目；每年书籍出版种类最多，内容最丰富；从幻灯片、电影制作到录像带、CD-ROM，出版与农业相关的多种出版物。
发行的方式	杂志《现代农业》的推广，是从职员们直接走访农家进行销售开始的，其增刊却通过书店贩卖。出版物走的是一条直销—批销—再直销—网上销售的路径。
特色的活动	创建农文协图书馆，向社会公开所收藏的古农业图书和现代出版的农林水产业图书，为农村地域的发展、农村和都市的交流提供和储蓄内容资源。以自然和人类的调和为目的开始与中国进行国际交流，在时任农文协专务理事坂本尚倡导下，于1991年在中国农业科学院成立了“中日农业科技交流文献陈列室”，农文协组织的日本农业出版物开始不断地捐赠到这里。

农文协职员在农家的巡访不是单一的营销活动，是要向居住在农山渔村的人们传播最新信息，同时收集农户新的需求，农文协内部用“普及”一词来形容这种营销活动。像这样的直接销售数量，约占农文协发行量的一半。月刊《现代农业》在这种直接巡访活动中，销售量达到8成。在农村，“每期阅读”杂志的读者调查中，《现代农业》上升到了杂志排名的第2名。

农文协的“农业书中心”的设立也是其中特色之一。这个中心是日本唯一一家农业专业书店，最初位于东京大手町的日本全国农业协同组合联合会的大楼内，不仅经营自己出版社的出版物，加盟农业书协会的出版社（第2章表2-10）的书籍和音像制品，市场上很难找到的自主流通的农业书籍也在此经营。后来由于房子租金太贵，便迁至神保町的第1富士大楼的3层。在对农村的普及活动中，也会对其他出版社的出版物进行介绍，构建起了几天即可购书到手的流通体系。考虑到为没有书店的农村提供便利，农文协不仅改善自己出版社的书籍发行体系，还探索寻求面向农村的整体出版流通体系的改善。作为农业专业出版社，这种独特的出版、发行方式，一方面稳定了出版社自身经营的需要，另一方面也确实担负起为农家提供最新信息的媒体社会责任。

农文协还在网络上进行销售，有自己的网站“田舍的书屋”，只要成为农文协的会员，缴纳入会费1050日元和年会费2100日元，无论预订多少图书，都是免费送货。

第3节　农文协出版物的视点

一、《现代农业》的视点历程

农文协出版活动的特点是对农业生产中，农家自身积累的技术给予足够的重视。1960年11月《农村文化》更名为《现代农业》后，对日本传统的水稻技术和畜产业的集约化等给予了特别的关注。当时的农业基本法的主要内容之一就是“扩大农业生产的规模”，对此农文协提出了多种经营的主张。在向农民提供多种经营的生产技术情报的同时，重视提高水稻生产的劳动生产力，从农民的需要出发提供水稻的增产技术。这种倾向可以从《现代农业》登载的内容反映出来，如1961年9月刊发了《获得反产量7石的水稻生产技术》[①]。

农文协的职员在走访农家的普及活动中，发现山形县农民片仓权次郎独特的种稻方法。这种方法与农民的实际生产要求相符合，农文协据此整理编辑成文稿，在1964年7月到1965年1月的杂志中，连续刊登了片仓权次郎的水稻种植技术。这种水稻种植技术是把水稻的生长分为三个阶段，通过各个阶段的水稻颜色、状态来判断生长情况，进而实行系统化的施肥和管理，即所谓“后期重点型的施肥技术”[②]。后来《现代农业》对片仓氏的水稻种植技术的介绍一直持续到1968年。这期间，《现代农业》的发行数量不断增加，对农家产生了深刻影响。

该时期，生产为主之音甚强。其间，《现代农业》的发行量增加，显示其对农家产生了不可忽视的影响。事实上，农文协的编辑忠实地担负起了媒体人的职责，他们了解受众需要什么，知道如何引导作者用农家们都熟悉的语言讲述农业技术，也能总结出农家自己创造出来的实用农业技术，并具备充足的专业知识来编辑这类专题图书。向农家学习、影响作者写作方式、改变图书内容、建设自己的流通渠道，成为农文协一直坚持的路线。

1967年，针对持续的轻农之风，《现代农业》刊登了《没有粮食，国家就要灭亡》的文章；1969年，农文协设立了农文协评论委员会，在《现代农业》开设《主张》专栏，从1969年10月起针对农业农村问题，刊登评论员文章。这时期，农文协坚持发表自己独立观点的媒体特点更加明显。进入70年代，面对当时所说的农业经营的大规模化、大型机械化、专业化为目标的“近代化路线”扩大

①石是日本的重量单位，1石=150千克。1962年7月刊发的《获得反产量6石的稳定的水稻栽培技术》，1963年10月刊发的《水稻增收4～6石的办法》及《水稻的剖析：村子里的增收》等，关于水稻增产的内容连续被刊载，不难看出《现代农业》对稻米增收技术的重视和持续不断的宣传。

②《片仓稻作》，《现代农业》，1964年7月—1965年1月。

化，《现代农业》在《主张》栏中，把农民的声音向社会传播的同时，明确表明农文协自己的观点——“考虑近代化路线的人，实际上不是为了农民的利益，而是为了经济界自身的发展。”“自身对农业失去了信心，所以让自己的后代对农业有自信也是不可能的。万般无奈，只好把后代送进工厂做工”①，等等，反映了多数农家的声音。农业出版事业以杂志为媒介，开启了和农业生产者的直接交流，并向社会传播。

农文协针对农业基本法政策下的农业近代化路线，大力倡导农家自给的思想。在1970年4月刊发《主张·创造全新的自给生活》中，提出了“新的自给生活并不单单是一户一户的自给，而是创造自给的生活圈；不是生产和生活的完全分离，而是使两者积极地连接起来，从而保证经营和生活都能正常进行”。从此以后，《现代农业》的内容不但涉及农业生产方面，也开始积极探讨与农业、农村相关的衣食住等日常生活问题。例如，咸菜的制作、无添加剂的手工制作豆酱和豆腐的事例等，进而触及人们的“自给信念”，鼓励人们珍惜本乡本土的特色风味。以食物的根源应该是农业为着眼点，提出了从农民生活的角度来考虑改变农业生产的观点。把眼光投向满怀自给之情、重视本土味道、作为饮食之供给者的农民身上。农文协推出“从农民生活中重新审视农业生产”的观点。

从1976年开始，《现代农业》新增了《社会的动态》栏目，兼营问题、田地整建、世界粮食供需的窘迫、石油危机和食粮危机等问题被提起，开始把农业和社会生活联系起来向广大读者介绍。1984年8月刊发的紧急特集《主食危机》就是其中一例。报道以“不是主食用米而是加工用米的紧急输入——粮食厅隐瞒的‘巧妙’战略”为题，把与农民利益切实相关的事情及时公布。这一时

---

①《农政的焦点　不要迷惑于近代化路线！》，《现代农业》，1970年2月。

期增刊《现代农业》开始发行，《大米的输入：59人的意见》（《现代农业》1987年6月）、《大米的逆袭》（《现代农业》1987年11月）、《食粮自立国际研讨》（《现代农业》1989年3月）等与国民生活密切相关的内容被连续刊载。

上述与生活相关联的报道，从1980年后得到进一步重视。1985年开始大幅度调整杂志版面，新设《丰富的食生活》《创造生活》栏目，《社会的动态》栏目更名为《生存的社会》。不单单对农业政策进行批判地解说，而且把生产生活中涉及到的农政问题的具体解决方法进行介绍。例如“税金实用百科”就是为了解决生产规模扩大的农家面临的经济问题，在簿记和纳税对策方面进行了连续刊载。

农文协还主张“以农家之手，进行消费者教育”。在《现代农业》1987年9月刊中刊载道：“在农产品的消费者教育上，什么都比不上实物教育，每个地域自有其味道，而味道的特性，会在消费了食物的人们心底留下印记。”“如此可使地域特征鲜明化，从而带来消费者饮食观念的转变。”1988年以“畅享社区生活”为题，开始关注地域建设的问题，主张在关注自己生活的同时，应该考虑创建社区的生活农业。这种生活农业的提倡，并不是将农业生产和日常生活等同，而是从“生产为主”的观点，向“作为生活的农业”的观点转换。这种转换可以说是“提出了生产力至上主义的反省和生活问题重要性的新视角”①。

20世纪90年代之后，农文协在此前的基础上，出版的视点又向着“医（健康）、食、农、想（教育）”的领域扩大，从“作为生活者的农家，是地域存在的根源”的观点逐渐扩展到“从农村到城市的互动时代”的来临（《现代农业》1995年1月刊）。农文协的出版

① 玉真之介:《东北农文协的组织形态的重编提案》,见《东北农村文化运动》,第2卷,1999年。

事业扩大到社会的“日常文化、生产文化、生活文化”领域。农文协从20世纪70年代就主张的不要一味地追随大量投入资源和扩大现代化规模，要以确保食物安全安心，实现环境保全型农业为主要目标的理念，这时又进一步提出农家与城市消费者双方要互动交流，通过直销、电子商务等多样营销形式开展产销连接活动。倡导农村和都市新型结合的发现与创造，也就是说，以创造“自然和人类调和的社会”为目标，从“农”的立场，唤起全体国民对农业的重视①。

1996年3月8日，农文协坂本尚专务在农文协举办的“第十届自然、粮食、教育的思考研究会”上说，21世纪我们看到的将是“富裕在都市积累，贫困在农山渔村积累”。“阶级关系不是基本的问题，而地域空间的敌对关系，才是现在社会的主要矛盾。”他认为农文协要以“地域空间”为核心，把恢复农山渔村的地位作为目标，将要消亡的自身为了保护自己，只有锤炼自己、陶冶自己，才会有未来。农文协的出版实践从“都市流向农村”改变为“从农村流向都市”，就是期望用农村来影响城市。

1998年文部省提出“综合学习时间”，农文协以此为契机，开始策划“调查学习”“传达自然与人和谐相处”等方面的图书出版和普及。坂本尚认为应该在每一个小学校的校区实施地域特色教育，制作更加丰富多样的教材。出版越贴近教育的实践，文部省的要求就越容易操作。

从2000年开始，《现代农业》在“农”的领域以“产销”为轴开始向更广泛的读者宣传“农”的重要性，在“想”的领域里利用“综合学习时间”（“教”），进行食文化的教育。《愉快而有趣的栽培》等图书的出版，试图把学校教育与地产地销相结合，让学生

① 近藤康男：《农文协六十年略史》，农文协，2000年，第103页。

亲近当地特有的农作物和饮食文化，让农家感知自己的劳作对当地生活、学生成长的贡献，以此增加从事农业的自信心和自豪感。通过《不只有城市主导的独木桥，也有农村主导的多样化阳关道》《地域餐桌》等内容，唤起人们对农业和农村的新认知[①]。该刊事业进程的变化整理见图4-2[②]。

二、《现代农业》刊载报道的分析

表4-3为补充此前的分析，按主题对《现代农业》刊载的报道进行了分类，通过整理刊登内容类别的具体统计数据，可以看出不同时期，其关注的内容和导向是不同的。

有关农业技术相关的报道，1961年约占版面总内容的78.8%，1970年占76.9%，比例非常高。之后，随着内容的多样化，这一比例有所降低，不过仍有大约一半是技术类报道。从不同作物种类的技术报道构成来看，报道范围涉及农产品整体，其中稻作类在1961年占13.7%，1970年占18.4%，之后一直在10%～20%之间。除稻作以外，从表中可以看出，60～70年代尤其重视畜产经营，畜产类技术报道的比例在1961年为34.5%，1970年为36.1%。其间出现了有畜综合经营论，但由于不符合现实情况，有畜农家减少，小麦、大豆、薯类作物的种植也出现减少。1980年，畜产内容占17.4%，之后持续下降。《现代农业》针对理论与现实不符的情况，将报道重点放在了无畜经营的农业生产资料、自给与经营内循环上，倡导生活农业论。

---

① 见《现代农业》2003年4月刊。

② 依据农文协史料和《现代农业》内容整理做成。“产直”的特质是实现从少品种、大量生产和大市场销售向多品种、少量生产、地域直销的转变。详见《现代农业》1999年4月号第46页。

		杂志记事内容的实例
1946年《农村文化》复刊，刊登农村文化、民主化和演艺的内容。 ⇩ 1947年增加农村文化、农业问题评论的内容。 ⇩ 1949年直接向农村普及，倾听农民的声音，重视农业增产技术。	1952年增加农政经济评论、农业技术解说、到农村进行实际调查等内容。 ⇩ 增加反映农村实际情况的“现场调查报告”。 ⇩ 形成杂志服务农民的显著特征。	特集：文化日本和农村文化（1946.1）；物价上涨和农产品价格（1947.6）；演出脚本《和平》一幕（1948.7）；农民的肥料科学（1949.5）；水稻品种的比较试验（1950.8）；农村调查：农村的失业问题（1951.3）；连载：作物生理（1955.1）。
1957年开始增加农业技术相关内容，把农民自己摸索出来的生产经验和农业试验场的研究技术结合起来进行推广。 ⇩ “编辑部”署名的文章增多。 ⇩ 表现出农业出版新闻事业独自的视点。	1960年11月杂志更名为《现代农业》，向着以农业技术为中心的方向转变。 ⇩ 这个时期的特征是重视稻作生产。 ⇩ 出版的视点更加指向农业生产。	蔬菜价格暴跌：基于福冈县产地制度（1958.5）；反产量10石的水稻技术（1959.10）；大米过剩只是一时的现象（1969.1）；特集：省力增收的蔬菜栽培术（1961.7）；大米供给不足——走街串巷的查访（1964.4）；不产粮则国亡（1967.1）。
1970年开始批评农业近代化路线的规模扩大化，设立《主张》专栏；出版关于农业生产专辑；1976年增加《社会动向》栏目。 ⇩ 提出衣食住等均与“农”相关，刊载与生活密切相关的内容。 ⇩ 从农民的生活角度刊载与农业相关的内容。	1980年的《社会动向》专栏，从农业生产问题向社会生活方向扩展；出版专题刊或增刊，通过书店销售，向城市普及。 ⇩ 持续进行减反批判、重视稻作，抵抗近代化路线扩大化。 ⇩ 向医（健康）、食、农、想（教育）的领域扩展。	10%减反20%增产（1970.11）；自给生产并不过时（1978.8）；禁止输入食品的潜在扩大化（1981.8）；开拓未来的老人（1980.2）；新阶段的品种和人类（1982.2）；现在是女性工作的重要时代（1985.4）；自然教育是怎样产生的（1984.7）。
1990年开始在医（健康）、食、农、想（教育）领域进行“日常文化”、“生产文化”、“生活文化”的出版变革。 ⇩ 探索、开拓农村和都市新的结合方式，指向“自然与人类调和的社会”。 ⇩ 站在“农”的立场上呼吁全体国民重视农业。	2000年开始在“农”的领域以“产销”为轴心向国民宣传；在“想”的领域通过“综合的学习时间”来实现饮食与农业的教育。 ⇩ 向全国教育机构宣传农文协的出版理念，普及农文协的出版物。 ⇩ 倡导以市、町、村为单位开拓农业、产销、福祉和教育的地域。	日本人的味觉由日本的技术创造（1990.4）；21世纪是生活者的时代（1995.1）；环境问题和产销革命专题：农家、农村的环境形成力可以开拓未来（1995.8）；从讨厌防除到有意义的防除（1996.6）；生活循环的革命已经开始（1997.4）；“退休归农”为什么持续升温（2000.7）；农村引导教育的大改革（2000.4）。

图4-2　从《现代农业》的变化看农文协出版事业进程

表4-3　《现代农业》部分栏目内容的变化

内容分类	1961		1970		1980		1985		1990		1995		2000		2002	
	不同内容总数	不同内容占比%	不同内容总数	不同内容占比%	不同内容总数	不同内容占比%	不同内容总数	不同内容占比%	不同内容总数	不同内容占比%	不同内容总数	不同内容占比%	不同内容总数	不同内容占比%	不同内容总数	不同内容占比%
主张	**—**	**—**	**6**	**0.7**	**12**	**1.6**	**12**	**1.5**	**12**	**1.3**	**12**	**1.3**	**12**	**1.3**	**12**	**1.3**
生产	—	—	—	—	4	33.3	4	33.3	3	25.0	3	25.0	3	25.0	2	16.7
农政、社会	—	—	5	83.3	5	41.7	6	50.0	6	50.0	3	25.0	2	16.7	3	25.0
产直、经营	—	—	1	16.7	—	—	—	—	—	—	3	25.0	3	25.0	1	8.3
农业教育	—	—	—	—	1	8.3	1	8.3	—	—	1	8.3	2	16.7	4	33.3
生活广场	—	—	—	—	2	16.7	1	8.3	1	8.3	—	—	1	8.3	1	8.3
环境	—	—	—	—	—	—	—	—	2	16.7	2	16.7	1	8.3	1	8.3
卷首特集	**—**	**—**	**10**	**1.1**	**32**	**4.1**	**24**	**2.9**	**41**	**4.5**	**37**	**3.9**	**41**	**4.6**	**82**	**8.7**
生产	—	—	2	20.0	18	56.3	13	54.2	14	34.1	8	21.6	17	41.5	36	43.9
农政、社会	—	—	3	30.0	10	31.3	6	25.0	4	9.8	—	—	—	—	—	—
产直、经营	—	—	5	50.0	4	12.5	—	—	14	34.1	16	43.2	14	34.1	15	18.3
农业教育	—	—	—	—	—	—	—	—	—	—	3	8.1	3	7.3	6	7.3
生活现场	—	—	—	—	—	—	5	20.8	4	9.8	5	13.5	5	12.2	12	14.6
环境									5	12.2	5	13.5	2	4.9	13	15.9
技术	**197**	**78.8**	**681**	**76.9**	**553**	**71.4**	**441**	**53.7**	**490**	**53.4**	**543**	**57.7**	**501**	**55.7**	**505**	**53.4**
其中：稻作	27	13.7	125	18.4	91	16.5	63	11.4	67	13.7	99	18.2	101	11.2	86	17.0
蔬菜	35	17.8	145	21.3	132	23.9	78	14.1	97	19.8	112	20.6	88	9.8	81	16.0
果树	18	9.1	98	14.4	58	10.5	57	10.3	37	7.6	72	13.3	81	9.0	55	10.9
畜产	68	34.5	246	36.1	96	17.4	61	11.0	45	9.2	50	9.2	42	4.7	48	9.5

续表

内容分类	1961		1970		1980		1985		1990		1995		2000		2002	
	不同内容总数	不同内容占比%	不同内容总数	不同内容占比%	不同内容总数	不同内容占比%	不同内容总数	不同内容占比%	不同内容总数	不同内容占比%	不同内容总数	不同内容占比%	不同内容总数	不同内容占比%	不同内容总数	不同内容占比%
技术图示	—	—	**48**	**5.4**	**36**	**4.7**	**35**	**4.3**	**109**	**11.9**	**101**	**10.7**	**97**	**10.8**	**105**	**11.1**
农家生活	**43**	**17.2**	**94**	**10.6**	**99**	**12.8**	**106**	**12.9**	**54**	**5.9**	—	—	—	—	—	—
地域、生活	—	—	—	—	—	—	**112**	**13.6**	**148**	**16.1**	**190**	**20.2**	**191**	**21.2**	**185**	**19.6**
其他	**10**	**4.0**	**47**	**5.3**	**42**	**5.4**	**91**	**11.1**	**63**	**6.9**	**58**	**6.2**	**57**	**6.3**	**56**	**5.9**
年度总内容	250		886		774		821		917		941		899		945	

注：《卷首特集》栏目中不含《现代农业》特集刊、增刊、特别刊的内容。粗字是《现代农业》内容分类中同一栏目涉及不同内容的总数量及此数量占年度总内容的比率；细字为本栏中涉及不同内容的数量及此数量占本栏目总内容的比率。《技术》栏目中仅列举了四个方面的技术内容。“产直”为直产直销的意思。年代设置理由：1960年11月刊开始变更杂志名为《现代农业》，1970年设置《主张》栏目，所以首先从1961年、1970年的内容整理，1980年以后以每隔5年整理。

表4-3从《主张》栏目的“农政、社会”报道内容所占比率的走势来看，其比率持续下降，由83.3%（1970年）降到50.0%（1985年）、25.0%（1995年）、25.0%（2002年）；在“卷首特集”中的比率也由30%（1970年）降到了25.0%（1985年）、9.8%（1990年），1995年以后取消了在“卷首特集”上的刊登。80年代以后，“农政、社会”类报道减少，农业教育、生活广场、环境的内容增多。1985年，“地域、生活”类报道内容较为突出（实际上此栏目在1979年就有出现），其比率一直保持在20%左右。以农业生产技术为中心，向地域社区生活领域扩充的内容明显多样化。

进入90年代后，农业教育、产地直送、环境类报道内容逐渐增多。“卷首特集”报道内容的变化趋势也一样，主要以农业生产技术为中心，生活领域（农和食品健康）的报道进一步多样化。这一时期，报道内容还扩大到了农业和食品的教育问题上。

三、从《现代农业》看农法

20世纪70年代，偏重化学农法导致化学肥料、农药、除草剂大量使用带来的农药土壤残留等，已成为一大环境问题。实际上《现代农业》一直对过度依赖化学农法敲响警钟，在其刊载的内容中，一向重视环境问题，这一点从以下事例中可以看出。

在《现代农业》的前身《农村文化》中，可以追溯到1949年第一次连载化学肥料的内容。在6月刊《肥料因谁而存在》中，回顾了日本农业使用肥料的历史。提出不要被“日本农业要大量使用肥料”、“粮食增产首先也是肥料的增产”等口号所蒙蔽。

8月刊《泛滥施肥理论》中这样写道：“在去东京附近的S县和S村时，亲眼目睹了那里的情形。我去S村时，看到重茬种植的大麦叶子变得枯黄。说得夸张一些的话，一眼望去视线范围内是一片黄色的旱地。而有小麦的地方，叶子是青绿的。这让人首先想到的是酸性土壤的问题。因为比起大麦，小麦的抗酸能力强一些。向农家打听后了解到，从很早开始，先祖世世代代用人粪尿给这片区域施肥。而如今，虽然流进了配给的化学肥料，却仍然购入人粪尿来施肥。人粪尿从东京运来，要经过运河，沿着水田的田埂，整齐地排列在下面水田中。如果长期使用这些肥料的话，酸性是相当强的。”

“这个地域中土地改良是首要问题，除了进行暗渠排水、客土这样的土地改良工程以外，单纯地强调施肥法改良是行不通的，还要强调地力调查的重要性。如果没有正确的地力调查的话，又怎么能合理施肥呢?”

1952年4月刊《你正在过度施肥》中关于化学肥料也就是说化学农法的利弊这样写道:“一旦肥料失去控制，很快稻瘟病就会泛滥。一般情况下，过度施肥没有好的结果。只要稍加考虑，就不会采用这样有损失的方法。大量使用肥料，只会导致稻子生病。”“当然，堆肥、厩肥，也包含了氮、磷、钾、石灰以及其他微量元素。除此之外，增加土壤中腐殖质，提高土壤的地力。这些要素可以从化学肥料中获得，但增加这种腐殖质的有机质方法，化学肥料很难实现，首先依靠堆厩肥是最好的选择。”

1952年7月的《农村文化》7月刊《水稻施肥的要点》一文中，编辑部这样记载:“即便是说从肥料统制中脱离出来，每个农户也有过度施肥的情况。不仅付了高昂的价格，稻子还都倒下、生病，再没有比这更无意义的事了。尤其是对于水稻的施肥，应该说毫无浪费地使用较少的肥料才是诀窍。”阐述了化学肥料或者说化学农法的害处。

另一方面，农药问题也被编辑部及早关注。1958年7月的《农村文化》中有“消灭杂草的稻田除草剂的安全喷洒”的记载。“除草剂的种类变多，也引发了许多问题，即使被认为安全使用的地带，也意外遭到了破坏”，报道唤起了人们对使用农药危险性的警惕。

1967年7月，已更名为《现代农业》的杂志出版了特集《为了从农药中保护自己》，其中指出："农药公司中辛勤工作的劳动者应充分地受到保护，公司中有专为保护劳动者的安全专家，衣着、鞋子、口罩、眼镜等全部由公司提供，并为员工准备了浴室，工作结束后，可以马上清洗干净。另外，还有定期做健康检查的保障。能做到这些的，一部分是公司被国家赋予了这样的义务，另一部分是劳动者提出了诉求。但是，为农民而做的保护措施，至今却一项都没有。口罩和眼镜等保护农药制造方劳动者的用具有很多，而给农民用的，也就是为了农民播撒农药时便利安全的用具几乎没有，也没有实施安全与否的监测机构和相关法律保障。农民同工人一样，是国民的一部分，当然也是应该被国家保护的。"像这样关于农民的重大健康问题也在刊载。

1970年，由于对化学农法的偏重，各地地力下降及连种受害时有发生，许多矛盾都显现出来（见第2章第2节）。《现代农业》多次登载了这类相关问题的文章。

表4-4中列举了农药化肥问题的报道内容，这些报道讲述了农药危害的恐怖。例如，1970年6月刊《小专集：预防农药中毒的可怕》中，列举了农药EPN、化肥粉剂、化学制剂等的中毒事例，农民《农药中毒增加》《发生农药中毒导致入院治疗人数大增》。7月刊《主张：脱离自然的农业终将灭亡》《稻米的浓肥、穗肥错误使用》，9月刊《农药在身体内残留》，1971年1月刊特集《纠正乱用农药的危害》等文章，叙述了由于对化学肥料和农药的偏重，导致全国地力下降、连种伤害以及农民中毒事件频发，让化学农法的危害为社会广泛所知。

在梳理70年代的《主张》专栏内容时，也可以看到农文协对化学农法和环境污染的态度。1971年1月刊的主张是"拯救人类危机——农业的新使命"。"最近，在报纸、电视上每天都在报道的公

表4-4　70年代《现代农业》中农药、化肥的主要报道示例

年	报道内容
1970	6月刊小专集：预防农药中毒的可怕；7月刊主张：脱离自然的农业终将灭亡，稻米的浓肥、穗肥错误使用；8月刊夏天播撒农药要保护身体；9月刊农药在身体内残留；10月刊栽培无农药的茶叶。
1971	1月刊特集：纠正乱用农药的危害；3月刊主张：解决农业公害的方法；4月刊和牛、鸡是无农药农村的创立者；5月刊能够安心使用农药的方法；6月刊种植无农药果树；8月刊无农药的美味葡萄。
1972	2月刊种植无农药的卷心菜；4月刊无农药的春天种植的蔬菜。
1973	6月刊注意农药事故。
1974	6月刊减少使用农药稳步增收，增加使用农药收入降低；7月刊无农药瓜果蔬菜病虫的防治；8月刊减少使用农药；9月刊洋葱：减农药的培育管理方法。
1975	1月刊无农药反而能收获15袋；2月刊无农药人类稻米家畜也健康，不完美的完美配合饲料；7月刊家畜的粪便尿液分开制作肥料；8月刊肥料农药多用收入暴减，为农药猪的后果痛泣；9月刊从现在开始切断对化学肥料的依赖，现在的猪肉为什么难吃。
1976	2月刊农药减少的预期；3月刊如何快速制作优质化肥；5月刊除草剂：少量安全的做法；6月刊稻田农药喷洒重卷而来；7月刊农作物的农药危害；9月刊减少使用农药化肥；12月刊蔬菜产地衰退的原因是多肥，使用化肥农药后土壤变得酸性化，无机化和农田沙漠化加剧。
1977	1月刊化肥减少，生产稳定；4月刊警告！！化肥污染实态，瓜果蔬菜白费农药的实例集；5月刊特集：除草剂使用方法：除草剂无效！一味除草，产量也减少，不需要除草剂，好用方法一览表；10月刊年内中断肥料农药的预订。
1978	6月刊减少使用农药的方法；7月刊特集：农药效果显著；8月刊特集：有机物利用实例集。
1979	8月刊低毒性农药中毒后不可挽救，恐怖的低毒性农药，为什么这类农药广泛使用？

注：依据《现代农业》各年版内容整理而成。

害当中，最严重的问题就是大气污染。农民们被说得像加害者一样的农业公害、农药公害等，和大气污染比起来，可以说轻多了。那种从火力发电站的烟囱里冒出来的硫化氢气体，导致附近农作物干枯的例子是众所周知的。于是就把烟囱加高来稀释气体，使气体扩散开来，可空气中整体的废气量一点也没有减少。最终累积下来，不仅工厂附近农地的农作物枯萎了，就是离工厂稍远的地方的农作物没枯萎，也妨碍到了它的生长，导致农作物的产量下降。”

世界人口的增加带来了严重的粮食不足。《主张》指出“就连粮食增产也几乎看到了极限。肥料、农药的乱用导致的水土污染，公害和滥用导致水产资源流失的事态也正在发生着”。

在3月刊《主张》专栏《解决农药公害的方法》一文中，由四国菜农的控诉提出了农药问题。以下是来自农民的声音：“我们那里是蔬菜种植地，比起水稻生产，温室种植或露天的早熟品种，因为是抑制作物生长，多半都是要使用农药。因此，像现在这样从作物里检测出食品卫生法里禁止的药物的话，不仅不能卖了，一旦在报纸、电视上报道出来，即使以后检测不出有害农药，市场价格也会下降一半多，并且会持续10天以上的低迷价格。这样的结果导致好不容易的努力就泡汤了，其损失无法估量。但是农林省允许农药销售，研究所、指导机构也鼓励什么都不知道的农民使用，可当结果有残留、在人体里蓄积会有害而不能使用的时候，这个责任谁来负？我们直接喷洒了农药，也和大家一起把农药吸入了体内，吃带农药的蔬菜最多。可就算这样，消费者和相关报道中却都说农民太差劲了，把我们放到加害者一边。这样的话，作为农民真的不知道怎么做才好，真正的受害者是农民自己啊。”《现代农业》站在农民的立场上，刊发追问真正的加害者是谁的文章。

另外，《主张》中不但刊载批判农药、肥料使用过多的内容，还刊载推广农家使用有机肥和不用农药的事例，倡导实现自然回归型农业，强调让农民拿出自己的创意和相互学习的重要性，认为从长期的发展来看，根本的解决方法是发展与自然和谐相处的农业。

前面所述，在1949年《农村文化》的《肥料因谁而存在》一文中，提及了化学肥料的弊端，讲述自然耕作方法的重要性；强调农药的使用要按照健康培育作物的基本标准，使害虫不生长，要使用最小限度的肥料，确保不危及自然才是和谐发展的农业方向。

1970年10月13日的《朝日新闻》报道："据滋贺县农业研究所的调查，平均10公亩地有800千克左右增收的K先生说，平常一年里撒10次农药，有时高达29次，估计四天一次。"《现代农业》1971年1月中刊载了对小西（也就是K先生）的采访："我读了这则消息吃惊得说不出话来了。昭和四十五年（1970年）我撒农药的次数才仅有4次。""记者根本不听我防治病虫害的实际，就随便批评我。"他举了水稻生产的一个实例："以昭和四十五年的经验，我深信，温暖地带的水稻生产，大胆地减少农药，也能照样达到800千克的稻米增产。"

化学农法是个社会问题。这个时期《现代农业》从刊载农家减少农药、肥料的主题内容入手，一贯主张坚持遵循自然生态的农业生产方法，即自然农法的农业生产。正是这样舆论的唤起，农业出版新闻事业存在的意义才被关注。在化学农法盛行的当时，虽然也有一部分有机农业从事者，但整体农业生产是依赖农药和肥料的[①]。有研究表明，从1970年到1985年农药增长了5.3倍，特别是飞机喷洒农药防治的面积逐年扩大。农文协以农业出版事业的一己

---

①战后的肥料产业急速成长，见第2章论述。比如：1950年、1955年、1960年的硫酸铵产量分别是1501千吨、2129千吨、2422千吨，转化肥料也由43千吨到1108千吨再到2399千吨急速增长。（北出俊昭：《日本农政50年》，日本经济评论社，2001，第39页表2–2）。肥料生产在20世纪60年代作为输出产业继续扩大市场（三国英实等：《日本农业的重编和市场问题》，筑波书店，2001年，第18页。）

微弱之力，坚持倡导了三十余年的自然农法，显示了《现代农业》作为媒体的社会责任和担当精神。现在，吹向农业的新风——有机农业运动开始兴起，肥料生产量开始减少，有机肥的增长引人注目。

此外，公害问题被社会广泛提起，自然健康食品引起人们关注是1975年左右才逐渐开始的。《现代农业》针对农业现状，从农业领域的视角扩展到医（健康）、食品、农和想（教育）等更广阔的领域。一方面提倡生活农业，另一方面又提出了发现创造农村和城市新的连接关系，是克服自然跟人类敌对矛盾的这一基本理念。提出关注农民生产、生活、健康的问题，鼓励和引导农民创造地域的个性化生活，通过安全放心的食物产地互动等活动往来，推动城市中的居民关注并参与农业。《现代农业》以农业技术为中心，向地域生活领域扩充的内容明显多样化。

补充说明：2017年笔者从农文协了解到《现代农业》的情况如下：

《现代农业》依然是农文协最主要的出版物，也是在日本拥有读者最多的综合性农业杂志。现在日本大约有260万人务农，而《现代农业》的读者就有15万人。也就是说有大约6%的日本农民是《现代农业》的读者，实际上是几乎所有的日本骨干农家都在阅读《现代农业》。虽然读者规模能够扩大到这种程度仍然是依靠“普及（宣传推广）”的独特销售方式，但是《现代农业》数十年来履行的出版新闻传媒事业的责任也让农家大为受益，从而自觉接受。在网络信息化发达的当下，农文协的职员们依然奔赴全日本的农村，与农家开展面对面的交流，以保证其出版理念和内容的接地气，实现读者规模的稳定。

日文月刊《现代农业》在中国也有读者。中国读者从这本杂志中得到启发，把许多的知识和技术在中国进行尝试。有的读者直接和农文协取得联系，请教日本农家和技术员，获得有关资料。

江苏省镇江市农业科学研究所研究员赵亚夫、江苏省镇江市科技局沈晓昆等都是《现代农业》的热心读者。他们通过《现代农业》引进了若干日本农业技术，比如“稻鸭共作技术”“土着菌发酵在堆肥制造、培养地力及畜禽养殖等方面的应用”“奶牛双轨饲养技术”“优质、安全果蔬产品生态栽培技术”“茶叶防霜冻害技术”等。赵亚夫主译的《机插水稻稀植栽培新技术》（日本农山渔村文化协会编）一书在中国出版，该书精选了《现代农业》历年刊载的关于机插水稻稀植栽培新技术的文章，介绍了日本农家的成功经验。

四、书籍出版数量、编辑内容的变化

《现代农业》杂志的主张倾向在农文协的书籍中也能反映出来。实际上在1946年，农文协还没有出版过农业技术类的书籍，但到1950年一本《谁都知道的肥料知识》发行量达到10万册，说明农民对农业生产相关知识的图书有需求，农文协也就此开启了农业技术类书籍出版的历史。

70年代以后，“农业现代化”破坏了土壤环境、身体健康和食品安全，农业的问题已不单是农民自己的问题，自然和人类之间的矛盾已成为日本全体国民面临的课题。从这一视点出发，出版物的营销对象不只局限于农民阶层，面向广泛的城市市民层面的出版活动也积极地开展起来了。

这期间，农业和农家的生存环境呈现出千变万化的形态。农民的需求不单是经营、技术，还涵盖了地域社会、生活等方方面面。农业书籍的出版视角也随之变化，从如图4-3所示的杂志和单行本同时出版的编辑方针，可以看到杂志和单行本出版方针的一致性，即以农业生产技术为中心，融合生产和生活为一体的“自给式”思想。具体来说，杂志从现场入手，捕捉农业、农政和农家的相关信息进行报道，单行本从适合农家和技术指导者的内容出发，涵盖多种多样的实用内容，可供长时间反复阅读，实操性非常强。农文协还特别注意收集和积累农业相关的图书和史料，特别创建了专门的农业图书馆，对全社会免费开放，表现出通过出版来为振兴农业而努力的公益之心。

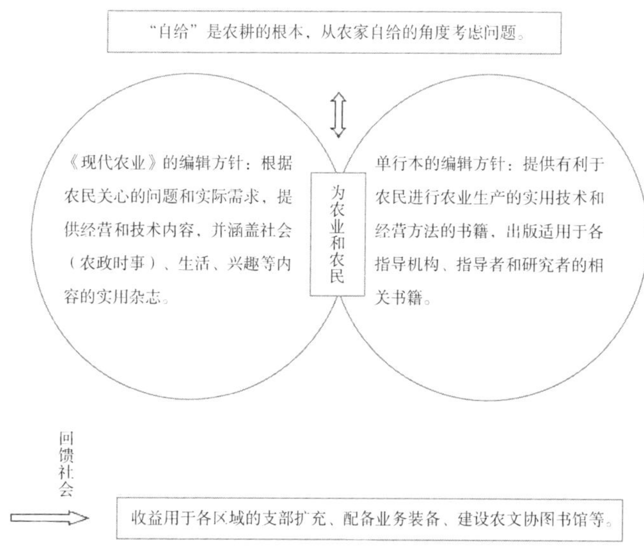

图4-3 农文协的出版编辑方针

从这一时期开始，农文协提出了把农业出版扩充到教育、思想、健康、医疗、饮食生活等领域，归纳为"医（健康）、食、农、想（教育）"的多样化出版目标。

1976年《健康丛书》系列发行，标志着在"医"的领域拓展，以《拯救一亿半病人之道》作为第一部作品，开始了以农业、食品、健康相融合为特征的系列书籍的出版发行。在"食"的领域，开始策划《日本的饮食生活全集》（共50卷），按照日本的省域划分，记录当地特有的饮食历史和消失的食物起源，汇集各地风俗人情与生活习惯，是一套有关食文化的丛书，于1984年陆续推出。1977年基于“先有地方后有中央，先有劳动后有科学技术，先有生活后有产业经济，先有人类后有政治”的理念，在“想”的领域出版了《人间选书》书系。此领域尤其值得一提的是涉及教育领域的农业教育读物绘本读物，使农文协的农村文化运动延伸普及到都市。

同时，农文协考虑到应该从人类生存角度审视关于农政的存在，出版了《近藤康男著作集》（1974年发行）、明治时期名家论述关于日本社会科学基本问题的专著集《明治大正农政经济名著集》（1975年发行），还出版了从昭和初年的经济大恐慌到太平洋战争时期的掠夺、镇压时代的关于农业与农村问题的专著《昭和前期农政经济名著集》（1978年发行）等三部全集。以“用先人的成果回归自信”为策划思想，出版了《日本农书全集》（1978年陆续出版发行，共72卷）。这是一套有关近几个世纪日本农业生产、农产品经营、传统习俗、特产、农产品加工、技术普及和农村振兴等有益于后人的珍贵史料，是对日本农业古书的现代文译注。全集不限于作物的栽培技术，还全面记载了古人的自然观察、衣食住行等生产、生活内容，如其中《农事遗书及其他》《家业传》《农事日记》《梨的生产秘鉴及其他》《村松家训》等图书，充分发掘近代农民的智慧。这与农文协70年代后呼吁以发挥自然资源优势为特点的“小农”经营思想，反对“近代化路线”扩大化，提倡自然观、自然法则为基础的“自给生活”相一致，也是其在出版物方面的表现。农文协这种提倡自然观、自然法则的观点，是与当时经济高速发展中使用农药和化学肥料的日本现代农业观相对立的。

从70年代开始，美国的农作物输入持续扩大，如前所述，农文协不仅在杂志上刊文呼吁本土粮食危机，在出版书籍里也有论及。1981年《小仓武一著作集》警告大量粮食的输入意味着制度方面也从属美国的危险性①。这套论及战后农业政策的图书，对21世纪农业价值观与农政理念的建立具有极为重要的意义。1982年被称为“自然破坏警告的思想家”②的安藤昌益的作品《安藤昌益全集》共21卷图书出版。该全集全面介绍了日本江户幕府时期安藤昌益的现存著作及有关资料。医生出身的安藤以追求自然与人类协调为宗旨，对当时日本的封建社会制度和意识形态都进行猛烈的抨击，是世界公认的唯物主义者，是具有创新性思考体系的杰出思想家。农文协首次出版其全集21卷22分册及另卷1册共23册，体现了从出版角度，追根溯源地挖掘“人类与自然和谐”的思想，学习如何借鉴古人传统的“自给思想”来解决“农业近代化”扩大化带来的土壤、空气和水等环境污染导致的“人类与自然的矛盾”等问题，建构当代乡村生活文化，并以此理念作为农文协的出版事业方向。

农文协的关注点从旨在农家的意识改革、自己变革、自立行动的初期农村文化运动，发展到关注医、食、农、想四领域，从过去的娱乐形式等方面的“文化生活”意识，转换为以农村生产为中心的“生活文化”层面。从这一理念出发，《健康丛书》《人间书选》《日本的饮食生活全集》等在70年代后陆续策划出版。1987年还出版了《故乡的人与智慧：江户时代育人风土记》，探究江户时代所特有的个性，呼吁社会要创造一个文化生活和产业都充满朝气和活力的特色区域环境。1993年出版了《世界的粮食 世界的农村》，这是一套针对引起全球剧烈变化的世界性粮食问题的讨论专著。1996年出版了《地域农业活力图鉴》，从地域农业自然区划角度，按生产力、作物类型、土壤标准等方面计算各地域的农业与经济综合指数，是可进行统计分析的数据库式图书。1999年出版了《讲座——饮食文化》丛书系列，从物质到心灵，从过去到未来，进行了跨学

① 《小仓武一著作集》，第8卷，农文协，1982年，第282页。
② 《每日新闻》，1982年10月2日。

科领域的综合研究，如《人类的饮食文化》《家庭的饮食空间》《饮食的情报化》等内容，新的出版理念尝试引人关注。

以上的出版倾向在图4-4中表示，详细内容汇总记录在表4-5、表4-6、表4-7中。

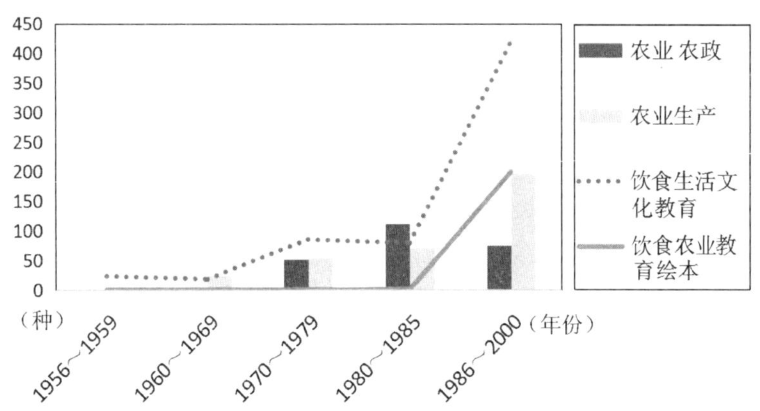

图4-4　农文协出版主要丛书的内容变化

注：依据《农文协刊行图书年表》《农文协图书目录》2000年版数据做成。

一般来说，关于食的研究都集中在以食物生产为主的农业领域、食物加工方法领域、食物对人体作用的生理学和营养学领域。但是国立民族学博物馆名誉教授石毛直氏叙述道：“在日常饮食里，都能发现食文化的存在，可以把它作为学问研究的对象。”①所谓的关于饮食生活的书，不仅是介绍各地域饮食生活的内容，更是以食为线索，反映出该地域和民族的文化形态，进一步也是可以复活日本生活原生态的切入口，农文协的出版新闻事业的方向正是在这方面不断深入的。

① 《出版摘要》，2003年10月11日。

表4-5　加减式农业科技百科类图书出版状况示例

年份	农业总览：资材、品种、农业经营（共6卷）	农业总览：原色病虫害诊断防治编（4卷修订成9卷）、花卉病虫害诊断防治编（共7卷）	农业总览：病虫害防治资材编（共11卷）	农业技术大系（共6种类56卷）	地域资源活用：食品加工总览（共12卷）
1962	1卷资材编1				
1963	2卷资材编。3、4卷品种编。附录1号				
1964	5、6卷农业经营编。附录2号				
1965	附录3号、使用手册				
1966	附录4、5、6号				
1967	附录7、8、9号	病虫害编1、2、3卷			
1968	附录10、11、12号	病虫害编4卷			
1969	附录13、14号				
1970	附录15号	附录病虫害编1号			
1971	附录16号	附录病虫害编2号			

续表

年份	农业总览：资材、品种、农业经营（共6卷）	农业总览：原色病虫害诊断防治编（4卷修订成9卷）、花卉病虫害诊断防治编（共7卷）	农业总览：病虫害防治资材编（共11卷）	农业技术大系（共6种类56卷）	地域资源活用：食品加工总览（共12卷）
1972	附录17号	附录病虫害编3号		蔬菜编3、6卷	
1973	附录18号	附录病虫害编4号		蔬菜编2、8、4卷	
1974	附录19号	附录病虫害编5、6号		蔬菜编7、1、10、5卷	
1975	附录20号（完毕）	附录病虫害编7号		蔬菜编9卷。作物编1、5卷	
1976		附录病虫害编8号		作物编2、4、6卷。附录蔬菜编1号	
1977		附录病虫害编9号		作物编3、7卷。畜牧产业编2卷。附录蔬菜2号	
1978		附录病虫害编10号		畜牧产业编1、3卷。附录蔬菜编3号	

续表

年份	农业总览：资材、品种、农业经营（共6卷）	农业总览：原色病虫害诊断防治编（4卷修订成9卷）、花卉病虫害诊断防治编（共7卷）	农业总览：病虫害防治资材编（共11卷）	农业技术大系（共6种类56卷）	地域资源活用：食品加工总览（共12卷）
1979		附录病虫害编11号		畜牧产业编4、7卷。附录蔬菜编4号、作物编1号	
1980		附录病虫害编12号		畜牧产业编5、6卷。附录蔬菜编5号、作物编2号	
1981		附录病虫害编13号		果树编2卷，附录蔬菜编6号、作物编3号	
1982				果树编1-1、1-2卷。附录蔬菜编7号、作物编4号、畜牧产业编1号	
1983		附录病虫害编14号		果树编3、4卷。附录蔬菜编8号、作物编5号、畜牧产业编2号	

续表

年份	农业总览：资材、品种、农业经营（共6卷）	农业总览：原色病虫害诊断防治编（4卷修订成9卷）、花卉病虫害诊断防治编（共7卷）	农业总览：病虫害防治资材编（共11卷）	农业技术大系（共6种类56卷）	地域资源活用：食品加工总览（共12卷）
1984		附录病虫害编15号		果树编6、5、7卷，土壤肥料编4卷。附录蔬菜编9号、作物6号、畜牧产业编3号	
1985		附录病虫害编16号		果树编8卷，土壤肥料编8、6卷。附录蔬菜编10号、作物编7号、畜牧产业编4号	
1986		附录病害虫编17号		土壤肥料编5、7卷。附录蔬菜编11号、作物编8号、畜牧产业编5号、果树编1号	

续表

年份	农业总览：资材、品种、农业经营（共6卷）	农业总览：原色病虫害诊断防治编（4卷修订成9卷）、花卉病虫害诊断防治编（共7卷）	农业总览：病虫害防治资材编（共11卷）	农业技术大系（共6种类56卷）	地域资源活用：食品加工总览（共12卷）
1987		附录病虫害编18、19号		土壤肥料编1、2、3卷。附录作物编9号、蔬菜12号、畜牧产业编6号、果树编2号	
1988				蔬菜编11卷。附录蔬菜编13号、作物编10号、畜牧产业编7号、果树编3号	
1989				蔬菜编12卷。附录蔬菜编14号、作物编11号、畜牧产业编8号、果树编4号	

续表

年份	农业总览：资材、品种、农业经营（共6卷）	农业总览：原色病虫害诊断防治编（4卷修订成9卷）、花卉病虫害诊断防治编（共7卷）	农业总览：病虫害防治资材编（共11卷）	农业技术大系（共6种类56卷）	地域资源活用：食品加工总览（共12卷）
1990		病虫害编5卷。附录病虫害编20号	果树编5卷，普通作物编1卷，蔬菜编2卷	附录土壤施肥1号、蔬菜编15号、作物编12号、畜牧产业编9号、果树编5号	
1991		附录病虫害编21号	果树编7卷，花卉编8卷	附录土壤施肥2号、蔬菜编16号、作物编13号、畜牧产业编10号、果树编6号	
1992		附录病虫害编22号	特用·特产·饲料作物·杂草编9卷，便览10卷	附录土壤施肥3号、蔬菜编17号、作物编14号、畜牧产业编11号、果树编7号	

续表

年份	农业总览：资材、品种、农业经营（共6卷）	农业总览：原色病虫害诊断防治编（4卷修订成9卷）、花卉病虫害诊断防治编（共7卷）	农业总览：病虫害防治资材编（共11卷）	农业技术大系（共6种类56卷）	地域资源活用：食品加工总览（共12卷）
1993		附录病虫害编23号		花卉编2、1卷。附录土壤施肥4号、蔬菜编18号、作物编15号、畜牧产业编12号、果树编8号	
1994		附录病虫害编24号		花卉编9、8、11卷。附录土壤施肥5号、蔬菜编19号、作物编16号、畜牧产业编13号、果树编9号	
1995		附录病虫害编25号	附录1号	花卉编3卷。附录土壤施肥6号、蔬菜编20号、作物编17号、畜牧产业编14号、果树编10号	

续表

年份	农业总览：资材、品种、农业经营（共6卷）	农业总览：原色病虫害诊断防治编（4卷修订成9卷）、花卉病虫害诊断防治编（共7卷）	农业总览：病虫害防治资材编（共11卷）	农业技术大系（共6种类56卷）	地域资源活用：食品加工总览（共12卷）
1996		附录病虫害编26号（注：以上年份的病虫害编及其附录均为“原色病虫害”内容。）	附录2号	花卉编12卷。附录土壤施肥7号、蔬菜编21号、作物编18号、畜牧产业编15号、果树编11号	
1997		花卉病虫害编1卷。附录27号	附录3号	附录土壤施肥8号、蔬菜编22号、作物编19号、畜牧产业编16号、果树编12号	
1998		花卉病虫害编2、3、4卷。附录28号	天敌的资材编11卷，附录4号	附录土壤施肥9号、蔬菜编23号、作物编20号、畜牧产业编17号、果树编13号	

续表

年份	农业总览：资材、品种、农业经营（共6卷）	农业总览：原色病虫害诊断防治编（4卷修订成9卷）、花卉病虫害诊断防治编（共7卷）	农业总览：病虫害防治资材编（共11卷）	农业技术大系（共6种类56卷）	地域资源活用：食品加工总览（共12卷）
1999		花卉病虫害编5、6、7卷。附录29号	附录5号	附录土壤施肥10号、蔬菜编24号、畜牧产业编18号、果树编14号、花卉编1号	4、9卷
合计	6卷20项附录	总9卷29项附录，花卉7卷	11卷5项附录	6类49卷84项附录	2卷

注：根据《农文协刊行图书年表》《农文协图书目录2000年》制成；加减式农业技术大系由《作物编》全8卷（全9册）、《蔬菜编》全12卷（全12册）、《果树编》全8卷（全9册）、《畜牧产业编》全8卷（全9册）、《花卉编》全12卷、《土壤施肥编》全8卷（全12册）6种类构成，《地域资源活用：食品加工总览》全12卷；各种类各卷别的编写进度不同，分别在各年份中陆续出版发行。“加减式”在日语原文中是“加除式”，意思是有内容更新时，出版社就对应出版活页，可以购买插进书里，这样可以减少读者成本，也方便了读者一册在手，长期使用，附录即为活页内容。

表4-6　部分新版丛书的出版状况（农业·农政）

年份	近藤康南著作集（13卷+另卷）	小仓武一著作集（14卷）	安藤昌益全集（21卷）	日本农书全集（72卷）	明治大政农政经济名著作集（24卷）	明治农书全集（13卷）	昭和前期农政经济名著集（全22卷）	昭和后期农业问题论集（全24卷）	昭和农业技术发展史（全7卷）	粮食·农业问题全集（全20卷）
1974	7									
1975	6				3					
1976					7,9,17,8,13,1,19,5,10,11,14,20					
1977					2,12,15,4,6,18,16,21,22,23,24					
1978				8			1,6,10,3			

续表

年份	近藤康南著作集（13卷+另卷）	小仓武一著作集（14卷）	安藤昌益全集（21卷）	日本农书全集（72卷）	明治大政农政经济名著作集（24卷）	明治农书全集（13卷）	昭和前期农政经济名著集（全22卷）	昭和后期农业问题论集（全24卷）	昭和农业技术发展史（全7卷）	粮食·农业问题全集（全20卷）
1979				3,17			15,16,17,4,7,8,22			
1980				1,2,4,5,6,7,9,10,11,12,13,14,15,16,22,25,32			18,9,19,5,11,12			
1981		4卷		21,23,24,27,31,35			20,21,13,14,2			
1982		10卷	1,17,19,18	19,20,28,29,30,33				10,11,8,14,12		
1983	另卷		20,21,6,7,3,4	18,26,34,月报1卷		1,9,7		5,23,20,18,9,7		

续表

年份	近藤康南著作集（13卷+另卷）	小仓武一著作集（14卷）	安藤昌益全集（21卷）	日本农书全集（72卷）	明治大政农政经济名著作集（24卷）	明治农书全集（13卷）	昭和前期农政经济名著集（全22卷）	昭和后期农业问题论集（全24卷）	昭和农业技术发展史（全7卷）	粮食·农业问题全集（全20卷）
1984			5,2,8,9			10,13,5,6,12		13,16,24,6,15,17		
1985			10,14,11,12			11,4,8,2		3,1,21,4,22		
1986			13,15,16（上、下）			3		19,2		7
1987			另卷							1,4,12,20,14-A
1988										6,13,14-B、17,2,19,18
1989										15,5,11-B
1990										3,16,8
1991										11-A,9,10

续表

年份	近藤康南著作集（13卷＋另卷）	小仓武一著作集（14卷）	安藤昌益全集（21卷）	日本农书全集（72卷）	明治大政农政经济名著作集（24卷）	明治农书全集（13卷）	昭和前期农政经济名著集（全22卷）	昭和后期农业问题论集（全24卷）	昭和农业技术发展史（全7卷）	粮食·农业问题全集（全20卷）
1992										
1993				45					2	
1994				36,42,46,50,61,66						
1995				38,54,56,58,63,64					3,1,4	
1996				51,60,68,69,70,71						
1997				39,43,47,57,59,65					5,6	
1998				62,67,52,48,37,53					7	
1999				40,44,41,49,55,72,月报						

续表

年份	近藤康南著作集（13卷+另卷）	小仓武一著作集（14卷）	安藤昌益全集（21卷）	日本农书全集（72卷）	明治大政农政经济名著作集（24卷）	明治农书全集（13卷）	昭和前期农政经济名著集（全22卷）	昭和后期农业问题论集（全24卷）	昭和农业技术发展史（全7卷）	粮食·农业问题全集（全20卷）
2000				72卷解说集1卷						
2001				另卷分类索引1卷						
合计种数	14	14	22	76	24	13	22	24	7	22

注：依据《农文协刊行图书年表》《农文协图书目录2000年》内容整理做成，表中数字为卷号，最后数字为合计种数。

表4-7　部分新版丛书的出版情况（生活·文化）

年份	江户时代育人风土记（全50卷）（卷号）	日本的饮食生活全集（50卷）（卷号）	饮食文化（7卷）（卷号）	世界的粮食世界的农村（全27卷）（卷号）	地域农业活力图鉴（全10卷，另卷1）（卷号）	农村文化丛书（册数）	人间书选（册数）	健康丛书（册数）
1956						7		
1957						8		
1958						3		
1959						5		
1960								
1961						2		
1962								
1963								
1964								
1965								
1966								
1967								
1968								
1969								
1970								
1971								
1972								
1973								
1974								
1975								

续表

年份	江户时代育人风土记（全50卷）（卷号）	日本的饮食生活全集（50卷）（卷号）	饮食文化（7卷）（卷号）	世界的粮食世界的农村（全27卷）（卷号）	地域农业活力图鉴（全10卷，另卷1）（卷号）	农村文化丛书（册数）	人间书选（册数）	健康丛书（册数）
1976								1
1977							10	3
1978							13	4
1979							12	5
1980							9	5
1981							7	3
1982							14	2
1983							2	1
1984		3					2	1
1985		8,15,26,33,42					7	
1986		1,2,5,20,22, 39					20	7
1987	14,47	7,18,24,34,40,43					26	5
1988	1,3,15,20,26,36	6,9,13,17,38,47					13	6
1989	5,8,9,30,38	12,16,23,30,35,46					12	11
1990	7,12,18,22,35,39	4,10,19,21,36,37					8	9
1991	6,13,17,31	27,31,32,41,45,25					8	10

续表

年份	江户时代育人风土记（全50卷）（卷号）	日本的饮食生活全集（50卷）（卷号）	饮食文化（7卷）（卷号）	世界的粮食世界的农村（全27卷）（卷号）	地域农业活力图鉴（全10卷，另卷1）（卷号）	农村文化丛书（册数）	人间书选（册数）	健康丛书（册数）
1992	2,21,24	11,14,28,29,48,49,50,44					4	9
1993	41			1,19			6	7
1994	4,28,29			13,14,2,8,6,25			12	9
1995	11,23,27,37			3,9,18,11,20,24			7	5
1996	19,25,32,33			10,17	1,2,3,4,5,6,7,8,9,10,另卷指南和索引		7	6
1997	10,34,40			26,22,12,21			12	10
1998	42,43,44,50		1	5,7,27,16,4			14	10
1999	16,45,49		2,3,4,5,6,7	23,15			7	13
2000	46,48							
2001								
2002年4月							4	2
合计种数	50	50	7	27	11	25	236	144

注：依据《农文协刊行图书年表》《农文协图书目录2000年》内容整理做成。

1981年农文协出版了《酿造浊酒吧！》（作者前田俊彦）一书，引起了一场不小的风波。有媒体评论说：农文协属于农林省外围的公益法人，居然号召酿造浊酒，难道不是农林省监管不到位的表现吗？国税厅也跑到农文协详查其纳税情况，一时引起日本社会的关注。但是这本图书因为内容朴实，销售了7万多册，纳税方面也没有任何漏洞而使农文协更为社会各界知晓。之后农文协持续出版了农家自己酿酒内容的图书，站在农家的立场，维护农家的权益。实际上早在《现代农业》1975年3月号的《主张》专栏中，农文协论说委员会就发表了《酿造浊酒何错之有？》的文章，呼吁要“尊重农家自给自足的传统”，批评日本的酒税法。

针对农政、农业的变化，农文协站在守护农业的立场，以出版物来积极推进全体国民重视乡村发展的共识，表现出农业出版新闻事业的前瞻性。

1986年，农文协从出版《重新认识故乡绘本丛书》（共10卷，1998年）开始，出版系列农业绘本图书，如《自然中的人类系列丛书》《河流与人类篇全10卷》《土壤与人类篇全10卷》等共8个系列80卷丛书（统计截止到2006年），介绍人类和自然、人类和农业的关系，受到关注。1993年农文协开始出版的儿童绘本《边育边玩》系列丛书，其初始策划本来是面向小学生的绘本系列图书，以农业技术、饮食文化、体育保健及和平教育为主题。甫一出版，并没有引起特别反响。但是到2003年已有60种出版，到2010年达到105种，并且再版率很高，影响力持续攀升。这套以学童园艺栽培为主的绘本图书，不仅讲述农作物栽培方法，还讲述相关历史文化。内容生动有趣、浅显易懂，故发展为从小学到中学、农业高中、普通高中甚至大学的农学系和女子大学及各学校图书馆都有需求的普及读物，备受欢迎。

考察农文协在对《边育边玩》系列绘本的营销宣传中，不同时期的推介内容也各有侧重。如2001年6月的《现代农业》中写道，“这是一套学童农园课本绘本，能成为农家丰富知识的绘本。深入浅出精彩解说种植养殖技术，也涉及有趣的实验、相关历史和文化内容的丰富话题”；2006年《农文协图书目录》中写道，“自种食物，为了学习生命、自然和文化而开展的‘综合学习时间’用的系列绘本”；2011年《日本农业书总目录》中写道，“从不可思议的成功种植养殖方法，到涵盖饮食方法、历史和文化，寓教于乐的系列绘本”；农文协成立75年时出版的《农文协图书目录》（保存版）中写道，“这是一套在自种自食中，孩子和大人们学习生命、自然和文化，寓教于乐的系列绘本”。从一套与农业种植养殖技术相关的绘本，到涵盖历史与文化的起源、自然与生命的和谐，又有读者和销售范围的不断扩大，可谓农业出版事业通过出版物普及而不断影响社会的经典事例。

《现代农业》1999年8月号的《主张》专栏写道：“在日本没有书店和图书馆的市町村占4成以上，其中多数在农村。我们一定要使农村的中小学读书环境达到都市中小学相当的水准，适宜人们生活的最好地域就是在农村，要为农村营造最好的教育环境，甚至成为全国的模范。”这也是农文协一贯坚持的出版事业理念。农文协的营销和编辑是融为一体的，有半数以上的员工常年在农村当“行脚商人”，农家向编辑传达的想法，编辑立刻就明白。100多辆电动车，常年奔走在乡间路上，可能是世界上唯一的集编辑和销售为一体的出版电动车队。实际上，农文协只有2台跑印刷厂和送货物的汽车。

在销售方面，农文协自主参与以学校图书馆为目标的销售活动，比如组织由孩子们参加的与自然结合协会（NCL），还牵头成立了事务局，联合讲谈社、小学馆、岩崎书店、PHP研究所、汐文社、朝日新闻社等数十家单位加盟成为会员。1993年事务局销售额

1.85亿日元，其中农文协出版的图书为5000万日元；到2002年总销售额增长了近6倍，为10亿日元，不同出版社图书的相互拉动带来了彼此销售额的增长。这里销售工作都是农文协的职员负责。设法零距离地接触读者、接地气地进行图书出版普及活动，这是对农文协出版经营方式的总体概括。

《现代农业》增刊中的“退休归农”是很受欢迎的内容。2000年日本新加入农业的务农者达到7.7万人，39岁以下者有1.2万人，40岁以上者呈现增长的趋势。有的退休者经营自己的家庭菜园，还有人追求晴耕雨读的悠闲，这些人都逐渐成为农文协的读者，农文协作为出版新闻事业的先导性作用不容忽视。

五、出版物的多样化

农文协不仅出版书籍、杂志，还制作幻灯片、电影等（表4-1），并在农村地区，尤其是冬季农闲期间循环上映。在向农民普及文化知识的同时，充分发挥着农业出版新闻事业的传播作用。1953到1988年间，24部幻灯片和电影获得了各种奖项。例如：电影《蔬菜价格的方策》被评论为“因为与实际生活关系密切，所以有很强的现实意义”①。实际上，从80年代开始，图书本身逐渐作为信息媒介载体作用的功能也在不断变化。一向以纸媒体为存在形式的出版物被赋予了各种各样的出版形式，而随着录像机和计算机在家庭的普及，相应地读者的需要也发生了变化。农文协顺应这一潮流，近年来开始了多种出版方式的探索。1987年开始制作录像带，1996年通过互联网开设了数据库“农村电子图书馆”，CD-ROM光盘的出版也随之诞生。《现代农业》《农业技术大系》《日本的饮食生活全集》等的纸媒体出版物，也开始以庞大的电子化储

① 《电影月报》，1973年2月号。

备形式向读者提供服务。经过从战后的幻灯片到现代的CD-ROM光盘，再到电子图书馆，农业出版事业的步伐一直紧随科技的发展，并充分利用科技手段，普及到农村地区，让作为受众的农家感受到时代发展的同时，也感受到农业出版新闻事业的服务始终在身边。

农文协出版的农业相关系列丛书

日本的电子书出版是在谨慎探索中起步的。2003年日本的《出版年鉴》中显示的各种格式加工出版的电子书有2万种左右，其中对电子书的分析概括如下：最近，通过从互联网开端的手机等网络，向用户提供付费内容的商业形态已经成形，但电子书籍的商业形态却没有形成。

实际上，以“电子书籍”这一关键词为基础，出版业内外各种各样的企业都积极参与了进来。业界内部进行的知识资源的调整，相比于“通过IT技术进步而进行”，或“通过市场而进行”的推动，正在成为更加合理的制度性选择。

然而，这样的电子书籍事业，还没有成功的案例。其原因在于尚不能够明确电子书籍成为未来战略的方向。但与此同时，各种智慧的投入一定会带来稳步的变化，显示着未来萌芽的电子书正在稳步地成长。现在经常能看到电子书与纸书同时发售或是先于纸书发行的情况。

关于电子书籍业务的动向，《出版年鉴》曾这样预判：2002年入秋时，NTT DoCoMo运营的“MStage Book”的加入，给电子书籍行业的许多人，尤其是各出版社带来了很大的影响。事实上，以此为契机，加入电子书籍出版的出版社更多了。

这个“MStage Book”完全是以DoCoMo的服务为前提，非DoCoMo的手机用户是用不了的。但是，占有手机市场巨大份额的DoCoMo的加入，以及通过话费来收取费用，这应该具有很大的魅力。

NTTBP会在2002年末开始，以地铁站为网点提供名为“无线LAN俱乐部”的无线热点接入服务。

“无线LAN俱乐部”会引入内容同步的特色服务。内容同步服务是指用户事先登记好希望获得的内容后，当用户通过服务区域的时候，就能获取最新的信息。这对于日报、周刊等定期提供的新闻及信息杂志是很有效的。

尽管如此，向用户递送电子书籍的主流方式还是互联网。以“宽带接入”为关键词，固定费用的不间断网络接入的普及形成了风潮。同时，各种电商站点都提供了独自的会员制服务，会员结算多使用信用卡。

活跃的电子书籍销售站点，有“PDA BOOK”“Space Town Books”“Air Bitway”以及“MStage Book”等。这些站点的共同点是，以PDA用户为目标群体。

基于“电子文库Publi”的运营经验，“Music.co.jp”在2001年末开设了“PDA BOOK”。同样在2001年末开设的、凸版印刷的面向PDA的站点“Air Bitway”，在2002年6月增加了“书籍”的商品分类。夏普以Zaurus文库的扩展方式，开设了同时兼容Palm、Pocket PC的“Space Town Books”。更进一步，由于“MStage Book”的加入，电子书籍的阅读环境将会一举由PC迁移到PDA。

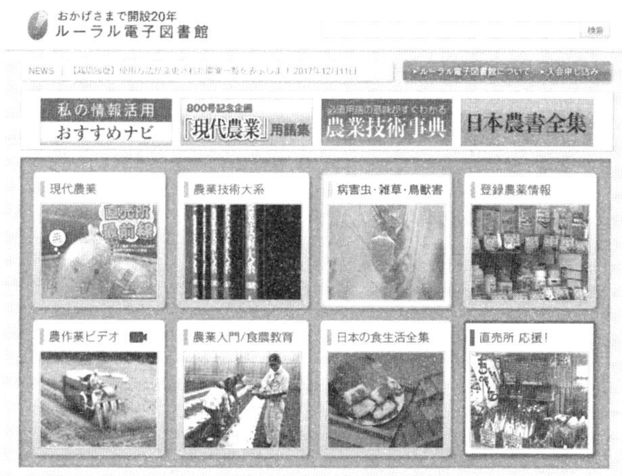

农文协的农业电子图书馆网页

对电子书籍出版的展望，《出版年鉴》中这样描述：2003年到2004年，阅读环境（即设备）的进一步变化是可以预测的。值得期待的装备有QVGA水准分辨率的第三代手机（3G）上的“碎片化阅读”，和据说达到使用阶段的电子墨水屏设备上的“深度阅读”等，阅读设备的选择余地会更加广泛。但是与此同时，还需要解决不为阅读环境所影响的内容生产技术。

在SD卡和MemoryStick等基于媒介的设备间数据交换普及时，真正的DRM功能的实现会进一步发展。DRM的实现不止是为了版权保护，也是产生阅读权销售（借阅）等新商业模式的秘诀。

实际上，电子书籍的广泛普及过程是与技术的发展紧密相随的，很多预判可能都跟不上技术发展的速度。但是，正是这些预判的驱动，使很多的企业和个人投入了他们的智慧，电子书籍商业的可能性才不断扩大。

《现代农业》的内容示例

虽然日本出版界在2003年前还没有形成有效的电子书案例，但农文协却在1996年就致力于电子书的出版，在日本出版界是比较早地进行数字化尝试的出版社。他们呼吁农家安装计算机，接通互联网，在网站上开设"田园电子图书馆"，可以进行有偿检索。

农文协史话	年份	年份	农文协史话
1922 《现代农业》的前身《农政研究》，日本农政学会机关杂志，由古濑传藏创刊，以刊登草根民意和议员、学者、农政记者的言论及报道为主要内容	1922	1957	1957 第1个5年计划出台
1940 民法第34条认可的公益社团法人设立（会长有马赖宁）/《农政研究》改名为《农村文化》，由以经济政策为中心的文化运动向慰问和娱乐倾斜	1940	1960	1960 第一次机构改革和农文协合作纲领/第一次10年计划出台/《农村文化》改名《现代农业》，明确“面向农民”的路线（杂志增加编辑部记事、同时进行文化运动）
1942 专属协会的“瑞穗剧团”成立	1942	1962	1962 职员教育培训。《农业总览》发行/以农民的杂志、书籍的创造和普及实践为职员教育契机，把“文化财论”“普及论”理论化/新的普及方式和内容的培训使杂志发行量激增（从3.5万部到1969年13万部）
1943 发行连环画7种、演出221次	1943	1963	1963 开始发行农业高中教科书
1944 发行连环画3种，幻灯片20种，演出995次，发行单行本6种	1944	1964	1964 反对农业基本法的“选择扩大”路线，以“大米不足”的特集开始，将稻作增收运动（片仓稻作）和水田+α方式（玉川农协）向全国推广/东北支部设置（仙台市）
1946 职员工会结成，探索农村文化运动的农文协独立存在	1946	1965	1965 北陆支部设置（长冈市、后长野市）
1947 职员工会对经营混乱情况进行整顿	1947	1966	1966 关东支部设置（小山市）
1949 重建农文协。引入杂志的直接推广方式，开展作为文化财①的文化运动	1949	1970	1970 第2个10年计划出台。事务所移至东京赤坂。《现代农业》设《主张》栏，“不要上近代化路线的当”“创造新的自给生活”/坚守农家的自给思想，倡导自给经济生活圈
1950 《农村文化》连载讲座“肥料好的使用方法”。单行本《谁都能懂的肥料知识》、幻灯片《用硫酸铵做底肥》发行/推进粮食增产运动	1950	1972	1972 九州支部设置（福冈市）
			① “文化财”是农文协独创的词，是从传承乡村社会文化考虑，出版关于农业、农村、农民的出版物的统称。

农文协史话	年份	年份	农文协史话
1974 《近藤康男著作集》出版发行（全集出版）	1974	1994	1994 开设农业专业书店作为"农业服务中心"
1976 《农村文化运动理论（草案）》发表,克服"经济合理主义"和"科学主义"确立自给的小农复合经营/中国四国支部（冈山市）、北海道支部设置（札幌市）	1976	1995	1995 《现代农业》增刊《产直革命》特集
1977 《日本农书全集》《人间选书》出版发行，从农的视点（地域、劳动、生活、人间）到都市（医、食、农、想四领域）进行传播	1977	1996	1996 "农村电子图书馆"开设
1979 东海近畿设置（名古屋市）	1979	1997	1997 《边育边玩》书系出版发行/在北京设立"日本农业科学技术应用实验室"
1980 第3次10年计划出台。农文协图书馆设立	1980	1998	1998 《现代农业》增刊《退休归农6万人的第二次人生》特集/《食农教育》杂志创刊
1983 发行幻灯片《安定的稻作》系列	1983	2000	2000 第5次10年计划出台/与中国河北省和江苏省的农家交流
1984 《日本的饮食生活全集》出版发行，从记录农家的生产和生活活动到传承产直运动/四年连续无收成、活用自然力量增收水稻抵制韩国米紧急进口运动	1984	2001	2001 农协经营事业革新的"JA-IT研究会"设立/农水省补助事业（健康的食生活普及浸透事业）、根植地域的食生活大赛实施(2年)
1985 为了促进日中间亚洲"小农"思想的实践交流，开始寄赠图书，进行出版交流	1985	2002	2002 《日本农书全集》获朝日新闻"明日环境奖"
1986 《粮食、农业问题》全集出版/绘本出版发行（《重识故乡绘本》书系）	1986	2003	2003 农水省补助事业(食育促进全国活动推进事业)、根植地域的食生活大赛实施(2年)/从2005年开始，作为日本食育推进事业，同比赛继续实施(5年)
1987 《安藤昌益全集》获每日出版文化奖	1987	2005	2005 《现代农业》复刊700号纪念特集《自然力产生农家的技术早知事典》发行/《季刊多磨》创刊
1990 第4次10年计划出台	1990	2006	2006 "JA版农业电子图书馆"运行
1991 在北京中国农业科学院开设"中日农业技术交流文献陈列室"	1991	2007	2007 《现代农业》复刊60周年纪念特集《现代农业畅销集》发行
1992 儿童图书销售部"NCL会"成立	1992	2008	2008 农水省补助事业(日本食育推进事业)、教育联盟推进事业实施（2年）
1993 面对气象灾害和MA米进口的前所未有危机,在全国开展"增收一袋大米运动"和"米+α"产直运动（《现代农业》和其增刊都增加了一万册)/大阪支所设置（大阪市）	1993	2009	2009 《三泽胜卫著作集》《地域再生丛书》出版
		2010	2010 第6次10年计划出台。更新《季刊地域》为《现代农业》增刊/向"JA-IT研究会"推荐JA版农业电子图书馆的利用，并设"营农系统研究会"

注：依据农文协资料译成。

在农文协电子图书馆上注册的会员，年龄最大者80岁。农闲期是会员们充分利用电子图书馆的时期。比较早地进入数字化出版领域进行尝试，展现出农文协的长远策略。

第4节　农文协与中国的交流

一、重视亚洲的农业

战后，农文协进行了重组，旧的领导层被工会取代，彻底摆脱对国家财政补助的依赖，"上门推销"（农文协职员称之为"普及活动"）的方式，成为了农文协营销工作的主要形式。农文协的职员每天深入乡村，挨家挨户地走访农民，向他们直接营销农文协的书籍和杂志。初期营销成绩并不理想，农文协甚至曾经一度濒临破产。但是上门营销的经验逐渐让职员们意识到"农民不读书，并不是农民不好，而是书编得不好"。于是他们一改以往的"说教式营销"，在田间地头认真倾听农民的想法，了解农民在生产、经营和生活中遇到的各种想法和问题，然后把这些想法和问题进行归纳、总结并编辑成通俗易懂、简单实用的文章刊登在农文协出版的杂志上，或编辑成书。经过这样持续的努力，农文协的经营状况开始不断好转。

进入20世纪70年代，资源匮乏、环境污染以及人口膨胀等问题日益严重，引起了世界各国，特别是发达国家的关注。在日本，以大量使用农药、化肥为特征的所谓"农业近代化"，导致的土壤、空气和水的恶化等环境污染问题逐渐显露出来，影响人们健康的食品污染问题也频频发生。于是"人类与自然的矛盾"逐渐成为世界范围内的共同课题。由于农文协的职员常年在农村活动，对农村的现状非常了解，所以农文协一方面从将生产和生活融为一体的自给式小农经营中寻找有益的经验素材，另一方面挖掘日本江户时代（1603—1867）的农业技术和农村生活方式，逐渐出版了一批灵活运用传统的“自给思想”来解决现实环境问题的出版物。这一理念也成为了农文协出版物内容所遵循的基本方针。

农文协认为包括中国在内的多数亚洲国家的传统农业，自身就具有构建“人类与自然的和谐”的功能。在生产粮食的同时，还创造着乡村生活文化。也就是说，如果能够恢复并保持传统的乡村生活文化，就有可能实现“人类与自然的和谐”。日本的小农农业（即自给式农业）就是指从江户时代传承下来的传统农业，而江户时代的农业是从中国传入的，中国古代农业技术是亚洲农业技术的精华，这也为农文协开展日中农业交流活动提供了一个良好的前提。农文协还认为，直到今天，日本、中国以及其他大多数亚洲国家的农业主流仍是“小农”。其特点可概括为以可持续利用为前提，充分发挥当地的自然和资源优势，从而保证更多的人能够在农村安居乐业。21世纪的人类正面临着严重的地球环境问题和老龄化问题的挑战，亚洲的这种以“小农”思想为基础的农业经营方式和农村建设模式正是解决这两个难题的关键。因此，农文协特别希望与中国相关机构合作，推动这一理念的扩展。

二、出版中国农业方面的图书

1986年9月，时任农文协专务理事的坂本尚率团参加首届北京国际图书博览会，随后，坂本一行还访问了中国农业科学院、北京农业大学（现中国农业大学）和中国农业电影制片厂等单位，并与这些单位的负责人就开展合作交流事宜进行了商讨。

通过中日合作交流事业，农文协在日本出版了介绍中国农业发展实例的《温饱十亿人》和介绍中国传统农业研究成果的《中国农业的传统与现代》的日译本，还制作了介绍中国沙漠地区绿化事业的电影作品《黄河》（《葛的故事》）。之后，农文协作为日本农业领域的专业出版社，从1986年参加首届北京国际图书博览会开始，直到2018年第25届国际图书博览会，从未间断过。通过书展，农文协与中国众多的出版社进行了广泛的交流。其间许多农文协的书籍在中国被翻译出版，同时也有部分中文书籍由农文协介绍给了日本读者。如从80年代开始，农文协翻译出版了中国古代农书《氾胜之书》《中国大豆栽培史》《陈旉农书的研究——12世纪东亚稻作的顶点》等。此外还多次主办了有关亚洲哲学思想的研讨会，并在日本出版了相关书籍，如《安藤昌益　日本·中国共同研究》《东洋环境思想的现代意义》等。

越来越多的日本人对现代中国农业产生了兴趣，为满足读者的要求，农文协出版了相关中国书籍，比如《温饱10亿人》《中国农业必携》《中国粮食供给的分析与预测》《中国农业白皮书·巨变的年代1979～1995》等，也出版了许多中国研究者撰写的研究日本哲学思想的著作。主要作品如下：

《日本神道的现代意义》（王守华，浙江大学日本文化研究所教授）、《日本的近代化与儒学》（王家骅，原南开大学历史研究所教授）、《日本近代思想的现代意义》（卞崇道，中国社会科学院研究生院教授）、《战后日本哲学思想概论》（卞崇道、王守华等编）、《中国历史上的日本像》（王勇，浙江大学日本文化研究所所长）、《东方思想的现代意义》（黄心川，中国社会科学院亚洲太平洋研究所教授）等。

值得一提的是，为了纪念中日邦交正常化30周年，农文协从2002年12月开始筹划出版《图说中国文化百华》（共18卷），历时5年完成。该丛书在介绍中国各民族交流融合所形成的丰富的文化的同时，以中日波澜壮阔的交流史为核心，挖掘了深藏于中华文化中的精华，还详细阐述了日本如何在汲取中华文化精髓的基础上创造出日本独特文化的过程。编辑人员希望通过这套丛书，使读者能够重新认识和发现日本文化与中国文化之间的超越政治经济制度的、密不可分的关系，从而期待推动东亚乃至世界文化的发展，促进和平友好关系的建立。

作为丛书最后一部的《东亚绵延四千年的可持续农业》一书，详细介绍了一百多年以前，中国如何巧妙地运用自然的力量，养活了大量的人口以及包括日本、朝鲜半岛在内的亚洲式的生存方式、自然价值观、生产和生活形态。这些重要的经验，为今天人类解决粮食、资源、人口以及环境等问题提供了丰富的启示。

有关中国方面书籍的介绍还有《中国博物学的世界》（嵇含编撰的《南方草木状》）、《平民教育与乡村建设运动》（晏阳初著，宋恩荣编）、《东西文化及其哲学》（梁漱溟）、《乡村建设理论》（梁漱溟）等。

从农文协对中国农业图书关注方面看，最初农文协比较关注的是有关维持人类与自然和谐的传统农业作品。而中国的出版社似乎对生产出高品质农产品的日本最新农业技术方面的书籍更加重视。可以说，这客观上反映了日本农业一心要摆脱所谓的“农业现代化”所带来的弊端，以及中国农业努力要实现现代化的实际情况。随着中国经济的发展，中日双方在农业领域关心的话题越来越接近，例如，如何解决农业从业人员的老龄化、如何提高并推广有机农业技术，以及如何向新一代青少年传播、普及农业基础知识和倡导亲近自然等。

三、探索和中国深度合作

农文协在延续以往交流的基础上，积极探索包括图书和数字出版在内的各类新型版权交易方式，同时积极致力于中日农业信

農文協の日中農業交流活動

私たちは、日中農業・農村の交流、共同発展をめざしています。

(c) 2009 Rural Culture Association All Rights Reserved.

农文协日中农业交流活动专门网页

息交流，质量更高，范围更广。

为了加强中日两国农业科技界和农业科技出版界的交流和合作，农文协于1991年与中国农业科学院合作，成立了“中日农业科技交流文献陈列室”。

陈列室成立以后，农文协向日本农业科技出版界呼吁成立了“支援中日农业科技交流文献陈列室日本委员会”，每月向陈列室赠送当月杂志，每年一次性向陈列室赠送当年出版的书籍和影像作品。目前该陈列室已经成为中国国内日本农业方面杂志、书籍和影像作品种类最齐全的文献中心[①]。

农文协还组织日本农业专家，到中国农村实地调查，帮助当地制定农业规划方案，传播农业技术。从翻译中国农业图书、连续参加25届中国国际图书博览会，到深入中国农村传播农业技术，农文协的出版视点从日本国内兴起，穿越日本海努力波及到中国，实现“走出去”。以下是农文协参与的中国活动纪事[②]，从中可以看出，这个日本农业的专业出版社致力于走进中国的恒心。

农文协与中国的主要交流活动纪事（1986—2006）

1986年

9月

农文协专务坂本尚参加首届北京国际图书博览会。

在日本翻译出版《氾胜之书》。

1987年

①该陈列室位于中国农业科学院内。

②内容来源于农文协和中日农业科技交流文献陈列室。

9月

中国农业科学院邀请坂本尚到访农科院，共同商讨合作事宜。

1988年

7月

中国农业科技出版社到访农文协。

9月

参加第2届北京国际图书博览会，与中国农业科学院等单位交流。

10月

中国农业电影制片厂到访农文协，商议共同制作《黄河》（《葛的故事》）。

1989年

5月

农文协原田勉理事到访中国，中日教育电影合作项目深入开展。

10月

中国农业科学院邀请坂本尚来访。

翻译出版《温饱10亿人》《克服农业和工业的矛盾》《中国农业的传统与现代》等。

1990年

9月参加第3届北京国际图书博览会。与北京市农林科学院进行交流。

交换设立“中日农业科技交流文献陈列室”备忘录。

10月

原田勉到访中国，商谈合作制作《中国的食物和生活》录像带。

翻译出版《古代中国农业博物志考》。

1991年

4月
中国农业科学院、农业科技出版社代表访问农文协。
5月
设立“中日农业科技交流文献陈列室”，向陈列室赠送了日本的农业书籍、幻灯片、录像带及设备，组织日本国内农业出版社、农业团体定期寄赠。

在日本出版《蒙古医学史》（第29届日本翻译文化奖）、《中国粮食供需分析与预测》、中日合作的录像带《中国的食物和生活（共2卷）》等。

1992年

5月
纪念向北京图书馆赠书活动十周年，坂本尚随日本出版界代表团应邀到中国。
9月
在中国山东大学召开的“中日安藤昌益学术研讨会”上，坂本尚进行特别讲演。
参加第4届北京国际图书博览会。

1993年

2月

北京农学会考察团赴日考察日本食品业，进行企业招商交流活动。

5月

原田津常务理事、今村奈良臣（东京大学名誉教授）赴中国参加“东亚农业研究会”活动。

日文版《安藤昌益·日本·中国共同研究》（农文协）和中文版《安藤昌益·现代·中国》（山东人民出版社）同时出版；《陈旉农书的研究 —— 12世纪东亚稻作的顶点》在日本出版。

1994年

5月

北京农学会的三名代表访日，交流畜牧业技术信息。

6月

中国农业科学院、中国农业科技出版社、中国农业出版社代表团访日，参加研讨会以及农业图书暨音像制品服务中心开幕式。

9月

参加第5届北京国际图书博览会。日本农业书协会派代表参加。

《现代农业》5月号刊载“拜访大国中国的二万元农户”。

《现代农业》9月号刊载“中国农业的现状与发展”。

《现代农业》1994年9月号—1995年6月号设专栏介绍“樱桃工程中国来的研修生”。

1995年

10月

农文协成立55周年纪念研讨会举办“中国哲学家谈日本”“中国思想家对安藤昌益的研究”专题研讨。

应中国图书进出口总公司的邀请，坂本尚作为日本出版界访问团成员到中国。

《农村文化运动》（139号）刊载“中国哲学家谈日本思想”文章。

《现代农业》增刊号出版《现在想知道中国》。

1996年

7月

中国向日本的农业图书暨音像制品服务中心寄赠书籍400余种。

8月

参加第6届北京国际图书博览会。

9月

参加中国农业图书出版交流会。

《自然与人的结合》增刊号上刊载“中国共同研讨安藤昌益思想的继承和社区的恢复”。

1997年

4月

坂本尚获中国农业部1996年度“国际农业合作奖”。

原田津参加在杭州大学举办的“东洋传统环境思想的现代意义”国际讨论会。

6月

邀请中国农业科学院和中国农业科学技术出版社代表赴日参加“中日共同研讨会”。

8月

在中国农业科学院成立“日本农业科学技术应用研究室”，与“中日农业科技交流文献陈列室”合署一处。

11月

围绕“日文化的形成和发展”召开座谈会，中国学者王家骅、卞崇道、王守华、王勇等参加。

《现代农业》1997年1月号发表“日中复交25周年与香港回归之年”文章。

《中国农业必携》和《日本神道的现代意义——在中国日本思想研究》等出版。

1998年

8月

农文协职员到中国考察。参观了陈列室后，经杭州、苏州到上海，中途对中国的农村进行了考察。

参加第7届北京国际图书博览会。

10月

参加中国茶文化国际研讨会（杭州）；参加中国农学会农业图书馆分会举办的农业文献资源建设学术研讨会（北京），坂本尚做了“电子出版时代的书目信息与电子图书馆”的讲演。

《农业科技普及与编辑出版》（中日农业科技交流文献陈列室与农文协合作编写）和《1998年日本农业书总目录》

（中文版）由中国农业科技出版社出版。

在中国农业技术普及杂志《中国农技推广》上开始翻译登载《现代农业》的内容。

《现代农业》 11月号“日中农业技术交流在世界历史上的意义”。

1999年

3月

应中国农业科学院的邀请青木志郎（东京工业大学名誉教授）到访鹿泉市，河北省鹿泉市农业、农村发展计划和鹿泉市大河镇农村计划合作项目达成，为调研进行准备。

7月

坂本尚在杭州市就与中国农科院茶叶研究所合拍《中国茶文化》CD-ROM的日文版制作磋商。

参加浙江大学日本文化研究所创立10周年纪念专题会。

8月

在中国农业科学院就河北省鹿泉市调研事宜进行磋商。

青木、今村、原田、齐藤等因鹿泉市项目调研到访中国农业科学院。

9月

坂本尚就鹿泉市项目调研的具体方针与中国农业科学院磋商。

12月

安藤昌益作品出版100周年纪念研讨会上，中国学者王守华、李彩华做了“中国视野下日本的昌益研究和中国昌益研究的现况”的报告。

《东洋环境思想的现代意义》《战后日本哲学思想概论》（卞崇道主编）、《东方思想的现代意义》（黄心川著）、《中国的食品产业》等出版。

2000年

2月

制订河北省鹿泉市农业、农村发展计划及鹿泉市大河镇农村计划活动。

为商讨制订河北省鹿泉市大河镇农村计划，与国务院体改办中国小城镇改革发展中心签署协议。

为制订鹿泉市大河镇农村计划，中国国务院体改办中国小城镇改革发展中心代表团访日，考察了长野县盐尻市、山形县饭丰町等地。组织日本奶农交流团首次到访中国，之后又多次组织到中国交流，并编写《奶牛双轨饲养法》单行本。

3月

第1次鹿泉市奶农技术交流现场考察和研讨会举行。

5月

鹿泉市农业、农村发展计划制订专家委员初次会议，今村奈良臣一行访中，和杜润生交换了意见。

7月

鹿泉市奶农协会和日本双轨饲养技术研究会交流活动。

鹿泉市奶牛发展合作项目获得补助金。

第2次鹿泉市奶农技术交流进行削蹄指导。

8月

今村奈良臣规划组专家委员会与鹿泉市农政相关人员举行

第二次会议。

参加第8届北京国际图书博览会。

9月

青木志郎规划组访中，开始对制订鹿泉市大河镇农村计划进行指导。

第3次鹿泉奶农技术交流，举办鹿泉市奶农、指导者和模范农家学习会。中国纸（麻织布）的多项开发和普及活动。应中国的邀请，以中国农业科学院亚麻研究所为中心，对亚麻的多向开发和普及进行支援。

翻译出版《乡村建设理论》（梁漱溟著，池田笃纪、长谷部茂译）、《东西文化及其哲学》（梁漱溟著，长谷部茂译）、《平民教育与乡村建设》（晏阳初著，宋恩荣编，镰田文彦译）、《中国盆景世界》（全三卷）（胡运、丸岛秀夫编）、《中国史中的日本像》（王勇著）、《江户和明治期的日中文化交流》（浙江大学日本文化研究所编）。

2001年

1月

为参加大河镇社会经济发展综合计划课题论证会，青木规划组访中。

3月

鹿泉市访日团考察爱知县安城市和长野县松本市，还考察了农水省、大田市场等。

4月

日文版《杜润生农村改革论文集》出版纪念研究会在北京

召开。日本方面浜口义旷（会长、译者）、今村奈良臣、白石和良（译者）等出席。中国方面杜润生夫妇、杜鹰、段应碧、刘志仁等约30人参加纪念会。

为准备鹿泉市农业、农村发展计划，今村理事等访中，与杜润生等进行了会谈。

向实际工作者征求鹿泉市大河镇社会经济发展综合计划修改意见。

6月

日本农业科学技术应用研究室纪念庆典仪式。坂本尚、斋藤理事、葛岚屏参加，中国农业部、鹿泉市人民政府、中国农业大学、中国农业出版社、中国农业电影电视中心、中日农业技术研究发展中心、中国农科院等有关人员约30人参加庆典。

7月

通过现场考察和有关人员的合作，鹿泉市农业·农村发展计划及大河镇社会经济发展综合计划完稿。

出版《奈良和平安时期的日中文化交流》（王勇、久保木秀夫编）、《中国家庭医学》（猪越恭也著）。

8月

为参加制订鹿泉市大河镇社会经济发展综合计划的最后会议，青木访中。

10月

实施《中国农业农村考察旅行》计划。除访问中国农业科学院应用研究室外，还考察了农科院蔬菜研究所、土肥研究所、蔬菜花卉研究所及直营花卉市场、北京锦绣大地农业公司、北京大钟寺农产品市场、上海浦东孙桥现代农业联合发展公司、上海市农业科学院及水稻圃场等。

11月

在鹿泉、北京开展第8次奶农技术交流，对《提高奶牛产量20%的日本双轨饲养技术》（附VCD）关心度极高。在鹿泉举办了2次研讨会（分别是300人），在北京举办了一次（60人）研讨会。除当地主要的奶农、兽医、农业干部参加外，农业媒体也参加了研讨会。

为准备鹿泉市农业、农村发展计划，今村理事等访中，与杜润生等进行了会谈。

向实际工作者征求大河镇社会经济发展综合计划修改意见。

2002年

3月

鹿泉市乳业协会王会长和两名奶农访日，在千叶和长野考察研修。

5月

参加第9届北京国际图书博览会。

6月

以与鹿泉市奶农交流为契机，成立“全国奶牛双向饲养法研究会”，1月、8月、11月奶农技术交流团到现场考察交流。

日本农业科学技术应用研究室和中日农业科技交流文献陈列室搬迁到中国农业科学院中日农业技术研究开发中心。

7月

《河北省鹿泉市农业和农村发展计划》完稿。

2003年

1月

《提高产奶量20%的日本奶牛双轨饲养技术》（附VCD）中文版发行，在9月份召开的中国国际乳业展览会上宣传、销售。

3月

2名鹿泉市兽医赴千叶研修3周。

9月

坂本尚获中国国家级奖“友谊奖”。

参加第10届北京国际图书博览会。获北京国际图书博览会组委会颁发的荣誉证书。在会场中，除介绍中日农业交流活动外，大家也非常关心《现代农业》的寄赠。

11月

受石家庄市科技局邀请，考察河北省保定市和石家庄市的奶牛经营情况并召开相应研讨会。

12月

应中方邀请，到新疆生产建设兵团进行现场奶农课程集中讲授。

2004年

4月

中国镇江市访日代表团考察鹿儿岛、千叶。

5月

鹿泉市奶农技术交流访日团访日，考察了千叶、长野，在日本双向饲养法研讨会上进行奶农技术交流。

7月

参加第四届亚洲合鸭农法研讨会后，考察镇江市的扬中、句容，就农业农村发展计划的制订、推进农村文化运动达成共识。

8月

出版《中国县级市农村发展研究——河北省鹿泉市农村经济发展的战略计划》(中文版)。

9月

参加第11届北京国际图书博览会。

奶农考察团考察镇江后,在鹿泉市和奶农交流。

新疆生产建设兵团派代表访日,以北海道为中心进行了为期20天的考察研修。

10月

农文协有关人员出席江苏省国际农业交流洽谈会之后,考察句容、扬中。

《中国县级市农村发展研究——河北省鹿泉市农村经济发展的战略计划》的日文版《中国近郊农村的发展战略》出版发行。

参加中日农业发展与创新研讨会(沈阳)。

11月

在北京和鹿泉召开《中国县级市农村发展研究——河北省鹿泉市农村经济发展的战略计划》出版纪念研讨会。

2005年

2月

开始制订江苏省句容市农村经济发展的战略规划,现场调查开始。

3月

中国农业科学院亚麻研究所(湖南省)访日。

5月

镇江市日本考察团访日,考察北海道、埼玉、静冈、群马。

6月

制订江苏省句容市农村经济发展的战略规划开始启动。

7月

新疆园艺访日研修团在日本长野、静冈、山梨进行为期20天的考察研修。

8月

日本奶农技术交流专家组访问江苏省镇江市、河南省南阳市镇平县、河北省鹿泉市。

镇江市农家考察团访日，考察冈山、静冈、群马。

9月

参加第12届北京国际图书博览会。

为制订江苏省句容市农村经济发展的战略规划进行第二次现场调查。

10月

为制订江苏省句容市农村经济发展的战略规划进行第三次调查。

开展向中国友人赠送《现代农业》书袋活动。

2006

8月

共同举办“第三届日中韩农业、农村研讨会”（中国沈阳）。坂本尚等6位代表参加会议，很多在中国东北设厂的日本食品加工企业和大学的研究人员参加了研讨会。

出席“江苏省句容市农村经济发展的战略规划”启动仪式，除制订规划的相关人员（11人）以外，驻中国日本大使馆、上海总领事馆、上海JETRO的代表、与农文协进行交流的新疆维吾尔自治区、河北省鹿泉市、河南省南阳市镇平县等地的有关人员参加了启动仪式。

9月

参加第13届北京国际图书博览会。除在会议上展示了介绍农文协的图示展板外，还分发了介绍农文协在中国活动的小册子《谋求中日农民共同发展》。会议期间，观众对食农教育的作品比较关注，同时开展了寄赠《现代农业》的活动。

中国农科院亚麻研究所访问日本，考察亚麻实验栽培场所后，与农文协达成了今后共同研究开发内容的协议。

10月

坂本尚出席在中国召开的控制沙漠化科学技术国际大会，并在会上做了《创造人与自然和谐的社会》和《农民信息服务改革》的报告。

11月

参加了北京市农林科学院农业科技信息研究所远程教育网络系统收录播放“日本奶农技术讲座”的活动，日本奶牛双轨饲养法研究会会长小泽祯一郎一同前往。

四、访谈农文协张安明博士（2016年）

张安明，农业经济专家，一般社团法人农山渔村文化协会中日农业交流主管。毕业于日本东京大学，农学博士。长期从事中日两国农村区域经济发展研究，同时在中日农业科技交流中发挥了重要的桥梁作用。近年来先后参与了中国河北鹿泉、江苏句容的农业、农村经济发展战略规划的编制，日本稻鸭共作、双轨奶牛饲养、堆肥制作使用等多项先进实用技术的引进和推广，以及日本茶园防霜扇技术的引进示范工作。著有《农村地区社会的持续发展》（1999）、《贫困地区的土地问题》（2000）（均为日本农林统计协会出版）

和《中国近郊农村的发展战略》（2004）、《日中韩农协后全球化战略》（2013）（均为农文协出版），以及《中国县级市发展研究（华北篇）》（2004）、《中国县级市农村发展研究（长三角篇）》（2008）（均为中国农业出版社出版）。

问题一：可否向中国读者简明地介绍一下农文协？能否用一个比喻来形容其核心的原则？它和日本农民之间的关系是怎样的？

张安明：世界各国都有专门介绍农业技术的媒体，但几乎全是以介绍专家学者的理论及科研人员开发的新技术、新品种为主流，姿态也是居高临下地向农民进行普及推广。同样，各国担负农业技术推广的行政部门及公益团体也都是以推广农业科研部门开发的新技术、新品种为己任。

但是，大家都知道，专家学者的理论及科研人员开发的新技术、新品种能否为农民所接受，能否对农民的生产及生活发挥作用，需要一个过程去实践鉴定。因为专家学者及科研人员并没有依靠自己的理论或者新技术、新品种进行生产经营并从中获得效益、实现体面生活的经历，说白了还是处于“纸上谈兵”的阶段。

农文协的出版，无论是杂志还是书籍，也无论是纸质出版物还是电子出版物，都以介绍农民通过实践摸索出来的实用技术为自己的独特风格。从技术推广的角度来看，其实这种方式最有说服力。因为这些技术既有农民一家通过几代人积累而成的，也有农民通过自己一生的实践摸索而成的，他们都是依靠这些技术进行生产经营并获得不亚于城里人的体面生活。同时，正因为是农民发明创造出来的实用技术，异地甚至异国的农民也易于接受。农民的思维方式有一个特点，他会认为专家能做到的自己不一定能做到。但是同样作为农民，异地或者异国的农民能做到的，他会觉得自己也一定能做到，甚至还可能做得更好。农民必须依靠自己的技术来生产和生活，他的技术毫无疑问是最经济实用而且效益最好，这就是农民的技术最易于推广的根本之处。

同时，也正因为是农民摸索出来的技术，他不可能仅仅是1、2、3、4、5那样几条枯燥无味的操作方法。这些技术与农民本身的价值观、家庭结构以及他所生活的区域文化、地理环境有着密切联系。形象地说，是有血有肉的。譬如说，老龄农民与青壮年农民选用的技术是不同的，妇女选用的技术也应该与男子有所区别。这几年日本农民时兴的“小力”技术经过农文协出版物的介绍非常受老龄农民的欢迎。“小力”技术而不是省力技术，简单地说就是天时地利的东方思维在农业技术上的运用。

农文协认为农民的技术有着紧密的生活基础和深厚的地域文化背景，所以农文协的出版物不仅仅是专门的技术，还包括区域发展、医疗卫生、饮食文化、哲学教育、居家生活以及中华文化等众多文化生活领域。

鉴于上述内容，农文协核心的原则以及与日本农民的关系可以用一句话来归纳，那就是“向农户学习，与区域同行”。农文协与农民相处的姿态是农文协的核心价值观。

农文协通过虚心向农户学习，把他们的智慧结晶进行总结介绍，惠及全日本农民甚至全世界农民。在这个过程中，只要农民能致富，区域能持续发展，农文协的出版业务和文化活动就能得到长期开展。

问题二：农文协旗下的《现代农业》杂志，创刊至今已经有75年，它的内容包括“农业技术和农村生活”。我很感兴趣的是其中的农村生活，因为对于中国农村来说，目前主要关注点是田地劳作、外出打工、空巢老人或者留守儿童，大家想到受欢迎的农村读物也是纯技术讨论的。《现代农业》中的“生活”和“技术”部分报道的内容，是从什么角度策划考虑的呢？

张安明：农文协旗下的《现代农业》杂志目前是日本主流的农业技术杂志。其成功之处主要有三点：一是介绍的技术是农民摸索出来的、最易于推广的内容，而且有许多执笔者就是农民本人，其表达方式也是农民味十足，让农民读者看起来有亲近感；二是技术内容有血有肉，包含生活气息和文化氛围；三是杂志内容以介绍技术为主，但兼容农村文化生活的方方面面。

贯穿《现代农业》杂志的主流价值观是引导读者重新审视家乡所在地域的文化价值，重新定位人与自然的关系。不是说介绍东京、大阪如何繁华便利，没有必要，有根有底的乡村文化毕竟是我们的立足之地。通过《现代农业》杂志的介绍，这几年一些词汇如“退休务农”“老人力”“食农教育”“直销农法”“少量多品种”纷纷在日本获得认可，让社会各阶层以及各个年龄段的人们都对农业和乡村有一个重新发现。正如日本研究区域发展的专家所说，一个“田园大回归”的新时代已经到来。其实这几年有许多的日本年轻人不仅仅以工资水平判断自己工作岗位的高低，更是以自己的工作岗位对社会有否贡献、有多大贡献来进行选择。可见“回归田园”时代的到来有着深层的社会背景。

问题三：可否介绍一下农业电子图书馆？农民们可以怎样利用它？

张安明：农文协从1996年起利用自己在出版发行农业技术杂志、单行本和影像制品方面的积累开始开发农业电子图书馆，2000年和2006年又分别在农业电子图书馆中建立专业性更强的农业大专院校专版（包括农业职高）和农协组织专版。

综合性的农业电子图书馆采用收费会员制，主要会员是从事农业的经营者和一些涉农团体，农文协的杂志订阅者可以享受优惠。农业电子图书馆包括农文协迄今发行的《现代农业》杂志、农业技术大全、病虫害诊断防治总览、登记农药检索、日本饮食生活全集、食品加工总览等方方面面的文字内容及影像制品。

到目前为止，在日本全国已有3200多位个人和团体成为农文协农业电子图书馆会员，日本47个都府县中有41个都府县的农业技术推广机构成为了会员。更为重要的是，有450家农协组织引进了农文协农业电子图书馆的农协专版，占到日本整个农协组织（653家）的2/3以上，有82所农业大专院校和农业职高引进了农业大专院校专版。

农协组织的生产销售技术指导部门通过利用农业电子图书馆的农协专版，在病虫害诊断防治方面发挥了非常有效的作用。拥有了这套体系，农协组织的农技推广人员既可以在办公室利用触摸式的屏幕向登门咨询的农户讲解病虫害诊断方法和具体防治措施，又可以利用iPad在田间地头和大棚内进行现场生动指导。

农业大专院校和农业职高通过引进农业电子图书馆的学校专版，老师可以在基础教学中进行充分利用，学生也可以利用它对已经学过的各种农业知识和技术进行自我鉴定。

问题四：在中国，人们越来越关心有机农业，但它又离普通人的餐桌很远，似乎仅仅是一种时髦的生活方式，或者吸引风投的一种手段。您怎么看中国的这一现状？日本的有机农业状况是怎样的？

张安明：日本的有机农业形成氛围是在20世纪70年代初，因为是在对大量使用农药、化肥的现代化农业的反思中产生的。有机农业在初期阶段与其说是一种经营手段，不如说是一种理念性农业。但是现在的情况是，保护环境、爱护生命的理念性有机农业依然存在，以经营性有机农业获得高附加值的农民也有出现。为此，日本全国性有机农业组织曾经发生分裂，理念性有机农业与经营性有机农业分道扬镳。

中国的有机农业可以说是应对食品安全危机应运而生的经营性很强的农业。这种农业的出发点不在于保护环境和为消费者提供安全放心的农产品，而在于如何盈利最大化。

佐证这一点的是，在中国有机农业的经营者大多是公司企业，而在日本也有公司企业经营有机农业，但个体农户是主流，其中大部分人是基于理念而从事有机农业的。也正是由于这一点，相对于中国的有机产品经常发生信任危机，日本却很少发生。

还有一点是，日本的普通农产品信誉度很高，除了高收入阶层或者极度注意保护健康的人群以外，绝大多数的消费者不会刻意去寻求有机农产品。这也是日本有机农产品的价格基本上处于合理水平的原因所在，价格一般不会超过普通农产品的150%。

问题五：农文协出版了一套《日本农书全集》，收集整理了日本江户时期农家的劳作、技术、生活和文化等各方面文献资料。由于原始文献资料大多以古文呈现，现代人很难读懂，农文协又请了230多位研究人员把它们改写成现代文出版。请问农文协为什么要出版这样一套书呢？

张安明：日本江户初期的百年间，由于战乱平息和新田开发，人口迅速增加了2倍，是一个“高速增长”时期。同时，由于之前依赖进口的木棉、丝绸、砂糖、药品等需求不能满足，急需发展国产化商品经济及流通手段，也就出现了农作物栽培技术发展、推广和扩大的强烈需求时期。

为了对应这种经济社会的需求，宫崎安贞（1623—1697）参考中国具有代表性的农书《农政全书》并根据日本的实际情况改编为《农业全书》（10卷）发行，推广到全国，发挥了巨大作用。此后，由日本各地老农根据海流山岳等复杂的自然、气候条件以及多种多样的风土环境、地区差异编写的更有操作性的多种农书，以口传、抄写和活版印刷的形式广泛推广，促进了生产力的飞跃提高和农业多样化、规模化的发展，开辟了一个时代，也可以说造就了日本现代化发展的基础。

在当今国际化、消费需求多样化的激变时代，如何提高和保障农业生产以及农家、村落区域的发展，如何从古代农业智慧中寻求解决现代农业问题的处方，如何从先辈的姿态中抓住恢复自信的契机等思考，都可以从这套汇集了先人“共生、共存”智慧的农书中得到有益的经验和启示。

《日本农书全集》分为14个类别，分别为：区域农书、特产、农产加工、园艺、林业、渔业、畜牧、兽医、农法普及、农村振兴、开发与保护、灾害与重建、本草与救荒、农事日志、学者的农书等。同时，农文协也出版了电子书库，更方便读者订阅和国际化传播。

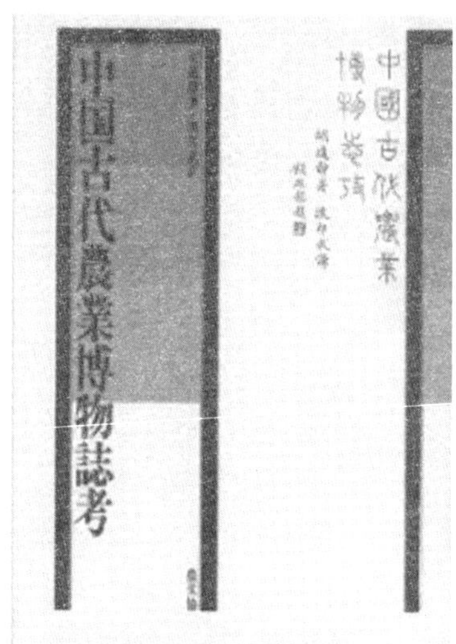

农文协系列绘本及引进的中国农业图书样例

第5节　讨论

日本在战后经济高速发展的过程中，出现了轻视农业的倾向，甚至有提出把农业全部移向东南亚的主张。然而，以持续减少的多样化需求的农村读者为对象而存在的农业出版新闻事业，为了既是粮食生产的承担者也是依托农业生产谋生的农家，其媒体的作用越发凸显，其创意和努力也显得更必要了。本章举出农文协作为农业出版新闻事业的事例，以农文协面向农业、农家出版的杂志、书籍为研究对象，考察农业出版新闻媒体视点的变化。

日本农民在使用农文协的电子图书馆

农文协以与农相关的专业杂志和书籍的出版发行为立社之本，在网络时代又积极应对并快速融入，使网络成为和读者间进行便利交流的媒介；将出版活动从农业领域向健康、饮食、教育等更广领域展开；把出版活动从宣传农村娱乐和文化生活延伸到农政、农业生产和生活文化方面；把农业具有的多样形态从社会生活中挖掘出来，提升到社会发展的重要层面，持续坚持把饮食和农业、生活和农业、文化和农业等结合在一起；把倡导生活农业、生活文化的观点作为农业出版事业坚持

农文协图书馆

的主旨。

农文协在日本农业近代化路线实施、输入增加、化学肥料农药问题明显化之时，通过期刊《现代农业》开设《主张》专栏，面对公害问题、环境破坏问题，质疑使用农药和化学肥料的农耕方法，站在与农业近代化扩大化相对的立场上，通过健康、饮食向广泛的受众传达自给思想、自然观和自然法则。把农业、农政问题向农民通俗地阐述清楚，引起共鸣，使农业出版物作为一种传媒载体，在引导农家认识农业现实状况方面发挥互动效应。当然作为农业出版媒体，这样的一种政治参与意识，也是受战后日本学术与媒体界独立意识的形成所影响。虽然在贯穿追求独立的传媒理念的同时，也有脱离现实的情况，但农业出版新闻事业的使命感却表现得很强烈。

农文协的招牌杂志《现代农业》在城市中知名度不算高，发行数量也有限，很难说是大众杂志，但却是农家非常熟知的杂志，是农家的“大众杂志”。《现代农业》是通过农文协职员在农村一家一户走访农家直接卖出去而被普及的，是在理解农民的立场上，对应农家学习和农家的要求，持续数十年守护农业，向广大读者传递健康、饮食的自然观、自然法则的独特的出版媒体。所谓“食”的方面，简单地说就是吃饭，这本来就是生活最基本的部分。但“食”的根源是“农”。通过安全的食物生产，传递农业和生存环境共存的理念，尊重、宣传农民在实践中开发的有机农业或杂交农业等的技术创意，让社会，特别是城市居民更了解“食”的来源和构成，食的放心、有味道，食的更有内涵，也以此为宣传，使城市与农村重新融合。

数十年来，农文协以杂志和书籍为媒体，一以贯之地坚持在传播农业技术的同时，探索和构建自己的传媒理念和传播体系。在出版物方面表现出从农业生产、农村文化生活到全体国民也可以参与的自给式农业、乡村生活文化等内容，及从“人类与自然的矛盾”到“人类与自然相互和谐”等内容，同时也培养了热爱农耕文化的活跃读者群。农文协无疑实现了媒体的传播功能，构建起了从农民到市民受众可激发回应的信息关系。正如约翰·迈克·卡特说的，“一本期刊不仅仅是一摞纸，期刊意味着持有特殊兴趣和特别思想的一批人，在与更大的愿意花费时间和精力来分享这些兴趣的群体进行沟通与交流，这种平衡预示着永久”。农文协其实就催生着这种平衡吧[①]。农文协可视为日本农业出版新闻事业的传播媒介机构，很值得关注研究。

农文协设立的农业专门书店（农业服务中心）

①陈凤兰等:《美国期刊理论研究》,北京:中国传媒大学出版社,2009年,第1页。

附 录

为了让读者对农文协2000年之后的出版事业有个大致了解，在此附录中补充一些内容。

一、2009年以来农文协的出版情况

1. 农文协的出版情况

农文协根据日本农村读者的特点，逐渐形成文字、影像和电子三大出版形式有机结合的模式，这是农文协出版业务的最大特色。

（1）农文协的出版物主要涉及农业技术、乡村发展、农业教育、家庭园艺、饮食文化和身心健康等6大种类。

（2）从2009年起农文协的图书出版数量基本保持在110余种的水平。这几年仅从销售量来看，排在前5名的分别是传统食品制作、农户的农产品加工及储存技术、古法农药的制作与使用、能吃的药草辞典和反对参加TPP（环太平洋战略性经济合作协议）。

（3）农文协独自出版的杂志有4种，即月刊《现代农业》、季刊《地域（区域）》、季刊《うかたま》（《食物之魂》）和季刊《のらのら》（《快乐农活》），主要读者对象分别是专业和非专业农民、农村居民、都市读者和少年儿童。

这4种杂志的销售量如下：

月刊《现代农业》：直销（订阅） 150000册 书店 50000册

季刊《地域》：直销（订阅） 20000册 书店 30000册

季刊《食物之魂》：直销（订阅） 20000册 书店 50000册

季刊《快乐农活》：直销（订阅） 4500册 书店 5500册

在日本最有影响力的农文协杂志是月刊《现代农业》,其次是季刊《地域》和季刊《食物之魂》，季刊《快乐农活》正在少年儿童中发展读者。

2. 农文协出版物的翻译出版情况

从1991年起到目前为止，大约有90种农文协出版的图书在中国、韩国、泰国、荷兰翻译出版。其中46种图书翻译成中文出版，中国大陆翻译出版30种，台湾地区翻译出版14种。中国大陆翻译出版的图书主要涉及农业技术、环境绿化和身心健康等内容。

同时，农文协还以引进和合作等形式，在日本翻译出版了30多种中文图书，比较有影响的是晏阳初、梁漱溟两位先生的乡村建设理论以及杜润生先生关于中国农村改革方面的著作。

二、农文协的日中农业交流

（一）从河北鹿泉到江苏句容

1.《河北省鹿泉市农村经济发展的战略规划》的制订

“三农问题”已成为中国面临的最大问题。借鉴日本的经验和教训，对一个地区的历史和现状进行彻底调研，并在此基础上制订面向未来的农业和农村战略性发展规划，一定会对“三农问题”的解决起到推动作用。1999年，农文协请日本农业、农村问题权威专家今村奈良臣（东京大学名誉教授），以河北省石家庄市所辖的鹿泉市为对象，开展农业、农村发展规划的制订工作。

从1999年8月份开始，今村规划组先后10次前往鹿泉市,走访了农家、乡村干部、龙头企业和政府部门人员，同时又征求杜润生、陈锡文等中方知名专家意见，最后于2001年底推出《河北省鹿泉市农村经济发展的战略规划》。这不是一部为了应付而制订的规划，而是一部在最大限度地吸收鹿泉市30多万农民意愿的基础上编制的规划。在对鹿泉市农业、农村发展的历史和现状进行分析的基础上，规划就如何发展鹿泉市农业主导产业，以及作为配套措施如何开展土地调整、如何转换政府职能和培育农民组织等方面，提出了一系列切合实际的建议。今村规划组认为，这个规划会对中国2000多个县和县级市、农村规划发挥积极的参考作用。

为了让更广泛的中日读者了解这个战略规划，2004年农文协牵头重新编辑该规划，在中国由中国农业出版社出版了中文版《中国县级市农村发展研究》，在日本由农文协出版了日文版《中国城郊农村的发展战略》。为了纪念这两部书的出版发行，农文协于2004年11月初分别在北京和鹿泉举行了有关此规划的研讨会，中日双方的专家和来自鹿泉市以及江苏省镇江市、句容市，河南省南阳市镇平县的农业工作者，对中国农业、农村、农民问题开展了非常热烈的讨论。

这部用中、日文同时出版的战略规划获得了亚太地区出版联合会的高度评价。2005年3月，日文版《中国城郊农村的发展战略》一书在日本荣获亚太地区出版联合会（APPA）的出版铜奖。中国农村的健康发展对中国、对全世界的和平稳定发展都有着重大意义。此书作为中日双方经过大量实地调研、共同努力编制的成果，也是对世界的贡献。

2.《江苏省句容市农村经济发展的战略规划》的制订

2005年6月，在制订出《河北省鹿泉市农村经济发展的战略规划》的基础上，农文协又和江苏省句容市人民政府、镇江市科技局达成协议，共同制订《江苏省句容市农村经济发展的战略规划》。这次规划制订的重点包括如何建立农民专业组织运作机制、发展有机农业基地、培育农产品加工产业、开拓农产品流通渠道、发挥龙头企业作用和构思农村金融系统等方面。

中日联合规划组在随后一年多的时间里，先后开展了多次实地调研，召开了多次讨论会，成功地完成了规划编制工作。2006年

8月中旬在句容市举行了《江苏省句容市农村经济发展的战略规划》成书仪式。中日联合规划组按照句容市农业农村发展的实际情况、事物发展的自身规律和长效发展的观点开展了规划的编制工作。在规划中融入了许多新的理念，如强调农民是农业经营的主体，提倡以家庭经营为前提推进农民合作组织建设，提出建设少量多品种综合产地以及重视发挥中老年和妇女在发展农业中的作用等。与此同时，为了避免“规划规划,墙上挂挂”之类现象的发生，规划组采取了以下两方面的措施：首先，在规划编制过程中尽可能地提高普通农民、经营大户、乡村企业家以及基层工作者对规划制订的参与程度和普通市民对规划的认知程度；其次，贯彻“软硬件结合”和“虚实结合”的方针，在编制宏观规划的同时，农文协尽可能地发挥自己的优势，开展与规划相关的有实际内容的中日交流合作，为今后的规划实施奠定基础。

“不仅仅是为了引进一个企业，而是为了培育一系列充分发挥当地资源优势的长效产业。这些产业的发展，不仅仅是一小部分投资者和经营者一时获利，而是当地的广大农民在其中发挥主体作用并长久地提高收入。”规划组以此为目标与中方共同编制规划，还将以此为目标积极协助当地搞好规划实施工作。

（二）农文协中日农业交流的新阶段——从单项技术到技术体系、从微观技术到宏观政策、从农业生产到农民生活

从农文协近期与中国农业交流实例可以看出，在河北省鹿泉市、江苏省句容市农村经济战略发展规划的共同制订，以及奶牛饲养等技术交流的基础上，农文协与中国的农业交流已经进入了一个新阶段。农业技术交流内容从单项图书发展到综合项目，农业交流的范围也从微观技术扩大到宏观政策。两国农民之间的往来使得双方的交流不但包括农业生产，也融进了农民生活的要素。随着中日两国农业农村的不断变化，农文协正在积极探讨新的交流模

式，以便更好地向中方传递日本现代农业发展的经验与教训，同时把中方发展农业的一些好的做法介绍到日本，希望在中日两国之间形成相互学习、相互借鉴的良好氛围。

三、《农户的技术——300个关键词》——取材于农民的原创智慧

以下摘译自2013年6月《现代农业·主张》，反映了农文协出版新闻事业质朴和接地气的一个侧影。

纪念《现代农业》发行800期农业用语专辑有感

在日本全国农户的呵护之下，2013年6月《现代农业》发行已满800期。在此对各位读者的关心和支持表示衷心的感谢。

从1946年（昭和二十一年）5月版算起，《现代农业》已经发行800期。在这67年的岁月里，《现代农业》几乎每月发行一本，与全国农户形成了纽带关系。准确地讲，《现代农业》是“农户制作的杂志”。生活在乡村的农户每人都长年累月地与农作物打交道，他们常聚在一起谈各自的感受和各自的发现，交流信息，相互提高。的确，为了准确地把农户的感受和发现反映到杂志上面，农文协分布在日本全国各地的工作人员骑着摩托车走村串寨收集这方面的信息，农文协编辑部更是使出浑身解数对每期进行精心策划。但是毕竟“原创”都是来自农户的智慧。正因为如此，只要翻阅《现代农业》的文章，注意它的用语，就能够了解到当时农户的想法和乡村的发展脉络。

2013年6月版除了每年都刊登的减少农药专辑以外，我们编辑了《现代农业》用语专辑，起名为《农户的技术——300个关键词》，以纪念发行800期。虽然由于页数大增，本期与通常发行相比显得又厚又重，但是本期在用语专辑的编辑上花了很大的功夫，希望它既可

以加深老读者对《现代农业》内容的理解，又可以成为新读者阅读《现代农业》时的帮手。相信大家一定会喜欢上这次的用语专辑。8年前为了纪念《现代农业》发行700期，我们也编辑了用语专辑。这次我们在对原有的用语专辑进行大规模修订的基础上，又增加了大量的新用语，相当于原有的1.5倍。

收录在《农户的技术——300个关键词》里的用语，主要是1990年代以后在《现代农业》文章中开始经常出现的，在此仅介绍一部分用语，以便回顾《现代农业》报道的轨迹。

样例：

□选自1990年代的《现代农业》（详细内容省略）

▼米糠

▼小力技术

……

□选自2000年代的《现代农业》（详细内容省略）

▼农家力

▼直销店名人·直销店农法

▼争当名人

▼反TPP

……

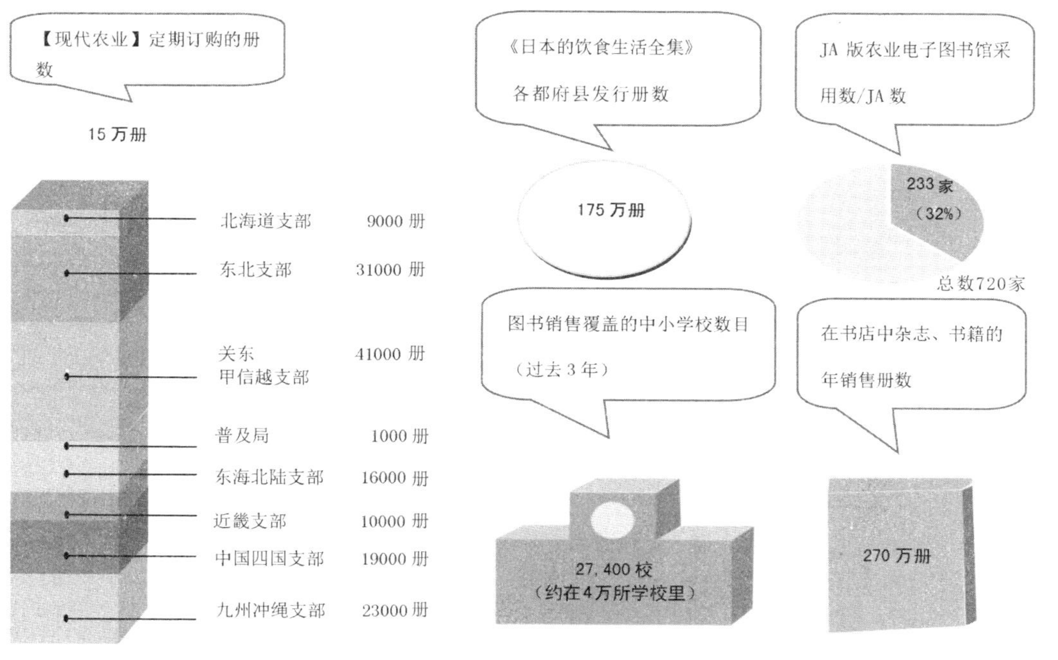

图4-4　农文协部分杂志和图书普及情况

注：资料来源于农文协成立70年（2010年）介绍。

第5章　农家对农业出版的反应

——来自庄内地区的《现代农业》农家读者调查分析

第1节　概述

第4章考察了农文协应对农业状况的变化，以农业出版专业媒体的视点，立足农的领域向更广阔的医（健康）、食、想（教育）领域开展出版活动的事例。农文协数十年来经历了农村文化生活到农业技术，再到农家的生产、生活、健康及教育的出版之路探索。从关注农家的生活、地域的生活，到全社会安全安心的食物话题，从为农家读者服务到唤起与消费者互动交流，始终以《现代农业》为载体，以贴近农家的实际和普通的生活为出版理念，刊载接地气的内容，并将农业、农家的存续，农业地位的再构造作为课题提上重要的位置。农文协在农业出版探索之路进程中，其农业出版新闻事业的传媒功能，鲜明地表现出来。

考察显示，根据农业、农村面貌的变化，农业出版者要与之及时相对应，才可能持续发展农业出版事业。农业出版最重要的工作是要以农村地域社会为基点，透彻把握地域农业的发展趋势，成为农业、农村和农家需要的媒体。

那么农家对农业出版媒体的实际反应如何呢？

本章以山形县庄内地区连续30年订购《现代农业》杂志的农家为调研对象，考察农家对农业出版的反应，以及农业出版在农家的生产生活中起到了怎样的效果。

以庄内农家作为调查对象的原因是，庄内是日本典型的传统水稻产区之一，近年来强化了轮作耕种，增种了蔬菜、大豆、毛豆等作物。在这里，调研连续30年以上订阅《现代农业》的农家，了解农家持续订购阅读《现代农业》杂志的理由、印象和意见，是有意义的。此外，笔者在此地区学习居住，调查比较方便。采取的调查方法是准备好调研提纲，设定问题，预约后直接深入农家，访谈农民，听其口述。一般是以《现代农业》为话题切入点，具体调研农家对农业的不安、关心、要求等如何通过《现代农业》反映出来。调研中主要关注以下两点：第一点，以《现代农业》的利用状况为重点进行调研；第二点，考察《现代农业》和农家的融合点。由于受时间所限，样本量不多，结论也不一定全面，仅表明一种倾向。

第2节　调查对象所在地区的农业特点

首先对调查地区做简单的说明。山形县庄内地区由2市11镇1村组成，总人口320565人，总面积2404平方千米（2000年数字），是由农业区、温泉、出羽三山组成的田园风土地域，很早以前就是以农业特别是水稻作物为主的地区。但是从1965年开始，由于受到以电机产业为中心的高新技术产业发展的影响，农业人口持续减少。2000年农业人口率（农业人口占总人口比例）为25.2%，基本的农业从业率为4.4%。但是一家3代人持续从事农业生产的情况比较多。农家的状况如表5-1所示。

表5-1　庄内地区农家的变化

年份	1970	1980	1990	2000
农家户数	28256	25305	20928	16117
专业农家户数	3653	1516	1605	1139
专业农家百分比(%)	12.9	6.0	7.7	7.9
农家百分比（%）	36.0	29.5	23.5	16.6

注：依据《庄内的农林水产业》山形县庄内综合支厅2003年版数据做成。

表5-2是关于县内4个区的农业指标比较。从表中可以看出，在2000年时，庄内的农业从业人员的比例有所下降（7.3%），农业产值最高（一家农户约4447千日元），水田比例较大（87.5%），农业生产率最高（一家相当于1521千日元）。另外，庄内在2000年水稻产量是175900吨，位居山形县内4区第一。

本次调查时间是2003年7月，由于受时间、交通等因素所限，只走访了15户农家。这15户访谈的农家分为专业农家10户，兼业农家5户，含家中有畜牧复合经营农家2户，全部以水稻生产为主，在同一区域内是中等规模以上的水稻生产农家，兼顾轮种各种农作物，包含沙丘甜瓜、毛豆和花卉园艺植物等。

表5-2　山形县4个地区的农业、农民状况比较

	农业从业人口比例（%）			农民世代比例（%）			水稻单一种植经营农家比例（%）		
	1990	1995	2000	1990	1995	2000	1990	1995	2000
县　值	10.0	8.5	7.5	24.6	20.8	17.9	86.1	84.9	80.7
村山地区	9.9	8.7	7.4	22.7	19.3	16.7	70.7	68.6	60.8

续表

	农业从业人口比例（%）			农民世代比例（%）			水稻单一种植经营农家比例（%）		
	1990	1995	2000	1990	1995	2000	1990	1995	2000
最上地区	11.4	9.8	9.6	37.0	33.0	29.9	97.9	98.2	97.5
置赐地区	10.3	8.5	7.2	25.7	21.6	18.4	89.9	88.8	86.2
庄内地区	9.4	7.8	7.3	23.5	19.7	16.6	94.3	95.0	93.7
	水田率（%）			农业产值（千日元/户）			农业生产率（千日元/户）		
	1990	1995	2000	1990	1995	2000	1990	1995	2000
县　　值	77.2	78.2	79.2	3650	3582	3509	1707	1735	1301
村山地区	62.9	63.7	64.2	3473	3406	3240	1712	1773	1303
最上地区	85.1	86.5	87.8	3185	3087	2947	1459	1383	1028
置赐地区	78.3	79.4	81.0	3252	3283	3324	1504	1532	1195
庄内地区	86.9	87.1	87.5	4499	4382	4447	1984	2003	1521

注：依据《山形县的100个指标》2003年版数据做成。

第3节　农民读者关心的记事

访谈的农民读者的年龄层以50岁、60岁年龄段的读者居多，这个年龄层的农民是现今农村的中坚力量。其中有7户农家的农民是在“父亲是热心读者”的影响下开始阅读《现代农业》杂志的。订阅杂志的农家一般播种面积在3.3～8公顷。其中农业专业农家有10户，占调查对象总数的6成；三代务农的有9户，同样占调查对象总数的6成；兼业农家有5户，占调查对象总数的3成。表5-3显示了调查对象——农民读者生产及订阅《现代农业》的概况。

表5-3 访谈对象的农家概况

调查对象的从业形态	耕地播种面积（公顷）①								年龄（岁）②	《现代农业》开始订阅的年份	父亲开始订阅的年份③	三代同堂④
	水田	蔬菜	毛豆	大豆	荞麦	甜瓜	花卉	畜产				
专业	4.0	1.7	—	—	—	—	—	—	50	1970	○	○
专业	6.2	1.8	—	—	—	—	—	—	50	1966	○	○
专业	3.2	—	—	—	—	—	—	1.5	60	1966	—	—
专业	4.0	—	—	—	—	—	—	1.0	50	1966	○	○
专业	2.7	—	0.8	—	—	—	0.4	—	60	1961	—	○
专业	2.8	—	0.3	0.4	—	—	—	—	60	1966	—	—
专业	3.2	—	—	—	—	1.0	—	—	50	1972	—	—
专业	4.0	1.5	—	—	—	—	0.3	—	50	1970	○	○
专业	4.0	0.6	0.4	—	—	—	—	—	50	1972	—	—
专业	4.0	1.2	0.4	—	—	—	—	—	30	1970	○	○
兼业	2.0	—	—	—	3.0	—	—	—	50	1970	—	—
兼业	4.0	1.0	0.3	—	—	—	—	—	60	1966	—	—
兼业	2.5	—	—	1.0	—	—	—	—	30	1970	○	○
兼业	1.8	—	—	—	—	1.5	—	—	70	1970	—	○
兼业	2.8	0.4	—	0.5	—	—	—	—	50	1961	○	○

注：访谈对象是从订阅《现代农业》30年的农民读者名册中选取，1960年代的读者7人、1970年代的读者8人，其中农业专业户10户、兼业农户5户的比例抽取，同时考虑到读者的年龄段。在实际访谈时，存在用父亲的名字订阅，主要读者是子女的情况。①指农作物耕种面积，不包括例如甜瓜收获之后在原有土地上轮作芜菁的情况。②指读者的年龄段。④指的是访谈对象本人与其父母及子女，或者访谈对象本人与其子女连同孙辈同居且三代务农者。项目①②③④是访谈时访谈者本人回答的真实数据。

表5-4中，农民读者对《现代农业》中刊载的特别关心的内容做出了回答。总体来说，“特集”“卷首特集”“水稻种植”“经营”和“卷首图说”等与生产有关的文章关心度最高，对非水稻种植生

表5-4　购读《现代农业》的农家关心的内容

调查对象的从业形态	地区	主张	特集	卷首特集	水稻种植	蔬菜花卉	特产			畜产	经营	机械信息	法律咨询	生活智囊	电脑	说东道西	浪漫和科学	农法知识	卷首图说
							毛豆	山菜	甜瓜										
专业	千石	◎	◎	◎	◎	◎	○				◎	△	○	◎	◎	◎	◎	◎	◎
专业	和田	◎	◎	◎	◎	◎					◎	△				◎	◎	◎	◎
专业	新田	◎	◎	○	◎	○				◎	◎		○		◎	◎	◎	○	◎
专业	新田		○	◎	◎					◎	◎				◎			○	◎
专业	西乡	◎	◎	◎	◎	◎	◎				○	○	○	○		△	○	◎	◎
专业	大山	△	◎	◎	◎		◎				◎		○		◎			○	◎
专业	枥屋	◎	◎	○	◎						◎			◎	◎	○	◎	○	◎
专业	白山	○	◎	◎	◎	◎	◎				◎	○	◎	○		○	△	○	◎
专业	大泉	○	◎	◎	◎	◎	◎				◎	△		○		○	◎	◎	◎
专业	长崎	◎	◎	◎	◎	○	○		◎		◎	◎				○	○	○	◎
兼业	大山		○	○	◎		◎				○	○	◎			◎	△		△
兼业	京田		◎	○	◎	◎	○				◎	△		◎				○	○

续表

调查对象的从业形态	地区	主张	特集	卷首特集	水稻种植	蔬菜花卉	特产			畜产	经营	机械信息	法律咨询	生活智囊	电脑	说东道西	浪漫和科学	农法知识	卷首图说
							毛豆	山菜	甜瓜										
兼业	京田		○	△	◎		○		◎		◎			○		△	○		△
兼业	田川	○	◎	○	◎	△		◎			○					○	△	○	◎
兼业	平田	◎	◎	◎	◎	◎					◎		○			△	○	◎	◎

注：◎必读，○大致读，△偶尔读。地区重复表示同一地区有两户访谈对象。

产相关的，包括记述西乡、大泉、大山等地区的毛豆，西乡地区的蔬菜花卉，田川地区的山菜、芜菁有关文章的关心度较高。

访谈结果显示，专业农家与兼业农家相比，对“浪漫和科学”“农法知识”的关心度更高，“比起经营，生产技术起到更大的作用”（农民语）。特别是，《现代农业》以全国优秀农民的生产经验为中心，亲近读者，读起来生动有趣。其中不乏使农民印象深刻并可与自身经营生产对接的好文章。比如，农民读者对水稻种植技术、自然种植方法及特殊栽培的农作物等抱有兴趣；所有的访谈者对优秀农民经验、实用的新技术、省力栽培法以及各种信息都很关注。有些专业农家还与杂志报道的优秀农民进行直接交流。

想从电脑中获取农业相关信息，特别是有关销售信息的专业农民读者，会阅读“电脑”栏目的相关内容，学习使用互联网的方法。农家尤其对“法律咨询”栏目中的税金相关知识表示强烈的关注。在“说东道西”栏目中，因为会有大量的关于咸菜和农产品的加工以及保存方法，所以农民读者表示出了浓厚的兴趣，并表示会接受或采用里面的信息。当然，作为本次的访谈对象的农业从事者的普遍特征是：并不是阅读杂志的全部内容，只是阅读其中自己感兴趣的或者可以利用的内容。

此外，不主要从事农业的一些人有时也会阅读该杂志，如果对其中的一些内容感兴趣，他们也会试着投入实践。一位老妇人这么说：“我今年66岁了，平时就一直在阅读农业活动相关的内容。包括蔬菜的栽培，怎么样保存梅干和辣韭，这些我都一直在阅读，比电视上讲的还好。”在实地调查中，我们了解到，因为有关农业生产和农作物加工等内容，或者农家的主妇普遍关心的一些问题，在杂志上都有简明扼要的刊载，所以很多家庭主妇对此杂志也很感兴趣，一直在阅读。由此可见，农家的女性读者的增加扩展了农业出版的阅读范围。仅一本农业技术杂志，竟然在家庭的各个层面被如此广泛地阅读，也能说明其杂志的媒体作用吧。《现代农业》在20世纪80年代更改了杂志封面，并且开始注重刊载有关“农”的生产和生活纪实，而进入90年代以后，更进一步站在农业的立场上，为了向全体国民推广农业而不断地改进充实杂志内容。

读者方面由于其年龄段的不同，关心的内容也有所不同，表5-5即显示了此状况。在一家三代的农家里，对于传统的稻作生产技术和农业作业法方面，孩子一代对其兴趣明显不如祖父辈和父辈浓厚，但转变耕作物的对应策略方面，比如从水稻转到毛豆、蔬菜和花卉等收益更高的作物，孩子辈更感兴趣。事实上的确如此，庄内的鹤冈、京田、西乡等平原地区种植花卉、毛豆和甜瓜的农家收益往往高于种植普通水稻的农家。由此可见，年龄段的不同对农业的视野和想法也不同。

表5-5　不同家庭结构对《现代农业》内容的关心情况（人数）

		专业农家					兼业农家				
		两代人4户		三代人6户			两代人2户		三代人3户		
		父	子	祖父	父	子	父	子	祖父	父	子
主张		4	—	5	5	—	1	—	1	1	—
农法知识		4	—	—	5	—	1	—	2	3	—
浪漫和科学		4	—	—	4	—	2	—	—	2	—
特集		4	1	5	6	1	2	—	2	3	1
卷首特集		4	—	3	6	1	2	—	1	3	—
稻作		4	1	5	6	2	2	—	2	3	1
蔬菜·花卉		2	1	—	5	2	—	1	1	2	—
畜产		—	1	—	1	—	—	—	—	—	—
特产	毛豆	2	2	—	3	3	1	—	—	—	—
	山菜	—	—	—	—	—	1	—	—	—	—
	甜瓜	—	—	—	1	—	—	—	—	—	1

续表

	专业农家					兼业农家				
	两代人4户		三代人6户			两代人2户		三代人3户		
	父	子	祖父	父	子	父	子	祖父	父	子
经营	4	2	—	6	4	2	—	—	3	1
机械信息	1	—	5	4	—	1	—	2	2	—
法律咨询	2	1	2	3	—	1	—	—	1	—
电脑	3	1	—	2	1	1	1	—	1	1
说东道西	3	—	5	5	—	1	—	2	3	—
生活智囊	2	—	4	3	—	1	—	2	1	—
卷首图说	4	—	4	6	—	2	—	3	3	—

实地走访时，在农家的塑料大棚、餐桌、工作室及睡午觉的宝宝旁边，都能看到《现代农业》杂志，且第二代、第三代的农民及其家庭也是其广泛的读者。这令笔者深刻感受到此杂志拥有着30年以上订阅者的超黏性。一位农家读者说道："书里的内容不是在脑子里凭空想象编写出来的，而是从农家的实例当中抽出来的，这让我们能更容易地理解和接受。"这句话应该最能反映农家长久订阅的原因了。

第4节　农民读者的满意度

对于解说内容的"满意度"的提问，从表5-6来看，全体访谈对象对《现代农业》《生活》专栏的满意度比较低，跟农业生产相关内容的满意度比较高。兼业农家认为它是"简单易懂的专业书籍"。"不仅仅是阅读有关稻作的内容，也会阅读腌制食物、山菜还有病虫害防治的有关内容。"通常情况下，撰写普及专业知识文章的作者都是这个领域的专家，读者只是单纯的接受者。但是《现代农业》不仅提供了专业的指导，更从出版对象的视角出发，发表了很多概括介绍农家自己技术的内容。编辑部的工作人员会下到田间地头去观察农家的生产现状，并记录下来，“感觉很贴近我们的想法。”

表5-6 对《现代农业》的满意度

<table>
<tr><td rowspan="2">项目</td><td colspan="3">专业农家 10 户</td><td colspan="3">兼业农家 5 户</td></tr>
<tr><td>满意</td><td>较满意</td><td>不满意</td><td>满意</td><td>较满意</td><td>不满意</td></tr>
<tr><td>技术</td><td>6</td><td>3</td><td>1</td><td>3</td><td>2</td><td>—</td></tr>
<tr><td>信息</td><td>7</td><td>2</td><td>1</td><td>3</td><td>1</td><td>1</td></tr>
<tr><td>政策</td><td>6</td><td>3</td><td>1</td><td>2</td><td>2</td><td>1</td></tr>
<tr><td>生活</td><td>4</td><td>6</td><td></td><td>1</td><td>4</td><td>—</td></tr>
<tr><td></td><td colspan="6">内　　容</td></tr>
<tr><td rowspan="4">技术</td><td colspan="3">内容有趣，价格便宜，跟农家的实例有亲近感。</td><td colspan="3">农业技术依然是涉及稻作的较多，涉及各个方面实际情况，可以持续交流。</td></tr>
<tr><td colspan="3">登载了优秀农家自己的耕作技术，如登载在杂志上的跟农家交流引进稀植和木醋使用技术。</td><td colspan="3">自然农作法的一种——把合鸭放养在田里而不使用除草剂。</td></tr>
<tr><td colspan="3">使用合鸭除草的方法在这个地区得到越来越多的使用。因为不使用农药，所以卖价会比别的米高一些，库存也少了。</td><td colspan="3">兴趣和娱乐，没有很难读的内容，是专业书但又是教科书。</td></tr>
<tr><td colspan="3">高中毕业以后就一直在读，在使用介绍技术方面的内容，参考其效果、原理和方法。</td><td colspan="3">登载的优秀农家的情报、种植方法，对于农家来说是最有趣的报道了。</td></tr>
</table>

续表

	内　　容	
技术	虽从事稻作之后，也一直参考它刊载的养猪方法。现在其他杂志介绍畜牧业的内容很少，这个读起来很有趣。	一些农产品如果想出售的话没有相关的组织，不容易卖出去。自家用的话是可以的。跟以前比起来使用的农药越来越少了。
	到底还是有针对小农家的农业技术杂志。	
信息	比较关心对于资深农家花很多工夫做的介绍，还留着很多年前的感兴趣的（特集），不时地还会翻看一下，其他的书就都处理掉了。	为了参考水稻的种植方法开始订阅。自从有了减少水稻耕作面积的国策以后，就收集全国各种的农业情报来扩大知识面。
	希望登载发芽玄米的制作方法，但是还没有登出来，希望详细登载新技术制作方法。	这本杂志是全国版的，所以在庄内地区只能作为参考，不算是自己的贴身用书。
政策	希望刊登应对第一次减少水稻耕作面积的政策，以及可以成为指南性的农业技术和农政信息。	法律咨询会涉及很多方面，是很有趣的。
	感觉可以通过看这个杂志了解全国的状况，可以展示一贯的主张，也能成为政策的指南。	杂志中关于减少农药使用、不使用农药写得很简单易懂，但是没写在个人出售无农药大米时能不能回收成本的问题。
	自治体的合并、农协的合并问题比较关心。	
生活	不光是介绍农业生产经营，也可以说是农民的心灵港湾。	启示人们应该怎样思考的事例，很有兴趣读。
	还记得2003年2月份刊载的地域兴起日本重生、农业结构改革特区等内容。	实用的税金咨询内容很有用。
	腌制咸菜的方法写得简单易懂，妻子会进行参考。	母亲会参考盐度减少的方法制作和保存咸梅干。

专业农家说道："看到写着田里撒石灰为什么会很见效时，会想到无论在什么情况下撒了石灰后就有效吗？对给需要氮元素的甜瓜撒用时，结果因为特集中有写到给甜瓜上氮肥的时候，流到西红柿的田里不行，这样的情况在特集中都专门写到了，很有用。有时，会担心忘了，经常看一下。"但是也有农家抱怨道，"其他地方的经验，不都适合庄内地区"，"有写到发芽玄米的机械制作方法，买来了这种机器，但是一直做不出来"。

专业农家和兼业农家都有很强的吸收先进农业生产技术的要求。兼业农家白天上班，回家后在田里耕作。虽然有很多兼业农家的车里放着《现代农业》以及农协的虫害防除信息和除草剂的使用基准等资料，但是读到这本杂志中介绍的专家的稻作稀植技术，想采用这种技术的只有专业的农家。因为农家会考虑到现在的农政，"考虑到从国外进口大米这项政策，在大米过剩的情况下，就放弃技术改良了"。

整体来看，可以感觉到专业农家和兼业农家对该杂志的报道内容持有一定的满意度。也有兼业农家认为"最感兴趣的是稻作、腌制、老人的智慧、技术信息和栽培方法"。

有一大半的专业农家认为，"刊登了民间的智慧和特殊的技术，很喜欢每个月都会刊登这样的报道"。在访谈的时候可以感觉到，专业农家特别是有继承人的专业农家对其关注度是很高的，理解程度也很深，有强烈的把看到的技术应用到农业生产中的意识。专业农家的经营意识很强，所以订阅意识也比较强。但是兼业农家一般处于维持现状的状态。特别是由于执行农药登记制度后，生产和销售环境都比以前严格了，呈现出兼业农家劳作时间不足的情况。专业农家对农业生产技术的重视和兼业农家的维持现状，从事农业生产人数的减少等问题，也给农业出版提出了将来应该如何应对的课题。

所有的农家都很关心农药问题。例如有人讲："在轮作种植毛豆的时候，原来给水稻施用的农药，会残留到毛豆田里。在检测毛豆的时候，会查出可以用在水稻但是不能用在毛豆上的农药，这样会很麻烦的。"怎样施肥才好呢？希望在《现代农业》里对这个问题进行回答。也有"消费者希望减少农药的使用和保证农药有可追溯性，希望在杂志中能有该怎样应对这种情况的报道"。

第5节　农户对具体报道内容的反应

为了考察农家对《现代农业》一直主张的自然农业、自给自足和食农教育是如何反应的问题，表5-7、表5-8挑选出《现代农业》刊登的文章，简单总结设定访谈内容，请被访谈的农家回答。

表5-7整理了这次访谈中记录的内容。关于其中设问1、设问3中农产品进口的内容，农户认为这个杂志的观点是符合他们意愿的，反对农产品大量进口，提出农产品政策和价格稳定是很重要的意见，这与杂志一直坚持的观点是一致的。

对于设问4，鼓励上年纪的人在农业生产上投入精力的问题，调查对象认为，他们会考虑农田是从父母那里继承的，所以要把农业生产继续下去。有的兼业农家说："跟生计关系已经不大了，只是出于兴趣务农。"专业农家认为"只要身体健康状况允许，就会从事农业生产，这样就可以使农业经营进行下去"，"上年纪的人也是需要劳动的"。可以看出专业农户的务农意识更高。同时，农业从业者高龄化、继承人不足的严重情况也是现实存在的。

设问2调研的《现代农业》杂志中推荐减少农药使用或无农药生产的栽培方法、提倡实现回归自然的农业生产的内容，专业农家和兼业农家比较认可，他们认为在种植的时候可以减少使用农药或者不使用农药，但是担心在不通过农协出售的情况下，大米能不能卖个好价的问题。

“农药几乎不使用，在卖作物的时候卖个好价钱就好了”，这样“有兴趣尝试一下”的专业农家也有。有兼业农家说：“如果减少农药的话，杂草就会生长，除草会花时间。”另外，对于表5–8设问3中减少农药、使用自然方法的主张，实际如果采用，很花费劳力和时间。但有专业农家赞同该做法，开始积极地引入此种方法。另外一方面，越来越多的兼业农家在显著变化的现状中无法适应。

表5–7　农家对调查《现代农业》内容的反应（1）

<table>
<tr><th>设问</th><th>专业农家</th><th>兼业农家</th></tr>
<tr><td rowspan="2">1.《现代农业》1979 年 11 月特刊《从石油危机到粮食危机》的内容，对你有怎样的影响？</td><td>农民确实需要稳定的农业政策和价格。</td><td>农作物价格低的话，大概不种了吧。</td></tr>
<tr><td>杂志的呼吁是正确的，过度从国外进口是错误的。</td><td>消费者喜欢便宜的东西，餐饮产业中好像使用了便宜的美国米，但是由于烹饪技术好，看不出是美国米。使用自然、农药等各种方法的效果都可以尝试。</td></tr>
<tr><td rowspan="5">2.《现代农业》1987 年 9 月特刊《大米价格下跌时代中的另一个动向——米可以卖高价》这样一个内容，您有兴趣吗？您会继续种植水稻吗？</td><td>大米能卖好价格当然好，使用自然、农药等各种方法的效果都可以尝试。</td><td>对特别的技术栽培没有兴趣，价格低，好处少。</td></tr>
<tr><td>对使用自然方法能卖高价格有兴趣。</td><td>目前为止认为不错，但若过度使用劳力可能不现实。</td></tr>
<tr><td>人工不增加的话可以卖高价钱当然好。</td><td>如果减少农药的话，杂草会生长，除草会花时间。</td></tr>
<tr><td>20 多岁的年轻人也有心气继续从事农业的。</td><td>以个人贩卖的话，钱能不能回来是个问题。</td></tr>
<tr><td>会继续种植水稻，通过某些组织卖米，偿还贷款。</td><td>20 年前去过美国考察，像庄内平原这样大面积就一个人在经营，经营规模大，所以没法竞争。但是土地是从父母那里继承来的，而且收益能够看到，现在不应该放弃，现在买地的人没有了，也不能荒芜着。</td></tr>
</table>

续表

设问	专业农家	兼业农家
3.1989 年 9 月初签订日美结构协议时，《现代农业》9 月号刊载《世界各地的农民联手改变农政》一文，您对这样的内容有何思考？	因为农业和农村支撑着一个国家的地域和文化，也形成了各自的特点，必须尊重各自的独立性，这种观点的确认是必要的。	这样把东西硬卖给别的国家，美国在很多方面都理亏。美国一些农业官员也有反对的，有好人。
	内容很有必要，但究竟作者对美国政府能够影响到什么程度？	美国出口粮食是战略，也是一种战争。
	美国有的农业官员对米的贸易是反对的，和政府的意见相反，和农民是一致的。	因为美国的米和肉供给过剩，所以想出口。对日本来说实际是多余的。
4.1980 年 2 月刊《现代农业》刊载《老人开拓未来》，对此内容您有何看法？	或许城市的人退休了，有想从事农业的人，可以补充农业人手。但是这一带目前很少有这种现象，可能在大城市会有吧。	虽然退休后从事农业并不是那样的简单，但是也挺好，因为生活不靠这个，因为有“兴趣”，所以做这个。
	土地是从父母那里继承来的，上了年纪还会被鼓励致力于农业。	现在因为不景气，或许有从事农业的人，但是大多数人不做。
	原来在公司上班，现在从事农业，心情很好。	如果大学毕业 22 岁，这个人几乎不从事农业。只得到 400 万或者 500 万日元的收入，当然是不行的。
	只要健康就会从事农业，母亲也 78 岁了，因为有家庭会继续经营。	老人劳动也是必要的，由于农业的收入少，老人也有必要劳动。

针对《现代农业》2003年5月刊载的部分内容，笔者调查了农民读者的印象，具体整理内容详见表5-8。如对于设问1中“自给自足”的主张，农民读者基本赞同。但由于现实生活中国家政策允许进口，因而认为“不可能”的农民较多。在自家食用大米和蔬菜方面，大部分农民都表示可以基本自给自足。对于设问2，专业农家中的多数表示“读起来很有趣味性”“制作自家食用酒”，兼业农家

中的多数则表示不感兴趣。

1975年3月号的《现代农业》《主张》专栏刊载了《为什么制造米酒是不好的》。1981年召开品酒会的农民因违反《酒税法》而被起诉，由于农文协无法直接干涉国家法律，只好出版《制造米酒》一书来支援（此书销售7万册以上）。此后，《现代农业》表示“请尊重农民的自给自足生活”，认为《酒税法》不合理，应修改①。当然，在访谈调研中，也有些农民表示理解《现代农业》为农家呼吁的做法，但是称：国家有政策法律规定也没办法，杂志里这样讲作用不大，但还是会阅读，因为最关心与自己生活息息相关的事情。

实际上，《现代农业》倡导的自给思想是在基本的“自给”之上更加引申了，“与其说新的自给自足生活是每家每户的自给，倒不如说是建造一个自给生活圈，使生产和生活不脱离，生产和生活紧密相连，保证积极地经营和生活”。30年来《现代农业》不仅在生产活动方面，同时也在农民的衣食住行等日常生活方面积极地倡导新观念。但农民们对于“自给自足”②的理解还是有不到位的地方，农业出版新闻事业的存在和引导方式任重而道远。

表5-8　农家对调查《现代农业》内容的反应（2）

设问	专业农家	兼业农家
1.《现代农业》2003年5月刊中提倡“自给自足”，例如《自给自足家庭有活力》，对“钱也要自给自足”您是如何考虑的？	很早以前就讲“自给自足”，必需的。庄内冬天也寒冷，没有办法。对此基本赞成。	因为生活不容易，以前就是从事农业的，必须这样做。
	仅农家自给不行，因为国家有进口政策，没有办法。自己家用米和蔬菜等是自给的。	自给自足算经济账不合算，以前这样做的，只能这样做了。
	因喜欢而不能停止，但也不能全部做想做的事。	不太追求效益，这样可以做到自给自足。

①该内容的论述详情请参考近藤康男编著的《农文协五十五年略史》，农文协，1995年，第235页；《创》1996年10月号特集《特色出版社的研究》。

②农文协论说委员会，《主张·创造全新自给生活》，《当代农业》，1970年4月号。

续表

<table>
<tr><th>设问</th><th>专业农家</th><th>兼业农家</th></tr>
<tr><td></td><td>即使农家自己的田地里没有收获，也能在超市里买到其他人种的各种各样的好蔬菜。</td><td>以前是自给自足的。经济高速增长以后，只是大米自给自足了。</td></tr>
<tr><td rowspan="4">2.《现代农业》2003年5月刊载关于韩国“大幅度修改《酒税法》，支持多样的造酒方式”的内容，您对此怎么看？</td><td>酒不仅与健康有关，将酒融入生活是美好的，自家可以造酒。</td><td>自己家造的果酒很好，但是用米造的酒不好；造酒也没有太大意义，但是不应该限制。</td></tr>
<tr><td>自家造酒违反日本法律，读起来韩国的介绍觉得很有趣。</td><td>可以制造家庭、朋友饮用的自家用酒。</td></tr>
<tr><td rowspan="2">一般家庭造酒，很难做好，即使做得很好，经过一定的时间后，自家造的酒会发生酸败，酒的质量就不好了，这样的酒也不能出售，但是不应该禁止农家造酒。</td><td>文中写到制造浊米酒也很好，制造有什么捷径应该介绍。</td></tr>
<tr><td>在日本不能自家造酒，连干的劲头也没有了。</td></tr>
<tr><td rowspan="2">3.《现代农业》2003年5月号特集中刊载“因为感兴趣而不停止做的自然农业”的内容，您的看法是什么？</td><td>杂志中经常刊登有无农药的报道，现在，我们很关心无农药生产出来的农产品，这种农产品售价高。</td><td>使用农药，稻田里就没有杂草了，减少农药的使用，稻田里就会长杂草，除草是非常浪费时间的。但是即使这样，与以前相比，使用农药的量还是减少了。</td></tr>
<tr><td>采取无农药、有机农药栽培技术的农家，可以自己销售。但即使考虑到栽培方法，如果在大米销售中心混杂一起销售时，和一般的米没有什么两样。</td><td>杂志中关于减少农药、无农药生产写得简单。个人销售时，能否收回成本，经济上合算与否，这些内容没有写。考虑个人销售如果没有一个组织在运作是行不通的，农家自家是做不成的。</td></tr>
</table>

续表

<table>
<tr><th>设问</th><th>专业农家</th><th>兼业农家</th></tr>
<tr><td rowspan="4"></td><td>快乐又能努力从事农业生产，这样结合是非常重要的。</td><td>消费者对于农业、农药理解不够，那么实际上进行少农药生产，也不能卖出好价钱。</td></tr>
<tr><td>想详细了解国外农药的使用方法。关心无农药生产的甜瓜和蔬菜销售的价格会不会高。也想做无农药生产，但是个人销售很难，想尝试少农药生产。</td><td>少农药生产出来的米卖不出高价。消费者买便宜的米，种植了少农药生产的作物也是一样，就没有人愿意做减农药生产了。</td></tr>
<tr><td>考虑怎样使用农药最好，看到特集中介绍的方法，按照文中的介绍开始使用。</td><td rowspan="2">普通栽培情况下，使用允许使用的农药量，吃这样的米对人也没有损害。那为什么还一定要吃减农药米呢？对此不太理解。</td></tr>
<tr><td>希望生产出生产成本低、安全、安心的农产品。</td></tr>
<tr><td rowspan="3">4.《现代农业》2003 年5月的《主张》专栏里“桶稻在当地学校和农村推广”的内容，您是怎样看待的？</td><td>桶稻很方便做，而且桶稻的生命力很强，这种活动可以体验土地和田间劳动的深刻含义。</td><td>让孩子们保持一种对农业关心的态度，这是件好事。</td></tr>
<tr><td>做这种活动很必要，我们这里的小学也进行大豆栽培活动，并自己做豆腐。有的学校还开展合鸭农法活动。</td><td>孩子们有必要关心农业。在鹤冈市建立淘气包教室，这是一种很好的形式。一年开展几次活动。亲子50人一期，这种事也是有必要做的。</td></tr>
<tr><td>孩提时不能所有的事情都亲身体验，为了防止偏差，进行各种各样的体验是有好处的。</td><td>普遍认为这种事是件好事。</td></tr>
</table>

设问4的内容调查提倡建立“农业小学”，为孩子们提供更多

的接触土壤、农作物、生物和更加丰富的农业体验的机会，以孩子为对象在各地开展体验型农业和农业教育活动等。对于上述问题受访农民整体表示赞同。这也体现了农民们希望把农业的重要性传递下去。有农民建议创办娱乐教室，一年内举办数次，以亲子的方式，50人左右为一期，并推广此类自然体验活动。调查对象都明确表示赞同举办以学校、地方、家庭联合的、以“食”为主题的健康饮食文化活动。

第6节 农民读者的期待

从表5-9可以看出，调查对象的大部分都期待看到《现代农业》刊载农业专家提出的省力栽培方法，或了解新技术方面的内容，包括专业农民与农业专家交流的事例。在第4章关于《现代农业》的论述中，从20世纪60年代开始就把刊载的内容改为关于农业生产的话题。实用的农业技术，尤其是种稻技术占的比重非常大，这是应广大农民读者的要求做出的改变。不仅是那些想要种植水稻技术的农民在读《现代农业》，就连那些在考虑减少稻作耕种面积，转向以畜牧业为主的农民也继续购买并阅读。“这份杂志中畜牧的内容不多，但是读着很有意思。”（农家谈）有一直保存着上世纪80年代《现代农业》生产特集的农民，也有读了杂志介绍的疏植栽培技术，前去拜访交流的农民。合鸭使表层草减少，改善施肥的最新知识，以及减农药、低农药、省农药的大米高价销售的内容等，农民读者都非常关心，很多人希望通过此杂志将更多的具体方法讲出来。

对于专业农家，期待看到地域环境的改善、地域农业的振兴。

在对《现代农业》的增刊和特别号留下最深印象的内容是什么这一问题的回答里，好多回答都是“没买增刊或特别号，具体的记不住了”。一户专业农家对2003年2月刊中的《地域再生——农村的生活结构改造特区》这一报道记忆深刻。《现代农业》杂志在农民中是订阅发行的，但是《现代农业》的增刊或特别号一般是单独零售，农民也就没有单独购买。不过，有关改善地域环境的内容，大多数农家有较高的期待，详情见表5-9。

表5-9　对《现代农业》内容的期待

期待的杂志内容	专业农家 10 户		兼业农家 5 户	
	户数	期待内容	户数	期待内容
农业生产	10	新技术，省力栽培技术的信息（直播栽培、插秧），防除的成本。	5	新技术，省力栽培技术的信息（直播栽培、插秧），农用直升机，山菜。
农业政策	7	农药政策，大米价格变动，地域生活，自治体的合并，农协的合并。	3	农药政策，降低生产成本的农业。
世界农业	5	更详细介绍稻作种植的内容。	2	国外农药的使用情况。
经营	8	农产品的更好经营方式，有组织的营销方式，减农药作物的销售，货款的回收，网上销售。	3	毛豆的高价销售，通过什么组织销售大米，委托货款的回收。
环境	9	从地域开始的农业的再生，农业结构的改革特区。	3	地域环境，观光农业。
生活	4	以地产为目标的加工品。	1	咸菜制作和保存方法。
其他	5	关于农业、农村更广泛、更深入的内容。	1	机械信息，法律咨询，税金，庄内的事。

正如第4章描述的那样，从20世纪70年代开始，《现代农业》就一直批判农业近代化路线的规模扩大化和减少稻作耕种面积，一直重视稻作，持续抵抗近代化路线扩大化，倡导保护农业及环境。也有因对这一理念有同感从而开始订阅《现代农业》的农家。“第一次减少耕种面积时，为了获得方针性的信息而开始订购并阅读的。”（农家谈）也有农家记得1988年1月号的《批判支持减少耕种面积的农民》一文，认为这一言论有点说得太过了，认为农民是为了生活而从事农业劳动的，因此“国家政策允许进口，也领取了补偿金，这是没办法的”（农家谈）。对于所谓的农政的方向，一般是和农文协的考虑一致，如面临的轮作情况。即使《现代农业》的想法是正确的，总是为农业、农民的现在和将来着想，但是这些想法有时被看作太天真甚至死板，与现实不相容，有时也难以适从，这也是现实。

对于农法问题，《现代农业》杂志一直主张自然农法，虽然获得认同，但是由于在现实中比较费时，而且作物价格高就不容易卖，因此不使用农药的人很少。2002年由于使用未注册农药的问题被媒体大肆渲染，消费者表示不信任农民的时候，《现代农业》12月刊紧急登载特集受理了“未注册农药”这一问题。客观地报道了引起这一事件的原因，对农民所处的状况表示理解，阐述了“此次事件，如果把责任全部推到农民身上是很苛刻的”，“农民的意识有问题，农药取缔法本身也有问题，研究者、指导者也有责任”。同时反复向农民们阐述农药的危害，鼓励农民“种植健康的好的作物”。在调查中农民们“相比以前正逐渐减少使用农药”（农家谈），也渐渐提高了对农药的认识。有农家希望《现代农业》关注并调查有关农药喷洒以及残留的问题。

第7节　讨论

整理上述结果可知，调查对象对用于农业的实用技术信息更感兴趣。尤其是专业农家，更容易接受刊载农业生产技术的《现代农业》。对农业生产技术和环境等抱有很高期待，是专业农户坚持阅读《现代农业》的主要原因之一。由于兼业农家的农业劳动时间不充足，因此在实际生活中引进新的农业生产技术比较难，但是，也能够看出他们对此抱有浓厚的兴趣。可以推断，在当今日本农村，《现代农业》的读者对象以专业农家为主，农业出版业的主要服务对象也将是以专业农家为核心。

此外，非农业家庭也可津津有味地进行阅读是《现代农业》的一大特点。30年前为种植水稻开始阅读该杂志的农家，后来虽然因减少耕作面积而将农业重心转移，但是仍保持继续订阅该杂志的习惯。

各个时期的人关心的报道可能不同。调查显示，祖父辈和父辈特别关注传统种植生产技术和农耕方法等内容，而子辈则对收益性高的作物更有兴趣。全部农家对《现代农业》的满意度较高。“想我们之所想”，这是受到多数农家特别是专业农家欢迎的原因。

《现代农业》在面向农家发布农业技术和生产事例等具体信息时，也要针对农业结构的改变转换自身的出版定位，其立足点始终面向农业和农家，并充分理解农家的立场。《现代农业》一直追求农产品的安全性，坚持农业与生存环境共存的理念，对农家的创意和在实践中悉心钻研开发出来的技术（如有机农业和稻鸭共作等），给予足够的尊重并对其进行整理、总结，积极宣传推广。综上所述，在各类媒体发达的日本社会，农业出版新闻事业肩负着作为农家精神支柱的使命。农业出版与农家的这种依托关系，也可以作为一个重要的社会学课题进行研究。

通过《现代农业》，可以感受到农文协传递出来的出版理念，那就是，把农业在社会生活中发挥的多重作用，从社会生活中充分提炼出来，进行研究，这是非常重要的。依托被称为“思考型媒体”的图书，通过健康和饮食内容的出版向更广泛的读者层渗透自然观和自然法则。国民生活的多样化涉及基本的衣、食、住，尤其是在食和住方面，与农业的相关性更密切。农业出版要理解农家的既有立场，在达成共识的同时，看清未来，在变化激烈的农业环境中，努力继续开展出版活动。

为了持续发展作为重要产业之一的农业，也为了使农家和国民有更高质量的生活，日本的农业出版者倡导基于食与农、生活与农而展开出版活动，这种具有社会公共意识的理念有助于推动农业出版事业的发展。

当然，日本文化对日本阅读也有深刻的影响。作为被大海环抱的岛国，日本气候宜人，适于居住，非常适合人类与自然的和谐友好相处。这也造就了日本文化中顺应自然，与自然共生、共存的文化特性。

附：对庄内地区有30年阅读《现代农业》经历的农家进行调查的内容。

一、从什么时候成为《现代农业》杂志的读者？请问成为读者的主要原因是什么？

（主要原因：1.社会　2.技术　3.兴趣与娱乐　4.其他）

请具体回答：

二、对现在的《现代农业》感兴趣的内容是（可多选）：

1.主张　2.生活宝库　3.特集　4.稻作　5.蔬菜、花卉　6.果树　7.特产　8.畜产　9.卷首特集　10.说东道西　11.浪漫和科学　12.农法知识　13.机械信息　14.彩色绘画　15.家庭经营协定　16.法律咨询　17.电脑

为什么？

三、《现代农业》对您有怎样的帮助？怎样影响到农业生产与经营管理？

四、对于日本农业的现状，《现代农业》登载了以下内容，您如何考虑这些问题？

例1.《现代农业》1979年11月特集关于“从石油危机到粮食危机”的内容，对您有怎样的影响？

例2.对于种稻农家的内容：《现代农业》1987年9月特集大米价格下跌时代的另一个动向——大米可以卖高价，您对这样的内容有兴趣吗？您会继续种植水稻吗？阅读《现代农业》，对您的种稻技术、经营管理与今后的发展带来什么样的影响？

例3.1989年9月初签订日美结构协议时，《现代农业》9月刊载《世界各地的农民联手改变农政》一文，您对这样的内容有何思考？

例4.1980年2月《现代农业》刊载《老年人开拓未来》，对此内容，您有何看法？

五、近期《现代农业》中的《主张》《生活·经营·地域》《卷首特集》等栏目内容，给您印象最深的是哪一个？

2003年5月刊的栏目中出现过的：

例1.2003年5月刊《现代农业》提倡“自给自足”。例如《自给自足家庭有活力》，对“钱也要‘自给自足’”。您是如何考虑的？

例2. 2003年5月刊《现代农业》中关于韩国大幅度修改《酒税法》，支持多样造酒方式的内容，您怎么看？

例3.2003年5月刊《现代农业》特集中因为感兴趣而不停止做的自然农业、继续使用天然农药的内容，您是怎么看待的？

例4.2003年5月刊《现代农业》《主张》专栏中桶稻在当地学校和农村中推广的内容，您是怎么看待的？

六、对您来说《现代农业》怎么样？

七、您对《现代农业》的内容满意与否？

1.不满意　2.不太满意　3.满意

具体意见：

八、农文协认为“农民不读书，不是农民不好，而是书不好”。您如何看待这一说法？

九、您期待《现代农业》内容侧重哪方面？（可多选）

例：1.农业生产　2.经营　3.生活　4.环境　5.世界农业　6.农业政策　7.其他

十、请说一说近期《现代农业》的增刊（特别号）给您留下最深印象的内容是什么？

记录

访问对象：

○户主　○非户主　○男　○女

职业：1.专业农家　2.兼业农家

年龄：1.16～19岁　2.20～29岁　3.30～39岁　4.40～49岁　5.50～59岁　6.60～69岁　7.70岁以上

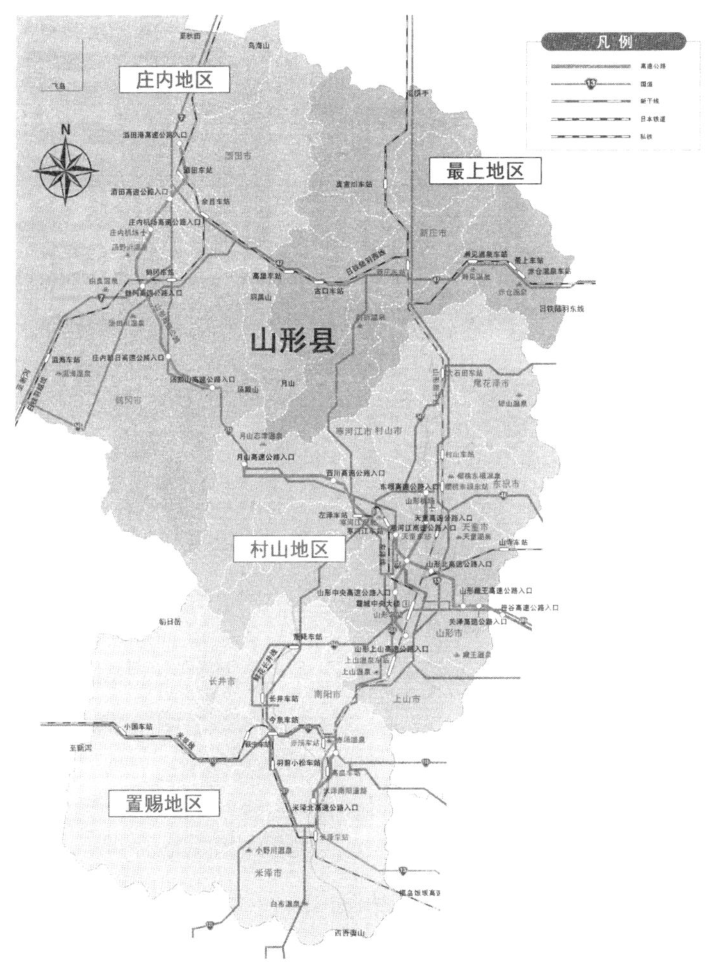

注：地图来源于日本山形县观光交流宣传单（部分）。

庄内农家图书（调研时拍摄）

第6章　小结以及今后的课题

战后日本农业发生了巨大的变革，在这样的变革过程中，日本农业出版是如何与日本农业、农家和社会保持着密切的关系，同时，又是如何发挥出版媒体应有的作用和机能，本研究希望能提供一些启示。

本书第1章从书籍、杂志作为媒介的一种形式着手分析，认为书籍杂志的作用不仅仍存在，而且随着公共媒体的发展，非广告出版媒介的作用会一直被重视，并不断地被重新认知。以《中央公论》《文艺春秋》《世界》等杂志为具体事例，认为出版物作为媒介确实有其独特的机能。又从农业出版物的一般性出发，对战后农业出版所经历的过程和现状进行了分析探讨，展示出农业出版在发挥其他媒体所拥有的机能的同时，发挥着其特有的持续承担着引导舆论重视农业农家的媒介作用。日本研究农业出版媒体功能的文献不多，把农业出版与日本农业、农家进行对应研究的则更少。本书尝试对日本战后五十年间农业出版的变化和职能进行实证性调查，把农业动向和出版动向两者叠加，以期研究农业出版新闻事业的社会作用。

本书第2章概括描述了日本战后农业的变化、农家层面的动向、农民所得的变化、农业后继者的动向等农业状况。将日本农业出版在出版中所处的位置做了梳理，重点对农业出版把握农业整体动向，借助出版物的载体路径向农家及时传播并与其互动的行为进行了分析。日本战后经济高速增长之后，农业的相对地位明显下降。农业劳动力大量向其他产业流出，单位收入增加的另一方面，是伴随着农业的近代化出现了各种各样的问题。特别是大量发生的农药污染等农业公害问题，已经不仅仅是作为农业问题被提出，而且是作为与农业整体相关的社会问题不断地显现出来。消费者比以往更加关心农作物的安全，越来越多的人选择在直营所进行购买农产品。人们对食品安全的认识进一步提高，也可以说人们已经开始自觉地把农业课题作为社会问题进行思考。“以消费者为轴心的农政”也是其中典型的新课题。农业问题不能仅仅被视为农业领域的问题，而是要从世界与日本社会的动态中捕捉、综合地分析其中的问题。在面对日益变化的农业局势时，重视从这样的角度来考虑问题是很有必要的。

在这样不断变化的农业趋势中，农业出版物的动向也值得关注。从战后到1950年，对象为农村、农家的农业专业性综合出版社的数量是非常少的。农业书籍在1945年出版了34种，1950年新版和再版合计出版了383种；到1953年，农业书籍的新书出版量为342种，占当年新版总书籍的3.39%，是历史最高值。可以说这是作为内容供给方的出版社将精力集中在农业领域的结果。农业技术信息，是日本战后重建复兴期促使粮食产量增加的不可或缺的要素。

从经济高速增长的1960年开始，是以农业、农家为对象的农业出版基础动摇时期。农业相关联的出版社、出版物纷纷退出，刊物不断停刊，农业书籍的新书出版量占总书籍出版量的比例大幅度降低。但是，其中面向农民的月刊《家之光》却依然在月刊中居于发行量最高的位置，农文协的《农村文化》更名为《现代农业》后，改变编辑方针，更加重视生产技术，发行量得以稳定。

1970年以后，可以发现，在农业的相对地位持续剧烈下降的状态中，存续的农业出版不断地应对农政、农业多样变化的同时，精准、深度地为读者提供他们关心的话题和内容，维系着和读者的联系。农业书籍出版量与其他领域书籍出版量的增加率相比较，也是在不断地增加。一般市面销售农业杂志呈现稳定状态的同时，农业学术杂志增加也是这个时期的特征。这可以说是从农业问题研究向更深、更宽广的领域展开的结果。特别是近年许多出版物涵盖了与食品安全相关的内容，并拓展到使生活更加充实的园林园艺等领域，反映出了近年国民生活的多样化。比如刊登了人们对疯牛病、病原性大肠杆菌等更加关心的食品安全问题，使农业出版的视点不再局限于农业、农家相关的内容，而是多角度地刊发涉及国民生活安心、安全的内容。在农业激烈的变化中，农业出版物以农业为立足点，将目光向国民生活转移。这些方面的表现，可以说是战后农业出版物积极作为的一面。

但是，在进一步梳理读书环境，比如图书馆和书店等设置状况时，很难说读书环境的变化是令人满意的。特别是在日本的食物重要供给基地关东地区，农村中书店很少，想读的书很难找到。这种情况当然会对农业相关书籍的购买有相当消极的影响。

本书第3章以农村为对象，以家之光协会每年实施的“全国农村读书调查”这样珍贵的调查数据为样本，按照时间进行整理和分析。从中得出相当有意义的结论，总结为以下7条：①农业相对低下的情况下，农家综合阅读率并未大幅降低；②包括“每期阅读+经常阅读”和“每期阅读”排名前十的杂志在内，农业杂志的平均订阅数量与一般月刊的平均订阅量相比较，可以看出，在农村两者的订阅量的差距呈现逐年缩小的趋势；③排名前10位的杂志中，农业杂志的种数在20世纪70年代以后有所增加，可以看出在农家的杂志订阅量持续下降的状态中，农业相关杂志的订阅量却有所增加；④可以看出，农家购买书籍、杂志的费用与食物、衣物、住居等其他费用相比，在不稳定的状态中仍然持续增加，农业者的订阅量呈现上升趋势；⑤男性与女性相比，农家女性的阅读率高于男性，2002年女性的阅读率比男性高9%，表现出女性的农业就业率以及作为基本的农业从事者，呈现逐年增加的趋势，这与阅读率也是成正比的；⑥对农家的每日书籍、杂志的阅读时间进行考察，发现年龄与读书时间呈反比的现象，从战后到现在没发生很大的变化，2001年50岁、60岁人群的读书时间开始显现出增加趋势。虽然其中大部分人会看电视，但是阅读杂志、书籍的人和不阅读的人有很大的差异，读书和不读书的分化倾向加大，可以预料农家读书层的分化也会对农业经营意识产生影响；⑦从职业来看，学生的阅读时间通常为最长，但每日的读书时间在逐年递减。近年，农家和工薪者的读书时间比以前有所增加。

由此表明，在农业的结构危机、过疏化、高龄化问题严重的农村，在社会全体“疏离纸媒”的形势下，对农业依然保持高昂的热情、持续保持农业杂志、书籍的购买阅读欲望的农业者仍然存在。农业出版者在应对农村、农业的变化中，以不断的创意和努力，使出版物内容呈现多样性，保持着与相对稳定的读者的联系，维系着农业出版事业的持续发展。

本书第4章以农业专业出版社农文协作为案例进行了考察，研究农业出版者根据农业、农政、农家的变化，展开多样性的出版活动，并努力浸润到与国民生活密切相关的农业领域。

农文协使农家与出版事业直接关联的基本方法就是和农家进行面对面的交流、普及。普及人员与农家接触，把农业、生活等相关内容提供给农家，将农家自己的独特技术、农家的心声通过出版物直接反映出来，充分发挥农业出版新闻媒体的独特功能。

在经济高速发展时期，日本的农业将增加单产作为经济支柱，走上了过度使用化肥、农药的集约化道路。农文协对这样过分依赖化肥、农药的做法，从一开始就在其《现代农业》杂志上连载文章表示反对，将各地由于过度施肥、施药导致土地生产力下降、农药中毒等问题及时地披露出来。《现代农业》杂志的"主张"专栏，并不追随政府政策导向迎合时政，而是对农户进行一家一户的访问，冷静地思考国家利益和农民利益的关系，探寻农业实际应该走的道路，强烈地彰显出独立新闻媒体批判引导和协调社会关系的特殊功能。

比如《现代农业》很早就提出"食农教育"问题，认为"食"是全体民众的生存根本，这个"食"的根源是"农"，发现、营造农村与都市新的联系方式，探索自然与人类二者关系向和谐转变。这种以"食"为农业出版切入点的理念和出版实践，引起了大部分读者的共鸣。[①]

本书第5章对山形县庄内地区已经订阅《现代农业》30年以上的农户进行了走访和问卷调查。结果表明，农业杂志应更多地反映农家对生产技术的需求，以农家身边的事作为主题是农业杂志受到多数农家特别是专业农家欢迎和持续阅读的因素之一。《现代农业》不是只努力迎合国家的政策，而是站在农家的立场，为了使农家的生活、文化或是农业经营活动更加顺利地展开而进行的出版事业。秉承农业中农家的重要性，是农业杂志一贯的宗旨，这是那些常年阅读者的亲身感受。

如上文所述，对于日本多样化的农业、农家、农村社会，农业出版新闻事业的视点由单一"农"的角度上升到考虑国民整体的生存，积极宣传农业所特有的社会重大作用；面对国民生活中的饮食问题，从食和农及生活和农业的关系出发，把食与农紧密地结合

①2005年日本通过《食育基本法》之后，农文协一直倡导的"食农教育"引起城市消费者的关注，城市与农山渔村的交流与共生活动也更加频繁。

起来。农业出版立足这样的角度，总体把握这样的出版方向，显示出这一时期农业出版的独特之处。

想读者所想，对读者希望了解的内容带着真诚姿态进行正确的快速报道；对于必须让读者了解的信息，不迎合农政体制而进行如实报道。这样忠实地履行媒体的担当责任，数十年坚持守护农业、农家，正是日本农业出版新闻事业得以存在下去的原因吧。

当然，所谓理想的“守护农业”的方式，事实上与农家想要的也并不完全一致。但是为了生活，经营农业的农家经常把自己的心声交于农业出版媒体，即便农家的心声在社会还处于不能引起强烈共鸣的时代，农家为了保护自己的生活而做出的努力已经超越了当时的限制。也可以说，这样强烈的农家觉悟和对农业出版新闻事业的接受，也支持了农业出版新闻事业的持续。

当然，农业出版新闻事业也面临着各种挑战。例如，对于农业结构改革政策，虽然一贯站在农家的立场上，但事实上能够让社会完全理解农家所处的环境是不可能的。不过，在社会大环境对农业的存在依然置之度外的困难环绕的社会状况下，农业出版作为农民的精神支柱的作用是显而易见的。

为了使国家重要产业之一的农业继续存在下去，为了让农家生活得更好，日本农业出版从食与农、生活与农业的出版理念出发，以农业出版新闻事业所特有的媒体视角，做出了积极的反应。具体到农文协，出版活动已经不限于农业出版物的出版，而是围绕农业、农家、食品、教育、环境等各方面开展实践活动，对农业、农家的长久续存和国家的稳定，显现出非常有益的社会作用。如果从出版自身来说，也表现出农业出版自身不断进行思考，以一以贯之的理念，直面现实当中的问题，不断自我发展的过程。

这里并非单独标榜作为农业出版新闻事业的作用，而是用社会学方法研究媒体如何就农业问题和农家需要，向全社会持续普及农业出版新闻事业所抱持的理念和价值观。在追求社会安定和持续发展的21世纪，世界安宁的基础条件可以说是本国农业的确立。虽然农业在各产业中所占比重很小，但引起世界各地发生的社会行为却很大，反全球化运动就是其中之一。农业出版新闻事业能够在某些方面起到更深入、更巨大作用的可能也是存在的。

需要说明的是，本书虽然总体概述了战后一个时期日本农业出版新闻事业的变化，但是事实上，在概述过程中，基于日本农业出版机构的实态和变化过程的资料把握（出版史）在过去是非常艰难的。关于日本出版事业的研究，其成果在某方面也表现出主观性较强，即使客观的先期理论研究，也不能说充分适用。另外，在日本已经公开的出版事业研究成果中，关于农业出版事业的信息并不多见。详细资料的缺乏，在某种程度上限制了出版多样性的研究，本书深感这种限制。特别是在写作时，没能找到日本关于农业出版新闻事业的完整记载，因此，想要全面准确把握农业出版新闻事业的总体变化还是有些困难的。不得不说本书在这方面受到了一定程度的限制。

因此，本书没有研究更多的农业出版社，而是以从战后起至20世纪末长期秉持农业出版新闻事业的独立视点、坚持与农家密切联系为编辑方针的中等规模出版社——农文协为研究对象，这样的研究能够更加深入，更显示出以独立自主的农业出版媒体视点为目标的独特性。农文协以其思想性、批判性为特性，以真挚的姿态存在于农业、农家中。今后，在这个领域中，这种出版特殊作用的扩展研究，依然有推进的必要。

战后日本农业出版是本书研究的课题，但不可否认，针对战后农业出版的全面考察和细微地方的研究还不够充分。譬如，在农业书协会中的其他农业出版机构对农业出版物持有的态度，会怎样影响农业出版等，把这些课题各自作为一个独立的研究主题进行社会学研究，应该是今后可以继续进行的。数据的采集基本限于战后至20世纪末期，未涉及到农业出版持续发展的21世纪，留下了新的研究空间。另外，如果今后有机会，能够对比分析日本和中国农业出版事业的差异特色，在两国农业交流活动中对两国农业出版新闻事业的特点进行社会学考察，也应很有意义。

参考文献・资料一覧

（为了便于查阅，列出参考文献原文）

第1章　绪论

1.安藤直正:「雑誌の編集—編集者の回想」,『出版研究』3号, 1974.

2.青木保·川本三郎:『知識人』, 岩波書店, 1999.

3.青木春雄:『現代の出版業』, 日本エディタースクール, 1975.

4.伊藤陽子:『21世紀のマスコミ——出版』, 大月書店, 1997.

5.板垣邦子:『昭和戦前·戦中期の農村生活－雑誌『家の光』にみる－』, 三嶺書房, 1992.

6.『ウェブスター英英和辞典』, 日本ブリタニカ, 1972.

7.『ウェブスター氏新刊大辭書』, ゆまに書房, 1995.

8.Webster's new elementary dictionary.G. & C. Merriam Company.1993.

9.植田康夫:『現代の出版—この魅力ある活字世界』, 理想出版社, 1980.

10.植田康夫:「『戦後』に対処した出版人たち」, 南博·社会心理研究所,『続·昭和文化1945－1989』, 勁草書房, 1990.

11.香内三郎：『現代メディア論』，新曜社，1987.

12.城戸又一：『講座現代ジャーナリズムIV　出版』，時事通信社，1973.

13.記田順一郎：『本の情報事典』，出版ニュース社，1986.

14.近藤康男：『農文協五十年史』，農文協，1990.

15.『現代農業』増刊号，農文協，1980～2000各年版.

16.佐藤毅：「戦後ジャーナリズム論」，『新聞学評論』18号，日本新聞学会，1969.

17.七戸長生：『農業機械化の動態過程』，亜紀書房，1974.

18.清水英夫：『現代出版学』，竹内書店，1972.

19.清水英夫：『出版業界』，教育社，1978.

20.清水英夫：『言論法研究—憲法21条と現代』，学陽書房，1979.

21.清水英夫：『情報と権力』，三省堂，1984.

22.「出版教育の可能性をめぐって」，『出版教育研究所会報』1号，1988.

23.『出版年鑑』，出版ニュース社，1946～2001各年版.

24.「戦後平和論の源流」，『世界』創刊40年記念臨時増刊号，岩波書店，1985年7月.

25.「戦後40年の日本」，『世界』創刊40年記念号，岩波書店，1986年1月.

26.田中浩：『ジャーナリズムの政治的機能』，御茶の水書房，1982.

27.露木茂：『メディアの社会学』，いなほ書房，2000.

28.Dennis, E. & Merrll J.C., Basic Issues in Mass Communications: A Debate, New York:Macmillan, 1984.

29.永嶺重敏：『雑誌と読者の近代』，日本エディタースクール出版部, 1997.

30.日本文化会議:『日本におけるジャーナリズムの特質』, 研究社出版株式会社, 2000.

31.『日本における出版教育』, 日中出版研究者交流会議報告, 1990.

32.野崎賢也,『家の光』と農文協にみる農村文化論　—「文化生活」と「生活文化」のあいだ—」,『近代日本文化論5　都市文化』, 岩波書店, 1999.

33.野本京子:『戦前期ペザンティズムの系譜——農本主義の再検討』, 日本経済評論社, 1999.

34.『農業白書附属統計表』, 平成9年度, 農林統計協会.

35.原寿雄:「活字ジャーナリズムの責任」,『世界』(増刊), 1993.

36.原寿雄:『ジャーナリズムの思想』, 岩波書店, 1997年4月.

37.内川芳美:『平凡社世界大百科事典』, 第12巻, 平凡社, 1990.

38.藤井隆至:『日本農業新聞雑誌所蔵機関目録』, 日本経済評論社, 1986年.

39.Beam,Randal A,Journalism Professionalism As An Organizational-Level Concept,Journalism Monographs 121,1990.

40.箕輪成男:『出版学序説』, 日本エディタースクール出版部, 1997.

41.吉田公彦:『名著の履歴書—80人編集社の回想』(上、下), 日本エディタースクール出版部, 1971.

42.诸葛蔚东:《战后日本出版文化研究》, 北京:昆仑出版社, 2009.

第2章　农业出版新闻事业的发展历程

1.石塚正成等:『図書館と社会』, 日本図書館協会, 1970.

2.犬塚昭治:『食糧自給を世界化する』, 農文協, 1993.

3.漆原康:『稲作農業と米価問題』, 全国農業会議所, 1994.

4.小出鐸男:「出版業と産業化の実証研究」, 『出版研究』, 講談社, 1986年, No17.

5.小川菊松:『出版興亡五十年』, 誠文堂新光社, 1992.

6.大内力:『農業の基本的価値』, 家の光協会, 1990.

7.梶井功:『農業の基本法制』, 家の光協会, 1992.

8.梶井功:『新基本法と日本農業』, 家の光協会, 2001.

9.北出俊昭:『日本農政の50年』, 日本経済評論社, 2001.

10.「学生生活実態調査」, 大学生協, 1987～1997各年版.

11.「現代の読書と教養案内」, 『自由国民』, 自由国民社, 1950.

12.小池恒男:『激変する米の市場構造と新戦略』, 家の光協会, 1997.

13.河野修一郎:『日本農薬の事情』, 岩波書店, 1991.

14.清水英夫:『マスメディアの自由と責任』, 三省堂, 1992.

15.出版ニュース社編:『出版データブック』, 出版ニュース社、2002.

16.出版教育研究所編:『出版界はどうなるのか』, 日本ディタースクール出版部.

17.田代洋一:『農業問題入門』, 大月書店, 2003.

18.馬場啓之助:『日本農業読本』, 東洋経済新報社, 1964.

19.大成出版社編:『わかりやすい食料·農業·農村基本計画』, 大成出版社, 2000.

20.竹中久二雄, 西山久徳:『農業政策と農業法制』学陽書房, 1985.

21. 玉眞之介,『農家と農地の経済学』, 農文協, 1994.

22. 綱島不二雄,「農協系統の強い肥料市場」(宮崎宏等,『食料·農業の関連産業』), 農文協, 1990.

23. 暉峻衆三,『日本の農業150年——1850～2000年』, 有斐閣, 2003.

24.『図書館はいま—白書·日本の図書館2002—』, 日本図書館協会, 2002.

25. 長岡義幸:「特集　異色出版社の研究」,『創』, 1996年10月号.

26. 中安定子:『農業経済研究の動向と展望』, 富民協会, 1996.

26. 日本書店商業組合連合会21世紀ビジョン委員会,「書店21世紀ビジョン報告」,『出版年鑑』, 2001.

27. 日本農業研究所,『日本農政·農業技術50年史』, 1992.

28. 日本農産物市場学会,『激変する食糧法下の米市場』, 筑波書房, 1997.

29. 農林水産大臣官房調査課,『農業·食料関連産業の経済計算』, 平成9年度.

30. 三国英実等:『日本農業の再編と市場問題』, 筑波書房, 2001.

31. 橋本寿朗:『戦後の日本経済』, 岩波新書, 岩波書店, 1995.

32. 福島重郎:『戦後雑誌発掘』, 洋泉社, 1985.

33.『山形わがまち100の指標』, 2003年.

34. 山本明等:『図説日本のマス·コミュニケーション』, 日本放送出版協会, 1987.

35. 持田恵三:『日本の米』, 筑摩書房, 1990.

36.「全く読書せず」,『朝日新聞』, 2003年6月20日.

37. 吉田俊幸:『米の流通「自由化」時代の構造変動』, 農文協, 1990.

第3章　农业出版和农家订阅动向
——家之光协会《农村与读书》分析

1.赤嶋昌夫:『日本の農村』, 創森社, 1995.

2.家の光協会:『農村と読書』, 1946～2002各年版.

3.稲葉三千男:「マス·コミュニケーションの伝達過程」,『東京大学社会情報研究所紀要』12号, 1963.

4.稲葉三千男:『現代コミュニケーションの理論』, 青木書店, 1975.

5.池田恵美子:『出版女性史一出版ジャーナリズムに生きる女性たち』, 世界思想社, 2000.

6.小谷正守:『消費経済と生活環境』, ミネルウァ書房, 1999.

7.清水英夫:『現代出版学』, 竹内書店, 1972.

8.関哲夫:『男女共同参画社会』, ミネルウァ書房, 2001.

9.総理府編:『女性の現状と施策—世界の中の日本の女性』, 大蔵省印刷局発行, 1994.

10.竹中恵美子:『労働力の女性化』, 有斐閣, 1994.

11.竹中恵美子:『女性論のフロンティア』, 創元社, 1995.

12.廣瀬英彦:『現代メディア社会の諸相』, 学文社, 2003.

第4章　面向农家的农业专业出版
——农山渔村文化协会的事例

1.青木春雄:「出版経営(試)論」,『出版研究』1号, 1970.

2.植田康夫·清田義昭·篠田博之:·メガヒット現象と深刻化する出版不況,『創』, 2000年4月号.

3.『小倉武一著作集』, 第8巻, 農文協, 1982.

4.門奈直樹:『ジャーナリズムの現在』, 日本評論社, 1993.

5.「片倉イナ作」,『現代農業』, 1964年7月号～1965年1月号.

6.北出俊昭:『日本農政の50年』, 日本経済評論社, 2001.

7.研究集団·コミュニケーション,90,『マスコミの明日を問う(出版)』, 1998.

8.『キネマ旬報』, 1973年2月号.

9.後藤将之:『マス·メディア論』, 有斐閣, 1999.

10.近藤康男:『農文協五十年史』, 農文協, 1990.

11.近藤康男:『農文協五十五年略史』, 農文協, 1995.

12.近藤康男:『農文協六十年略史』, 農文協, 2000.

13.国際出版連合大会報告文,『出版人の養成』, 1976.

14.生源寺真一:『農政大改革　21世紀への提言』, 家の光協会, 2000.

15.『出版ダイジェスト』, 2003年10月11日.

16.進士五十八:『農の時代』, 学芸出版社, 2003.

17.玉真之介:「東北農文協の組織形態再編の提案」,『東北農村文化運動』, Vol.2, 1999年.

18.綱島不二雄:「農協系統の強い肥料市場」(宮崎宏等:『食料·農業の関連産業』), 農文協, 1990.

19.「農政の焦点　近代化路線にまどわされるな!」,『現代農業』, 1970年2月号.

20.農文協編:『農文協四十五年略史』, 1985.

21.農文協編:『農文協刊行図書年表』, 1990.

22.『毎日新聞』: 1982年10月2日.

23.三国英実等:『日本農業の再編と市場問題』, 筑波書房, 2001.

24.渡部忠世等:『日本農業への提言ー文化と技術の視点からー』, 農文協, 2001.

25.渡辺武達:『ジャーナリズムの倫理』, 新紀元社, 1988.

第5章　农家对农业出版的反应
——来自庄内地区的《现代农业》农家读者调查分析

1.赤嶋昌夫:『日本の農村』, 創森社, 1995.

2.岩谷幸春:『現代の米価問題』, 楽游書房, 1991.

3.江波戸哲夫·小若順一:『コメ自由化の落とし穴』, 毎日新聞社, 1991.

4.大野和興等:「『安全な食べ物』は得られるのか」,『世界』, 2002年4月号.

5.近藤康男:『農文協五十年史』, 農文協, 1990.

6.七戸長生等:『農業の教育力』, 農文協, 1990.

7.村落社会研究会:『現代農村の家と村落』, 農山漁村文化協会, 1989.

8.竹中恵美子·久場嬉子:『労働力の女性化』, 有斐閣, 1994.

9.「特集　異色出版社の研究」,『創』, 1996.

10.農文協論説委員会:「主張　新しい自給生活を創り出そう」,『現代農業』, 1970年4月号.

11.山田博史:「農産食品の安全性と残留農薬」,『食品と科学』, 1989年1月号.

第6章　小结以及今后的课题

1.犬塚昭治:『食糧自給を世界化する』, 農文協, 1993.

2.植田康夫:「出版の文化的役割と出版文化の再生」,『放送学研究』41号, 1991.

3.植田康夫:「90年代の『読者論』と『読書論』」,『出版研究』33号, 2002.

4.大石裕:「日本ジャーナリズムの理論的課題」,『政治·社会理論のフロンティア』慶応義塾大学法学部政治学科開設百年記念論文集, 1998.

5.大井眞二:「ジャーナリズム意識の研究—米ジャーナリスト研究のインプリケーション」,『マス·コミュニケーション研究』48号, 1996.

6.大井眞二:「マス·コミュニケーション教育の現在」,『マス·コミュニケーション研究』59号, 2001.

7.国際農林業協力協会編:『我が国の農林業開発協力40年史』, 国際農林業協力協会, 1998.

8.篠原孝:『農的循環社会への道』, 創森社, 2002.

9.白鳥紀一:『循環型社会を創る』, 藤原書店, 2003.

10.津金澤聡廣:『現代日本メディア史の研究』, ミネルヴァ書房, 1998.

11.友松篤信:『国際農業協力論』, 古今書院, 1994.

12.藤田康樹:『21世紀への農業普及』, 農文協, 1995.

13.箕輪成男:『「国際コミュニケーション」としての出版』, 日本エディタースクール出版部, 1993.

附录：在日本发表的此课题研究论文

戦後日本の農業出版ジャーナリズムの展開

——農山漁村文化協会（農文協）を事例として—

1. はじめに

出版ジャーナリズムは、その時々の社会状況を反映している。農業出版ジャーナリズムもまた同じである。本稿の課題は、①出版ジャーナリズムの変化の中での農業出版ジャーナリズムの位置変化を検討し、②農業出版ジャーナリズムの中で特異の位置（農家読者との直接対話による普及）を占める『現代農業』の出版動向の分析を通して、農業政策と生産農家を結ぶ出版ジャーナリズムの役割について考察するものである。

戦後、農地改革に伴う自作農の広範な形成、これを基盤にして展開した生産力の上昇、その間、40年代末から動力農機具の導入や肥料生産の増加?投入など新たな生産安定技術の普及が進み、農民は過重な労働から解放され、収量も増加し、稲作などは1ha当たりの生産量では、世界トップクラスの位置を占めるまでに向上した。しかしながら、農業の相対的位置は低下の一途を辿っている。農家の後継者不足、高齢化の深化、耕作放棄地の増大、自然環境や農村景観を破壊し続けてきた深刻な問題などが浮上し、農村崩壊の危機がさけばれるまでに至っている。また、輸入自由化一層の拡大の過程で、食料自給率のさらなる低下に加え、食の安全性に関する諸問題も生じ、農業だけでなく、消費者にもその余波は大きく及ぶ事態となっている。

一方、近年、農業の持つ多面的機能があらためて注目され、農村文化の伝承?景観形成など貴重な副産物を国民にもたらしていることの意義を再確認しようとする動きもある。しかし、現実に、その動きはまだ弱く、広く社会において存在を身近なものとする状況には至っていない。ファーストーフード一方でのグルメブームに代表されるような食生活の展開の中で、食と農の乖離がますます進んでいる。消費者は自分の食べているものがどう作られ、材料はどこから来たのか等々について無関心となっている。しかしながら農業問題は農業分野だけの問題ではなく、世界と日本社会の動きの中で捉えるという視点が必要とされる事態を迎えているのである。

こうした変りゆく農業の流れの中で、農業出版ジャーナリズムはいかなるスタンスを保ってきたのであろうか。今後の農業及びその環境を考えたとき、農業出版ジャーナリズムの役割は今まで以上に新しい展開を模索しなければならないといえる。

そこで、本稿では、農業専門出版の歴史をもつ農山漁村文化協会（以下は農文協と呼ぶ）　を通して、その一つの月刊誌『現代農業』を主として農業に関する出版活動の中で、出版ジャーナリズムは如何なる役割を果たしたのかを考察する。また、農家と農業出版ジャーナリズムに関する接点を具体的に分析するために、農村で30年以上『現代農業』を購読し続けている農家を対象にした聞き取り調査をもとに、これからの課題を明らかにする。

2. 出版ジャーナリズムにおける農業分野の位置

表1は、戦後の書籍の出版状況を分野別に見たものである。全体

として、一貫して「社会科学」「文学」が多くの部分を占めていることがわかる。また、「技術·工学」「自然科学」も常に一定の役割を占めていることも特徴的といえる。その中で農業書籍の位置はあまり大きなものとはなっていない、しかし、農業の相対的位置低下が激しく進行する中でも農業書籍の出版点数が増えていることは注目に値する。

具体的な数値で、部門別に比較して見ると、1950年「技術」と「自然科学」の857冊と904冊は「農業」383冊のほぼ2.2倍と2.3倍である。「社会科学」「文学」「児童」「学習参考」の部門も5.9倍、7.2倍、3.7倍、4.6倍でより多い。しかし、2000年の「技術」「自然科学」の6105冊と5218冊は「農業」の出版点数1032冊と比べて、5.9倍と5.1倍に拡大し、「社会科学」「文学」「児童」「学習参考」はほぼ13.7倍、11.1倍、3.2倍、0.9倍であり、農業書籍の位置の低さを示している。

表1　部門別新版書籍出版点数の変化（冊）

	農業	技術・工学	自然科学	社会科学	文学	児童書	学習参考
1950	383	857	904	2242	2770	1408	1767
1955	299	836	804	1846	3529	1993	776
1960	366	1356	893	2579	2792	1176	779
1965	269	1606	1012	2872	2869	1161	602
1970	333	1933	1427	4262	3593	1407	588
1975	413	2022	1781	4551	4973	1503	836
1980	404	2552	2300	6251	5571	2102	368
1985	529	2657	2605	7118	6290	2310	403
1990	513	3446	2970	9798	8792	2986	689
1995	741	4774	4460	12578	11427	3510	1028
2000	1032	6105	5218	14099	11484	3334	946

注：『出版年鑑』各年版より。

同じ部門で1995年と1950年を比較すると、「学習参考」は71.9%に減少し、「農業」は48.31%増加している。「技術·工学」「自然科学」「社会科学」「文学」「児童」は82.05%、79.73%、82.18%、75.76%、59.87%と「農業」と比較すると大幅に増加している。しかし、2000年の「農業」と1995年と比較すると35.63%増加している。同じ時期に「技術·工学」「自然科学」「社会科学」「文学」「児童」「学習参考」のそれぞれの増加は27.88%、11.70%、12.09%、0.50%、-5.09%、-8.7%となっており、農業書籍より減少していることが分かる。ここから、農業書籍の出版は近年ますます不安定な状態の中で増えていることが見てとれる。

ところで、家の光協会は戦後まもなく1946年に「農村の読書に関する調査（第1回全国の農村読書調査）」を実施している。1947年には「農村の世論調査」として趣旨の異なる調査が行われたが、1948年には「農村の読書傾向調査」、1949年には「農村読書調査（全国読書調査）」が行われ、1950年以降は「全国農村読書調査」という名称で現在まで継続的に調査が実施されている。この調査結果は『農村と読書』という書名で公刊されている。この調査は長期に渡って入手可能な日本唯一の農村を対象とした読書調査であり、大まかな農村読者の傾向を示す貴重な資料である。この調査結果の一つは「毎号読む」月刊誌中で上位10冊の雑誌名をまとめて表示したものが第2表である。

表2を見ると、この間農業雑誌は『家の光』、『現代農業』が安定して上位に位置し、近年『NHK趣味の園芸』が上位10誌に定着し、2000年には『園芸新知識』も加わっている。農業の相対的地位低下の状況下、農業出版ジャーナリズムが農村·農業の変化に機敏に対応していることを読みとることができる。

そのうち、『家の光』の発行部数はいつも1位を占めている。『家の光』は1925年5月に産業組合、現在の農業共同組合の前身の機関誌として創刊された。農山漁村の一般の組合員向けに、家族全員で読める通俗誌を目指した。発行は直接各地の農業協同組合を通して配布するという一般的に書店とは流通ルートが違う形態をとっている。1950年には100万部を発行し、1961年に180万部で日本の月刊誌の史上最高を記録した。これ以降漸減していくことになる。現在は平均約80万部を発行し、月刊誌全体の最高発行部数を堅持している。『家の光』は戦前と戦後において農村の文化生活の向上を目指し深く影響を与えていると思われている。また、農協の影響力もここに見られる。

表2　上位10誌の「毎号読む」月刊誌

	1950		1960		1970
順	誌名	順	誌名	順	誌名
1	家の光	1	家の光	1	家の光
2	主婦の友	2	平　凡	2	地　上
	1950		1960		1970
3	農業朝日	3	婦人生活	3	現代農業
4	リーダイ	4	主婦の友	4	主婦の友
4	主婦と生活	5	婦人倶楽部	5	文藝春秋
6	婦人倶楽部	6	文藝春秋	6	PHP
6	婦人世界	6	明　星	7	主婦と生活
8	平　凡	8	主婦と生活	7	リーダイ
8	農　村	9	地　上	7	婦人生活
10	キング	10	中央公論	10	婦人倶楽部
	1980		1990		2000
順	誌名	順	誌名	順	誌名
1	家の光	1	家の光	1	家の光
2	現代農業	2	現代農業	2	現代農業

续表

	1980		1990		2000
3	地　上	3	月刊少年ジャンプ	3	NHK 趣味の園芸
3	蚕糸の光	4	月刊少年マガジン	4	文藝春秋
5	NHK 趣味の園芸	4	PHP	5	月刊少年マガジン
5	主婦の友	6	NHK 趣味の園芸	6	ESSE
5	主婦と生活	6	婦人百科	7	MORE
8	文藝春秋	6	別冊マーガレット	7	NHK おしゃれ工房
9	別冊マーガレット	9	ESSE	7	月刊少年ジャンプ
9	暮しの手帖	9	ミセス	10	園芸新知識

注1: 資料:家の光協会『農村と読書』各年版より。

注2: 調査対象の母集団は、全国の農業協同組合に加入している組合員世帯の満16歳から69歳まで（1995年前59歳まで）の男女とした。サンプル数は全体で1 000、全国を北海道・東北、関東、甲信越・北陸、東海、近畿、中国、四国、九州・沖縄の8ブロックに分け、各ブロックの正組合員戸数の構成比に応じて1000サンプルを比例配分した。1地点当たりのサンプル数は、各ブロックのサンプル数÷地点数で計算したものを、合計で1000サンプルになるように微調整した。調査対象者は、まず調査地点の正組合員名簿から調査対象世帯を無作為に抽出したうえで，住民基本台帳により1世帯から1名ずつを無作為に抽出した。

『家の光』に関する研究は板垣邦子氏の業績がある。板垣氏は「『家の光』は当初から都市のモダニズムを農村向けに翻案して伝達するという役割を果たしているのであった。そもそもモダニズムを斥けようとするわけではない」と指摘した[①]。また、野崎賢也氏は板垣氏の研究に基づいて、『家の光』を媒体とする「農協文化論」を今後追求していくつもりである文化的な面から、『家の光』と農文協の『農村文化』（『現代農業』の前身）を対比する研究がある。野崎氏は「『家の光』はその歴史を通じて「文化生活」と「生活文化」のあいだのバランスを保っていた」「農村を隅々まで組織化する巨大な存在となった農協について、経済や経営面でなく、文化的な面から分析していかなければならないと考えている」と論じた。野崎氏は自分で『農村文化』の研究は「説明を急いだために論証不足の点がある」と述べている[②]。

農文協の『現代農業』の前身は1926年発行の『農政研究』で、その後『農村文化』を経て、1960年に今の誌名に変わった。『農政研究』の創立者古瀬伝蔵氏の「農本主義」について野本京子氏の研究は、「古瀬は従来の農業政策を批判し、生産農民に主眼をおく農政への転換を求めたのである」と指摘している。『農政研究』の編集方針もこの視点から出発したことになる。[③]また野崎氏は『農村文化』が「戦前の『文化生活』追求から戦後の『生活文化』重視へと大きく転回したのだといえる」と指摘している[④]。

『現代農業』を見ると、同誌は「生産農民に主眼をおく」と「生活文化を重視する」という編集方針を継承しているが、農業の相対的

---

① 板垣邦子、『昭和戦前・戦中期の農村生活－雑誌『家の光』にみる－』、三嶺書房、1992年。

② 野崎賢也、『家の光』と農文協にみる農村文化論　—「文化生活」と「生活文化」のあいだ—」、『近代日本文化論5　都市文化』、岩波書店、1999年、pp. 233 ～ 256参照。

③ 野本京子、『戦前期ペザンティズムの系譜——農本主義の再検討』、日本経済評論社、1999年，pp127 ～ 163。

④ 野崎賢也、『家の光』と農文協にみる農村文化論　—「文化生活」と「生活文化」のあいだ—」、『近代日本文化論5　都市文化』、岩波書店、1999年、pp. 233 ～ 256参照。

位置低下が続く60年代から、農業と関連する出版社·出版刊物も転向·廃刊等を余儀なくされ、農業·農家を対象とする農業出版ジャーナリズムの基盤が動揺した時代に、『農村文化』は『現代農業』と名前を変え,より生産技術を重視した編集方針に転換し、激しい浮き沈みの農業出版物の中で、官公庁や農業団体に頼らず、自主独立の姿勢を維持し、幾多の努力を繰り返し農家読者の把握に努め、農家向け発行部数は『家の光』に次ぐ。農文協に関する研究は近藤康男氏の『農文協50年史』[①]であるが、『現代農業』に関するジャーナリズム視点の研究はまだ見当たらない。

以上、『家の光』と『現代農業』の出版動向の経緯を概観してきた、ここであえて両者を区別をすれば、『家の光』はJA組織に根ざした普及活動を展開いる雑誌、『現代農業』は農家読者との対話を通しての普及という特徴をもつといえる。両者を対比した分析は極めて重要と考えるが、本稿においては、『現代農業』にしぼって分析する。その理由は『家の光』の場合JAの位置づけが必要不可欠となるが、この分析には多大の労力と紙数を必要とすること、また農協論の分野にまで踏み込むざるを得ないため別稿にゆだねざるをえないからである。一方、『現在農業』からは農家との直接的対応を通して、農政、農業動向を反映することができると考えてからである。

そこで、本稿では『現代農業』の分析を通して農業の変貌を農業出版ジャーナリズムはいかに捉え、農家との接点をもったのかという視点を基に考察する。

3.『現代農業』の分析

農文協は、戦争中に大政翼賛の一翼として国の助成で設立され、

① 近藤康男、『農文協五十五年略史』、農文協、1995年。

戦後助成の途が断たれた後、自主自立の文化運動を目指す社団法人として転変し発展してきた。現在までの60年間にわたり、国内では数少ない農業の専門出版社である。年間の書籍出版点数はおよそ100点、発行雑誌11点と、日本の農業書協会の会員社の中において、従業員数や出版規模が大きい農業専門の出版社である。

表3　農文協のジャーナリズム実態

年代	単行本点数①	『現代農業』冊数②（千冊）	スライド点数③	映画点数④	ビデオ点数⑤	CD-ROM枚数⑥	文化活動回数⑦
1945	2		3	1			
1946	0	15.0	2	2			
1947	3		4	2			
1948	3	15.0					
1949	2	15.0					
1950	1	30.0	1				
1951	2	27.5	12				
1952	2	20.0	14				
1953	5	15.0	17				
1954	7	12.8	9				
1955	12	13.7	16				
1956	19	14.1	25				
1957	20	14.7	25				
1958	20	15.4	29	1			
1959	15	19.2	26	1			
1960	13	25.7	23	3			
1961	20	27.8	36	4			
1962	26	34.9	39	2			
1963	15	46.5	21	3			
1964	14	49.4	24	3			

续表

年代	単行本点数①	『現代農業』冊数②(千冊)	スライド点数③	映画点数④	ビデオ点数⑤	CD-ROM枚数⑥	文化活動回数⑦
1965	21	58.0	27	1			
1966	32	73.7	23	1			
1967	21	96.5	21	1			
1968	20	120.0	23	2			
1969	19	134.4	20	4			
1970	24	129.5	26	3			
1971	25	113.3	27	2			
1972	24	117.8	32	1			
1973	27	138.7	33	1			
1974	36	148.0	36	1			
1975	38	156.4	25	1			
1976	30	165.5	22				
1977	30	175.9	23				
1978	29	187.7	27				
1979	26	159.8	22	1			
1980	41	197.7	21				
1981	52	197.3	20				
1982	34	195.5	28				
1983	29	197.0	21	1			
1984	35	201.6	17	1			
1985	47	209.0	19				
1986	97	209.2	23				
1987	86	206.0	13		3		
1988	81	188.0	17		2		63
1989	89	177.0	12	1	5		
1990	150	165.0	14		20		57
1991	145	156.0	13		24		38

续表

年代	単行本点数①	『現代農業』冊数②（千冊）	スライド点数③	映画点数④	ビデオ点数⑤	CD-ROM枚数⑥	文化活動回数⑦
1992	133	158.5	6		24		38
1993	110	159.5	5		25		46
1994	129	156.5	4		6		42
1995	118	168.0	4		15		82
1996	119	169.0	3		26	11	66
1997	124	166.0	なし		15	10	63
1998	130	163.0	2		22	13	67
1999	121	158.0	なし		9	10	67
2000	104	151.0					
合計	2576		951	42	196	44	629

注1：①②は農文協『農文協刊行図書年表』（1990年版）『農文協六十年略史』（2000年）及び内部資料。③～⑦は農文協45年・50年・55年・60年史資料及び『農文協図書目録』2000年・2001年版より。

注2：①単行本の点数1年間の書籍出版点数である。⑦文化活動は自主的農家グループの援助や農家交流会の実施や学者・研究者・現場指導者によるシンポや研究会等である（但、1987年前の回数不詳）。

注3：協力の活動と紙芝居と歌謡レコード製作を含まない。

注4：1960年10月雑誌『農村文化』を『現代農業』へ誌名変更。

同社の戦後の歩みをまとめたものが表3である。戦後から2000年までを通算し、新刊単行本では2576点·スライド951点·映画42点·ビデオ196点·CD-ROM44枚をそれぞれ刊行している。同表を見ると、雑誌『現代農業』がその中心となっていることが分かる。1960年に雑誌名を『現代農業』と変更した時期から年々部数が増加している。

『現代農業』増刊号も出版している①。

1989年後半に入ると、農家戸数の減少を反映して、雑誌の発行部数は1986年の最高点209。2千冊から2000年の151。0千冊へ減少した。書籍の出版点数は毎年増加しており、1990年百点を突破し、社会への多様な対応を読みとることができる。「農文協の本や雑誌を過去に1冊でも扱ってくれた書店はすべてデータベースに入っていて、新しい本が出ると必ず販促している」②。雑誌や書籍だけでなく、これまで培ってきた伝統的なスライドの制作·普及からビデオへ、後にはCD－ROMへと、多様な出版活動を続けてきた。農業を編集の中核に据え、農家という担い手を対象に多様な出版事業を展開していることが分かる（農文協の書籍と増刊号については別の機会にゆずる）。農文協の編集や販売が一般的な出版社の出版活動と異なる点は、社員の半数以上を農村部の巡回に投入していることにある。巡回は単なる営業活動ではなく、農山漁村に暮らす人々への情報の伝達であり、情報の収集でもある。これを農文協では「普及」という言葉で現す。そうした直販活動は、農文協の出版物総売上のほぼ5割を占める。『現代農業』においてはその直販比率は8割にも及ぶ。80年代から農家「毎号読む」雑誌中に上位10誌中2位となっている。

①農文協は『現代農業』増刊号（1980年創刊）も出版する。『現代農業』と増刊号の大きな相違は読者対象を農家と都市住民に分けたことと、『現代農業』の農家への直接販売と異なり、増刊号は書店で発売している。増刊号は農村·都市を問わず農業を基盤として考え方、生き方等紹介している。例えば増刊号「コメの輸入59氏の意見」（1987年6月）·「コメの逆襲」（1987年11月）などは、国民生活と深く関連する事柄を取り上げ、国の大事な農業を守ることを広く社会に喚起した。90年代の「定年帰農」「帰農時代」など都市住民向けの記事が多く刊行され、「定年帰農」を増刷したことがあった。

②植田康夫·清田義昭·篠田博之、「メガヒット現象と深刻化する出版不況」、『創』、2000年4月号。

農文協の特徴のひとつに「農業書＆AVサービスセンター」が挙げられる。このセンターは、日本で唯一の農業書専門店である。同社出版物だけでなく、農業書協会加盟の出版社の書籍、入手困難な自主流通農業本も扱っている。農村部への普及活動で、他社の出版物なども紹介し、数日で取り寄せ可能なシステムを構築している。書店のない農村部での利便性を考え、同社書籍だけで完結しない出版流通の改善も目指した。この独特な出版·発行方式は、農家に情報を提供するという農業ジャーナリズムの役割と責任をはたすことになる。

4.『現代農業』視点の変化

4.1農業出版ジャーナリズムの視点変化の過程

農文協の出版活動は、農家技術を重視している点にある。これは、今日まで変っていない。1960年11月号から、会誌『農村文化』の誌名を『現代農業』へと変更した。この時期の特徴は稲作における単収増と、集約的農畜産物の導入（＋α部門の確立）を重視したことである。当時の基本法農政の柱のひとつである「選択的規模拡大」に対応して「＋α経営」を提起している。

複合経営の生産技術情報を提供するとともに、稲作の労働生産性については、農民の立場からむしろ稲の増収による結果としての労働生産性の向上をモットーに新技術を提供した。以下『現代農業』の記事から、稲作の増収技術の掲載経過を見てみる。1961年9月号の「7石とりのイネつくり」、1962年7月号の「6石とり安定イナ作の基盤づくり」、1963年10月号の「イナ作増収のすじ道4石～6石へ」「多収穫イネ作の解剖·村ぐるみ増収」と続いている。

山形県の農民·片倉権次郎氏の稲作方式を、確実な増収方式として注目し連載した。「片倉式イナ作」は、稲の成長を3段階に分け、それぞれの段階の稲の色や姿で生育状況を判断し、理想の稲の色·姿を維持するための施肥·管理技術を体系化した「後期重点型の追肥技術」である[①]。1964年7月号～1965年1月号まで「片倉イナ作」の連載が行われ、その後は1968年まで片倉氏の稲作技術は『現代農業』に随時掲載された。この間、『現代農業』の発行部数も増加し、農家に大きな影響を与えたことを示している。

また、農業を軽視する風潮が続く事態に対して、1967年1月号『現代農業』では「食糧を持たない国は滅びる」を掲載した。1969年には農文協論説委員会を設け、討議結果を「主張」として10月号から『現代農業』に掲載した。これは『現代農業』自身が持つジャーナリズムの視点が農業の後退への危惧となってあらわれた証左である。

1970年代に入ると、農業経営の大規模化·大型機械化·専作化を目標とする「近代化路線」に対して、『現代農業』は農業近代化が大きな問題点を抱えているという「主張」の中で、農民へのメッセージを送り始める。この過程で農民の声も伝えるようになる。「近代化路線の考え方は、実は農民のためのものではなくて、経済界のためのものだということがわかる」「自分自身が農業に自信を失うくらいですから、息子にあとと りをさせるにも自信がなくなるはずです。内心すっきりしないままで、息子たちをとりあえずは、工場にサラリーマンとしておくりこむしかありません」など、農家の声が多数寄せられるようになる[②]。農業ジャーナリズムが誌面を通して、農業者との直接的交流を始めたと言える。

さらに『現代農業』は、輸入農産物拡大の影響が増大していることに対して、農家の自給思想を重視しこの視点を提唱した。1970年

① 『現代農業』、「片倉イナ作」、1964年7月号～1965年1月号。
② 『現代農業』、「農政の焦点　近代化路線にまどわされるな！」、1970年2月号。

4月号の主張「新しい自給生活を創り出そう」では、「新しい自給生活は必ずしも一戸一戸の自給ではない。むしろ“自給生活圏”をつくることにある。生産と生活をすっかり切り離してしまうのでなく、積極的につなげることによってはじめて経営も生活も守っていくことができる。」と提言している。ここから、『現代農業』は生産面にとどまらず、農業·農家に関連する衣食住などの日常的な生活問題も積極的に取り上げはじめた。例えば漬物、添加物を加えない手作り味噌や豆腐の作り方を取り上げ、その中で「自給の心」にふれ、ふるさとの味を大切にし、食べることの根源にある農業に再び眼を向けている。農家生活から農業生産をあらためて考えるという視点を打ち出したのである。

1976年からは、「世の中の動き」欄を加えて、兼業問題·圃場整備·世界の穀物需給ひっ迫·石油危機·食糧危機などの問題を取り上げ、農業と社会生活の事情を広く農家読者に紹介した。1984年8月号の緊急特集「主食の危機」で、「主食用米でなく加工用米の緊急輸入で逃げようとした食糧庁の巧妙な”戦略”」と、広く農家に訴えかけたのはひとつの例である。

前述の生活関連記事については、1980年からこれらをさらに重視し、1985年の大幅な誌面改訂を行った。「豊かに食べる」「暮らしをつくる」というジャンルを新設。その一方で、それまでの「世の中の動き」欄は「世の中を生きる」に変えた。農政を批判するだけでなく、家や村のなかに現れた農政問題を、生産·生活の場で解決するための実践的な記事を重視し掲載するスタンスに変えている。たとえば「税金実用百科」は、規模拡大農家の負債問題を解決するための簿記や納税対策を扱った連載記事から成り立っている。

さらに「消費者教育を農家の手で」という主張は、「農産物の消費者教育は、なによりも実物教育である。地域ごとの可変の味、味の個性が、食べ物を消費する人々の心の奥底を揺り動かす」「そうした地域的個性を鮮明にして届けることが、消費者の食べ物観の転換をもたらしていくのだ」（1987年9月号）と解き明かす。1988年には「地域を住みよく」という新ジャンルが登場。自分の暮らしとともに、地域の暮らしという生活農業を考える視点である。この生活農業論の提唱は、生活問題を単に生産問題と並べて取り上げるのではなくて、生産が主であるというそれまでの視点から、生活としての農業への転換を目指す。この転換は「生産力至上主義への反省と生活問題の重要性という新たな視角が提起されている」と言われた①。

1990年代に入ると、「農家は生活者としては根源的な存在である」という視点から、「農村が都市へ働きかける時代なのである」（1995年1月号）。そうした視点の先にある「医·食·農·想（教育）」の分野を拡大した。「日常文化·生産文化·生活文化」の変革によって、農村部と都市部との新しい結びつきを模索し、新たなる発見·創造「自然と人間の調和する社会」を提示し、農の立場から国民全体に働きかけた。

2000年からは「農」の分野で「産直」を軸に読者への働きかけや、「想」の分野では学校教育で新設された。「総合的な学習の時間」で、食農教育を行うことの大切さを提起している。これから更に、「都市主導の一本道ではなく、農村主導の多様な道へ」と「地域の食卓」を呼び起こした（2003年4月号）。

以上のことから、『現代農業』では、ジャーナリストとして農文協の認識が農家読者との間でやりとりされ、それなりに農家には受け入れられてきたこと、また、この間農家の潜在意識を表現化すると

---

① 玉真之介、「東北農文協の組織形態再編の提案」『東北農村文化運動』、Vol.2、1999年。

いう役割を担って普及に結びつけたこと、そのことが、農政と農家の要求との相違を明確に示しているといえよう。

4.2『現代農業』掲載記事の分析

表4はこれまでの分析を補強すべく『現代農業』の掲載記事をテーマ別に分類し、数量的に把握したものである。

営農技術関連の記事は、1961年は誌面全体の78.8%、1970には76.9%と圧倒的な比率を占める。以後、内容の多様化とともにその比率を下げるが、およそ半数は技術記事が占めている。技術記事の作目別構成を見ると、農産物全般にわたって広く取り上げられているが、稲作は1961年に13.7%であったが、1965年には18.4%を占めた。その以降も常に10〜20%を占めている。稲作以外では＋α部門の確立のために、60〜70年代は特に畜産経営が重視されていたことが分かる。表4から見て、畜産のシェアは、1961年34.5%、1970年も36.1%を占める。その背後には有畜複合経営論の変化があったが変わったが、その提唱は現実とそぐわず有畜農家は減少し、麦、大豆、いも類の作付も減少している。1980年この畜産の内容は17.4%を占め、後は引き続き減少している。理論と現実が異なる局面に対して、同誌は、無畜経営における農業資材、自給と経営内循環に比重を移し、生活農業論を提唱した。

同表で、「主張」欄における「農政·社会」の記事の比率の推移を見ると、83.3%（1970年）から、50.0%（1985年）、25.0%（1995年）、25.0%（2002年）と、その比率を下げ、「巻頭特集」における比率も30%（1970年）、25.0%（1985年）、9.8%（1990年）と低下し、1995年以降、「巻頭特集」から消えている。80年代以降は「農政·社会」の記事が減少し、農業教育·生活の場·環境の内容が増えている。1985年には「地域·生活」の記事が突出し、その割合は常に20%前後で推移してきた。ここから、批判から現場での解決へという『現代農業』の内容変化を明確に読み取ることができる。

また90年代に入ると、農業教育·産直·環境の記事が、次第に増えてきたことがわかる。「巻頭特集」の記事内容の変化傾向も同様であり、農業生産技術を中心軸に据えながら、生活領域（食と農の健康）の記事をさらに多様化させてきた。この時期、食と農の教育問題にも広がりを見せている。

4.3『現代農業』に見る農法

昨今、化学肥料や農薬や除草剤大量散布がもたらす土壌残留性農薬などが環境問題になっているが、それらについて『現代農業』はどのような視点を持ってきたかを以下に検討する。

農文協は一貫して化学肥料への過度の依存に警鐘を鳴らし、環境問題を重視してきたことが分かる。以下、いくつかを例示しておく。

先ず改称された『現代農業』の前身の『農村文化』を見ると、1949年に初めて化学肥料の問題を連載している。6月号「誰のために肥料はある」の中で、日本農業が肥料を使う歴史を回顧している。「日本の農業は何とたくさんの肥料を使っていることだろう」「食糧増産には何よりも肥料の増産だ」というかけ声にだまされてはいけないということである①。

1952年4月号「あなたは肥料をやりすぎている」には「肥料の統制がはずれてから急に、イモチ病の出方がひどくなった。その大抵の場合チッソ肥料のやりすぎがたたっている。考えてみれば、こんな損な方法はない。高い肥料を沢山使い、イネを病気にしているわ

① 戦後の肥料産業は急速に成長し、1950～1955～1960年の硫酸アンモニウム産量は1501千t～2129千t～2422千tと変わって、化成肥料も43千t～1108千t～2399千tと急速に進んだ（北出俊昭、『日本農政の50年』、日本経済評論社、2001、p 39表2-2より）。肥料生産は60年代になってからも輸出産業として市場拡大を続けてきた（三国英実等、『日本農業の再編と市場問題』、筑波書房、2001年、p 18)。

けだ。」「堆肥、厩肥は、いうまでもなく、チッソ、リンサン、カリ、石灰、その他各種の微量要素をふくむ。そのほかに、土の中の腐植を増して、地力を高める。三要素などは化学肥料でまかなえるが、この腐植を増す働きの有機質は、化学肥料ではどうにもならない。これはまず堆厩肥にあおぐのが一番である。」と、化学肥料あるいは化学農法の弊害について言及した。

一方、農薬の問題にもいち早く注目している。1958年7月号には「雑草を皆殺しにする水田除草剤の安全散布」という記事が掲載された。「除草剤の種類が多くなったので、いろいろと問題がでてきたが、安全に使えると思われていた地帯でも、意外な被害に見まわれて問題になっている」と、農薬を使用する危険性に対し注意を喚起した。

『現代農業』と誌名が変った1967年7月号「特集：農薬から身をまもるために」では、「農薬会社で働く労動者などは、充分に保護されているように思えた……会社側が国からそうするように義務付けられている部分もあるし、労働者たちの要求によってそうしている部分もある。しかし、農民のためのものは、今のところ作業者の研究をのぞいては、何一つない。農民も、労働者と同じく国民の一人として、当然国家から守られるべきだと思う。」と農民の重大な健康問題を指摘した。

1970年頃、化学農法への偏重は、各地で地力低下や連作障害を発生させるなど、多くの矛盾も顕在化してきた。『現代農業』には、1970年3月号の主張欄の「『農業公害』を根本的に解決する道」では、四国の野菜農家の訴えから農薬問題を提起している。「わたしの地方は、園芸農家地帯でイナ作よりもハウス園芸や露地ものの早熟、抑制作物で生計の大半以上を賄っております。それで、このごろのように作物から食品衛生法で規制されている農薬が検出されると、販売できないばかりか、一度新聞、テレビで発表されるとその後は検出されなくても市場価格は半値以下、しかも10日以上も低迷価格が続きます。これでは、せっかくの努力も水の泡、その損失は図り知れません…しかし、農林省も販売を許可し、試験場も指導機関も、何も知らない農民に奨励し使用させておきながら、結果として残留するから、また、人体に蓄積するから有害だ、使用してはならないとあっては、だれが責任を負いますか」と農家の声を伝え、農民の立場に立って「真の加害者は誰か」と問う、非常に的を突いた指摘であると思われる。

また、農薬、肥料の多投農業を批判する事だけではなく、農家に有機質肥料と無農薬を推奨し、自然回帰型農業の実現を提唱した。「農家の工夫がたくさん出され、それらを相互に学びあっていく」ことの大切さを強調し、長期的展望の中で、根本的な解決方法とは、自然との調和のとれた農業であるとの方向性を示唆している。

このように、『現代農業』は農薬は減らせるというテーマを掲げ自然農法を一貫して主張し続けたが、化学農法が盛んであった時代にあって、一部の有機農業従事者はともかく、全体で見れば、まだまだ農薬に頼っているのが現状であった。公害問題などが顕在化して、人々が自然健康食品などに目覚め始めたのは、1975年ごろからであり、今、農業に新しい風を吹き込みつつある有機農業運動が注目され始め、肥料生産縮小傾向が見られるのも、このことからである。有機質肥料の伸びにも注目された。しかし、農薬は1970年から1985年にかけては5。3倍という伸びを示している[①]。特に空中散布による防除面積は年々拡大している。

---

①綱島不二雄、「農協系統の強い肥料市場」（宮崎宏等、『食料· 農業の関連産業』. 農山漁村文化協会. 1990年. pp34 ～ 51参照）

表4　部分テーマ別分類から見た『現代農業』の内容変化

記事の分類	1961		1970		1980		1985		1990		1995		2000		2002	
	内容別記事総数	内容別割合%	内容別記事総数	内容別割合%	内容別記事総数	内容別割合%	内容別記事総数	内容別割合%	内容別記事総数	内容別割合%	内容別記事総数	内容別割合%	内容別記事総数	内容別割合%	内容別記事総数	内容別割合%
主　張			6	0.7	12	1.6	12	1.5	12	1.3	12	1.3	12	1.3	12	1.3
うち生産					4	33.3	4	33.3	3	25.0	3	25.0	3	25.0	2	16.7
農政・社会			5	83.3	5	41.7	6	50.0	6	50.0	3	25.0	2	16.7	3	25.0
産直・経営			1	16.7							3	25.0	3	25.0	1	8.3
農業教育					1	8.3	1	8.3			1	8.3	2	16.7	4	33.3
生活の場					2	16.7	1	8.3	1	8.3			1	8.3	1	8.3
環境									2	16.7	2	16.7	1	8.3	1	8.3
巻頭特集			10	1.1	32	4.1	24	2.9	41	4.5	37	3.9	41	4.6	82	8.7
うち生産			2	20.0	18	56.3	13	54.2	14	34.1	8	21.6	17	41.5	36	43.9
農政・社会			3	30.0	10	31.3	6	25.0	4	9.8						
産直・経営			5	50.0	4	12.5			14	34.1	16	43.2	14	34.1	15	18.3
農業教育											3	8.1	3	7.3	6	7.3
生活の場							5	20.8	4	9.8	5	13.5	5	12.2	12	14.6
環境									5	12.2	5	13.5	2	4.9	13	15.9
技　術	197	78.8	681	76.9	553	71.4	441	53.7	490	53.4	543	57.7	501	55.7	505	53.4

续表

記事の分類	1961		1970		1980		1985		1990		1995		2000		2002	
	内容別記事総数	内容別割合％	内容別記事総数	内容別割合％	内容別記事総数	内容別割合％	内容別記事総数	内容別割合％	内容別記事総数	内容別割合％	内容別記事総数	内容別割合％	内容別記事総数	内容別割合％	内容別記事総数	内容別割合％
うち　稲作	27	13.7	125	18.4	91	16.5	63	11.4	67	13.7	99	18.2	101	11.2	86	17.0
野菜	35	17.8	145	21.3	132	23.9	78	14.1	97	19.8	112	20.6	88	9.8	81	16.0
果樹	18	9.1	98	14.4	58	10.5	57	10.3	37	7.6	72	13.3	81	9.0	55	10.9
畜産	68	34.5	246	36.1	96	17.4	61	11.0	45	9.2	50	9.2	42	4.7	48	9.5
技術図示			48	5.4	36	4.7	35	4.3	109	11.9	101	10.7	97	10.8	105	11.1
農家の生活	43	17.2	94	10.6	99	12.8	106	12.9								
地域・生活							112	13.6	148	16.1	190	20.2	191	21.2	185	19.6
その他	10	4.0	47	5.3	42	5.4	91	11.1	63	6.9	58	6.2	57	6.3	56	5.9
年度総記事	250		886		774		821		917		941		899		945	

注：「巻頭特集」の中に『現代農業』特集号·増刊·特別号の記事は含まない。太い数字が『現代農業』全ての記事に占めるこの欄の記事の構成比。細い数字がこの欄の記事に占める内容別の記事の構成比。年代を設置する理由を説明する：1960年11月号から『現代農業』の誌名へと変更し、1970年から「主張」欄を設けたので、先ず1961年、1970の記事内容を整理し、1980年以後は5年ごとに整理した。

このような経過を経つつ、農業の現実に対して『現代農業』は、その視点を農の領域から医（健康）·食·農·想（教育）の広い領域へ展開した。生活農業を提唱する一方、「農村と都市の新しい結びつきを発見·創造するコツが、自然と人間の敵対的矛盾を克服する基本である」という理念を立ちひたすら農家の生産·生活·農家の健康等に関わることから、農家の暮らし·地域の暮らしをつくり、安全·安心な食べ物の産地などを通して、都市の非農家にも働きかけることを提起する。

但し問題は、『現代農業』の視点·活動が現場の農家にどのように受けとめられているかである。そこで山形県庄内地域で30年以上にわたって『現代農業』を購読している農家の聞き取り調査を実施し、農業出版ジャーナリズムがどの程度具体的役割を果たしたのかについて検討することが、次の課題である。

5. 農家読者へ聞き取り調査

5.1調査対象地の農業概要

初めに調査地域の概要を簡単に説明する。山形県庄内地方は総人口320565人、総面積2404km2の農業、温泉、出羽三山からなる田園風土に恵まれた地域である。従来から農業、特に稲作を中心とする地域であるが、1965年代から電気機械を中心とするハイテク産業を呼び込み、農業人口は減少している。農業人口率（総人口に占める農業人口の割合）は2000年に25.2%で、基幹の農業従事者率は4.4%である。3世代世帯を維持している家族形態が多い。同地域は、全国屈指の豊穣たる大平野を擁し、その肥沃な土地に稲作の先進的機械化農業をいち早く推し進めた、日本有数の米の主産地である。稲作の収穫量は2000年に175900ｔ、県内4地域中1位を占める[①]。

近年、米の生産調整が拡大する中で、大豆の本作化を組織的に取り組む地域が増え、その作付面積も増えている。野菜では地域特産物の枝豆がここ数年大幅に拡大しており、砂丘地の特性を活かした高設ベンチによるいちごとメロン栽培も増えている。花木も複数品目を組み合わせた周年出荷により、生産額が大きく伸びてきている。

今回の聞き取り調査のために訪れた農家は、大別すると専業農家10戸·兼業農家5戸であり、うち有畜複合経営農家2戸が含まれている。全員が稲作を主体として、各種転作作物を栽培し、前述の砂丘メロン·だだちゃ豆·花き園芸も含め、同地域の中でも比較的中規模以上の稲作農家である。

5.2農家読者の関心記事

表5には調査対象の農家読者の概況を示している。この個別聞き取り調査によって、30年以上『現代農業』を購読している農家読者がなぜ購読を継続しているかの、おおよその傾向は捉えられる。

聞き取り調査の農家読者の年齢層は、50代、60代の読者が多く、この年齢層の農家は今農村部で中堅である。7戸の農家読者は「父親が愛読者」であったことに影響を受けて、読んでいる。作付面積ほぼ3。3ha～8ha、かつ水田を中心として比較的大きな農家である点が特徴である。そのうち専業農家が10戸、調査対象の6割強を占め、3世代世帯が9戸、調査対象の6割にも達する。兼業農家が5戸、3割を占めている。

---

① 山形県としてみると、県都山形市を要する村山地方、米沢市のある置賜地方、最上川沿いに新庄市を核とする最上地方、そして城下町である鶴岡市と港町で商都酒田市を要する庄内地方の、4つの地方に分けられる。

表5　調査対象の農家概況

調査対象の従業形態	耕地作付面積（ha）①								年齢（代）②	『現代農業』の購読開始年③	父親から開始年④	3世代世帯同居戸⑤
	水田	野菜	枝豆	大豆	蕎麦	メロン	花	畜産				
専業	4	1.7							50	1970	·	·
専業	6.2	1.8							50	1966	·	·
専業	3.2							1.5	60	1966		
専業	4.0							1.0	50	1966	·	·
専業	2.7		0.8				0.4		60	1961		·
専業	2.8		0.3	0.4					60	1966		
専業	3.2					1.0			50	1972		
専業	4.0	1.5					0.3		50	1970	·	·
専業	4.0	0.6	0.4						50	1972		
専業	4.0	1.2	0.4						30	1970	·	·
兼業	2.0				3.0				50	1970		
兼業	4.0	1.0	0.3						60	1966		
兼業	2.5			1.0					30	1970	·	·
兼業	1.8					1.5			70	1970		·
兼業	2.8	0.4		0.5					50	1961	·	·

注：調査対象は農文協の庄内で『現代農業』30年購読する農家読者名簿から1960年代購読者は7人、1970年代8人、そのうち専業農家は10戸、兼業農家は5戸の比例配分を抽出した。同時に年齢層を考えるが、実際に調査した時、父の名前で注文し、主読者は子供世帯の場合がある。そして②項目は調査対象の年齢（代）である。①は主作物を指す。例えば、メロンを収穫後カブを転作することを含まない。⑤は調査対象本人とその親とその子供や調査対象本人とその子供とその孫と同居の3世帯である。項目①②④⑤は調査時返答をいただく。

表6は、農家読者の関心度の高い記事である。全体に「特集」「稲作」「巻頭特集」「経営」と「カラー口絵」等生産に関する記事に関心が高く、稲作以外の生産に関しては、大泉、京田、大山地区では枝豆、西郷地区では花卉、田川地区では山菜、カブの記事への関心が高い。

表6　『現代農業』を購読している農家読者の関心内容

訪問対象の従業形態	主張	特集	巻頭特集	稲作	野菜・花	特産			畜産	経営	機械情報	法律相談	暮らしの玉手	パソコン	あっちの話こっちの話	ロマンと科学	農法のページ	カラー口絵
						枝豆	山菜	メロン										
専業	◎	◎	◎	◎	◎	○				◎	△	○	◎	◎	◎	◎	◎	◎
専業	◎	◎	◎	◎	◎					◎	△				◎	◎	◎	◎
専業	◎	◎	○	◎	○				◎	◎		○		◎	◎	◎	○	◎
専業		○	◎	◎					◎	◎				◎			○	◎
専業	◎	◎	◎	◎	◎	◎				○	○	○	○		△	○	◎	◎
専業	△	◎	◎	◎		◎				◎		○		◎			○	◎
専業	◎	◎	○	◎						◎			◎	◎	○	◎	○	◎
専業	○	◎	◎	◎	◎					◎	○	◎	○		○	△	○	◎
専業	○	◎	◎	◎	◎	◎				◎	△		○		○	◎	◎	◎
専業	◎	◎	◎	◎	○	○		◎		◎	◎				○	○	○	◎
兼業		○	○	◎		◎				○	○	◎			◎	△		△
兼業		◎	○	◎	◎	○				◎	△		◎				○	○
兼業		○	△	◎				◎		◎			○		△	○		△
兼業	○	◎	○	◎	△		◎			○					○	△	○	◎
兼業	◎	◎	◎	◎	◎					◎		○			△	○	◎	◎

注：◎かならず読む。○だいたい読む。△たまに読む。

表7　世代別『現代農業』の内容に対する関心（人数）

	専業農家					兼業農家				
	二世代4戸		三世代6戸			二世代2戸		三世代3戸		
	父	子	祖父	父	子	父	子	祖父	父	子
主　張	4		5	5		1		1	1	
農法のページ	4			5		1		2	3	
ロマンと科学	4			4		2			2	
特　集	4	1	5	6	1	2		2	3	1
巻頭特集	4		3	6	1	2		1	3	
稲　作	4	1	5	6	2	2		2	3	1
野菜・花	2	1		5	2		1	1	2	
畜産		1		1						
特産　枝豆	2	2		3	3	1				
山菜						1				
メロン				1						1
経　営	4	2		6	4	2			3	1
機械情報	1		5	4		1		2	2	
法律相談	2	1	2	3		1			1	
パソコン	3	1		2	1	1	1		1	1
あっちの話	3		5	5		1		2	3	
こっちの話										
暮らしの玉手	2		4	3		1		2	1	
カラー口絵	4		4	6		2		3	3	

また専業農家は「ロマンと科学と」「農法ページ」の関心が兼業農家より高い。パソコンから農業に関する情報、特に販売の情報を

得たい専業農家読者は、「パソコン」の内容を読んでいる。「法律相談」の税金に関する内容は大方の関心事である。「あっちの話こっちの話」は多岐にわたり面白く受け止める農家読者が多い。全部の内容を読んでいるというのではなく、関心のあるもの、利用できるものを読んでいることは、調査対象の全体的な特徴である。「私は66歳、いつも見ている。野菜の育て方とか、梅干の保存、らっきょうの保存などを全部見ている。テレビよりいいので。」と、老婦人が語った。農業生産·農産物の加工等に農家の主婦の関心事を分かりやすく載せていると、聞き取り調査で、主婦も興味深く読んでいることが分かった。

また、当然のことながら、世代により、関心事は異なっている。表7は、その状況を表示したものである。三世代家族の農家では、伝統的稲作生産技術や農法などに対し、子世代の関心は祖父や父の世代より弱い傾向があるが、転作の対応策として、稲作から枝豆、花卉など収益性が高い作目へのシフトが進んでおり、その件に関しては子世代のほうが関心が強い。実際、庄内の鶴岡、京田、西郷など平坦地域では花卉、枝豆、メロンの収入が稲作収入を超える農家は多い。このように、世代による農業に対する視点の変化が見られた。

農家に聞き取り調査した時、棚に、食卓に、作業室に、午後寝ている赤ちゃんの側にこの雑誌を目にした。このことが示すように、30年以上の購読者は、その第二世代·第三世代農業者及び家族も読者であるということがはっきりした。「頭で考えて書いたものではなく、農家の実際例の中から出ているので、農家には理解しやすい」という。(農家談)

5.3農家読者の満足度

調査対象全体の『現代農業』の農業生産の内容に対する満足度

は高い。兼業農家は、「読みやすい本でありながら専門書である」と理解している。「稲作だけではなく、漬物とか山菜とか病虫害の防除などはよく読む」。通常、専門普及雑誌の執筆者はその領域の専門家であり、読者が単なる受容者の場合が多い。しかしながら『現代農業』は専門家としての指導だけではなく、出版の視点として、農家自身が持つ技術を総括、紹介した記事を掲載している。編集部が農村部を回って、農家の現状を観察し、記事にしている。「我々の気持に近いと感じる」。（農家談）

専業農家では「石灰はなぜ効くかが書いてある。農家は何となく石灰を投入し効くのではないかと考えているが、メロンにチッソをかけた時、トマトに流れるとダメになるとか、こういうやり方はよく効くとか、特集に書いてあるので役に立つ。時々目を通す。忘れないよう見直している」と語った。しかし、「庄内とは異なる地域での情報は、あまり当てにならない」と不満を漏らす兼業農家もいる。「発芽玄米の機械の作り方が書いてあったので、この機械（ステンレス）を買ってきてやってはみたけど、なかなかできない」と話す専業農家もいた。

専業農家·兼業農家ともに、高度な営農技術を取り入れたい要求は強い。日中は職場で仕事をし、帰宅後に畑を作る。マイカーの中に、『現代農業』やＪＡからの防除情報や除草剤使用基準などの資料を持参する兼業農家も多いが、同誌の篤農の稲作疎植技術を読んで、この技術を取り入れている農家は専業農家だけである。「民間の知恵や特殊な技術が載っている。毎月お決まりの記事が楽しみ」とは、専業農家の大半の声である。聞き取り調査の時、専業農家、特に後継者がいる専業農家は関心が強く、理解の度合も深く、さらに営農への意気込みも感じられる。兼業農家は現状維持又は低迷の状態にある。特に、登録農薬の改正で、生産や販売は以前より厳しい環境にあり、兼業農家は労働時間不足を呈している。

全体の農家が、農薬問題に関心を示している。例えば、「転作に、枝豆を植えているが、稲を消毒すれば、枝豆にもかかる。稲用に許可された農薬でも枝豆には許可されていない農薬が、検査で枝豆に出た場合は、大変なことになる。どのような農薬散布をすればよいのか。そういうことを調べて『現代農業』で取り上げてほしい」という要求が出ている。「消費者は減農薬とトレーサビリティーを望んでと言われているが、この要求にどのように対応すべきかを雑誌に取り上げてほしい」という要求もあった。

5.4農家読者の期待

調査対象の大部分が篤農家や新技術の省力栽培方法の情報を期待している。中には専業農家がこの雑誌に掲載された篤農家と交流している事例もある。前文に検討した『現代農業』の議論のなかで、1960年代から編集内容が農業生産に関する課題へと転換した。実用的な農業技術、特に稲作技術が非常に多くの割合を占めている。これは農家の要求に応えている。稲作を中心とした技術を欲する農家は『現代農業』を読んでいるが、減反を考えて畜産を主に転作した農家も続けて購読している。「この雑誌は畜産の内容はあまりないが、面白く読んでいる」（農家談）。1980年代『現代農業』の生産特集を保存する農家もいるし、雑誌が紹介する疎植栽培技術を読んで交流の為出向いた人もいる。合鴨による表層の草の種を減らす効果や、施肥改善の最新知識、減農薬·低農薬·省農薬の米の高値販売などの記事内容等が、農家読者に関心を持って受け止められ、雑誌のような方法を講じたいと希望している人が多く見受けられた。

前文で述べたように、70年代から『現代農業』では農業近代化路線の規模拡大と減反を批判し、稲作重視し、近代化路線への抵抗をしつつ、農業を守る理念を掲げた。この理念に共感して『現代農業』を購読し始めた農家もいる。「第一次減反時に、指針となる情報を得るために購読し始めた」（農家談）。しかし、「減反協力農家を批判する」（1981年1月号）の内容は少々言い過ぎの感もある。農家サイドは生活のために農業をしている。「補償金をもらって、国の政策で輸入を認めているので、仕方ない」（農家談）。いわゆる農政の方向に対しては農文協の考えに同調するが、現実には、転作等の対応に迫られている。農家は、『現代農業』の考えは正しいが、やはり現実との相異を否定でできない。考え方はいつも農業·農家の現在と将来であるが、硬直した考え方で農家に接することになったので、農家が理解しにくい面が出てくる。

農法の問題に対しては、『現代農業』が一貫して主張している自然農法の記事がある。農家はこの自然農法のよさを認めるが、現実には手間がかかり、その分値段が高くなれば販売しにくいなど理由で、農薬を使わない人は少ない。2002年無登録農薬を使った農家の問題がマスコミでとり上げられ、消費者が農家に不信感を露にしている中に、『現代農業』12号は緊急特集「無登録農薬」問題を取り上げた。この事件が起きた原因を客観的に報道し、農家の置かれている状況に理解を示し、「今回のこと、農家の人に全部責任を負わせるというのは、あまりにも酷だ」「農薬取締法自体の問題もあり、農家の意識の問題もあるし、研究者·指導者の説明責任もある」と述べた。農薬の危険性について営々と農家に繰り返し訴えつつ、「農家が元気に健康で誇りを持って作物を育てている」と励ます。聞き取り調査農家が「前よりは少なく使うようになっている」（農家談）と現実生産の中で、農薬に対する意識が高まっている。農薬散布·残留の問題について、「……『現代農業』で取り上げて調べてほしい」と希望を寄せる。

農民の身近なことをテーマとして取り上げた時に、農業出版ジャーナリズムの存在は大きなものとなると考えられる。多数の農家、特に専業農家に歓迎され読み続けられている要因の一つである。そこには長年の読者が、『現代農業』が必ずしも国の政策に合致するものでなく、常に農民サイドに立ち、農民の暮らしや文化、教育あるいは営農活動を容易にするための論を展開し、農業という大事な産業、農家という大事な担い手の立場を終始一貫代弁していることを感じとつていることが伺える。

6.考察

戦後の高度経済の過程で、農業軽視の風潮が生じ、「農業はそっくり東南アジアへ移すべきだ」とする主張さえ囁かれるようになった。食糧生産の担い手である農家が生き生きと農業生産に従事できるために、農業出版ジャーナリズムの役割はますます重要となっている。しかも、減少し続け多様化する農村読者を対象にしなければならない。農業状況の悪化を上回る創意と努力が要求されているともいえる状況である。『現代農業』は農民の身近なことをテーマとし取り上げ、農政·農業の多様な変化に対応しつつ、長年にわたり農家の立場に立ち、農家の暮らしをより向上させていくこと、農業がよりやりやすい環境の整備をしていくことを目指している。更に「食」と「農」の教育理念を国民に積極的に働きかけている。これは農業を取りまく状況を打開する一方策として評価できる。また、それ以上に重要な運動提起といえる。

農文協の看板雑誌『現代農業』は農村部ではよく知られた雑誌であるが、都市部での知名度は高いとは言えず、発行部数にも限りがあり、大衆雑誌とは言いがたい。『現代農業』は農村部で農家一軒一軒を訪ねて直接販売することによって、普及されてきた。それは、農民の立場を理解し、農家に学び農家に応え、数十年にわたり農業を守る独自のジャーナリズム視点を持ち、自然観や自然の法則を健康·食を通じて広範な読者層に投げかけてきた。「食」のあり方についても、食事は本来暮らしの基本的部分であり、この「食」の根源は「農」であることを主張してきた。安全な食べ物の生産、生存環境と共存する農業理念によって、有機農業や合鴨農法などの技術を開発し実践する農家の創意と工夫を尊重、宣伝したことが、農家読者に親しみを与えたと見ることができるのである。

しかし、困難な点も散見される。例えば、農業構造改善政策に対しては一貫して農家の立場に立っているが、現実に農家を取りまくあらゆる環境を十二分に理解することは至難の業であると考えられる。こうした困難をかかえつつも社会における農業の存在が度外視される状況下で、農業出版ジャーナリズムとして農家の精神的な支柱としての一端を担ってきたことは極めて重要であると考える。

重要な産業の一つである農業を存続するために、農家と国民のよりよい生活のために、食と農、暮らしと農を結びつけて展開してきた視点はあらためて、農業出版ジャーナリズムとして評価できる。しかし、課題は山積している。孤立したジャーナリズムでなくより広範な支持を得られる、農業出版ジャーナリズムの世界をどう演出していくか。それぞれに課せられた課題は大きくかつ重要といえる。

謝辞:

本稿の作成にあたっては、岩手大学連合農学研究科山形大学所属綱島不二雄先生、小野雅之先生、小沢亙先生には、大切なご指導、貴重なコメント及び日本語の訂正をいただき、ここに記して厚く御礼を申し上げます。

（原载〔日〕《出版研究》，2003年No.34）

戦後日本農業出版ジャーナリズムの歩み

——農業出版ジャーナリズムから持続可能な農業を考える—

1.はじめに

農村では、1960年から70年代にかけては高度経済成長に伴う農村から都市への人口移動が起こっただけでなく、農家の大部分は兼業農家現像が確実に進行し始めていた。こうした農業·農村の持続する発展に対して、農業出版ジャーナリズムの成長が極めて重要な基本課題であることを改めて強調しておかなければならない。

高度経済成長期以後、日本農業の相対的位置は低下し続けている。しかし、日本の農業生産力はこの間確実に進展し、単位面積あたりの投下労働時間は急激に低下している。1ha当たりの穀物生産量は、世界有数の位置を占めている。この生産力の位置の高さと農業の置かれている相対的位置の低下という現実を日本農民はどう捉えているのでしょうか。この点について検討する場合、農業出版ジャーナリズムの動向からの接近はきわめて有効であると考える。

本報告では戦後農業出版ジャーナリズムの動向を各種統計から捉える。これは農業出版ジャーナリズムが、農業·農村の変化する多様な要求·意識を前提に展開していると考えられるからである。つまり、農業出版ジャーナリズムの動向は、すなわち農業·農村の意識·要求の変化の反映として捉えることもできる。

2. 戦後出版ジャーナリズムの変化

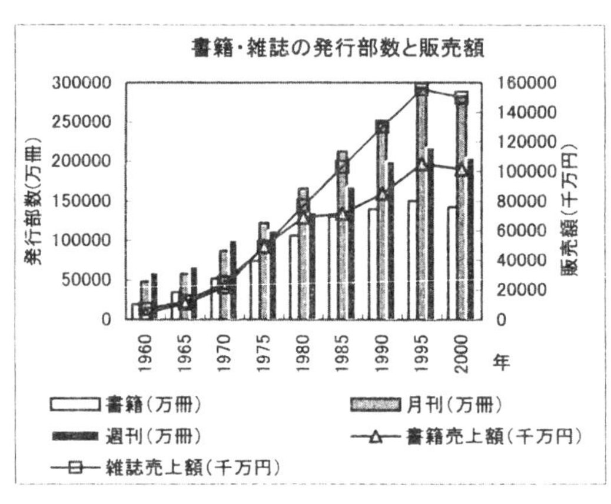

第1図

戦後の60年代から80年代にかけて、日本出版界は急速に発展した。出版社数は増加の一途をたどってきた。『出版年鑑』によれば1946年の300社から1960年の2732社となり、1964年には一時2164社まで減少した。1965年から再び増加し続け、今日では4406社に達している。

第1図に示す書籍·雑誌の発行部数は、1955年書籍の1億4000万部から、1965年には2.47倍の3億4596万部に激増して、1997年には15億7354万部と戦後最高を記録している。雑誌（月刊誌と週刊誌）は1955年の3億6000万部から1965年に12億4496万部と約3.5倍に達している。雑誌の発行部数は1997年に52億2375万部の戦後最高を記録して、1955年と比べて14.5倍になっている。

発行部数の増加に伴う販売金額は1997年（書籍）·1996年（雑誌）まで持続的に増大している。出版物の売り上額は、1955年から

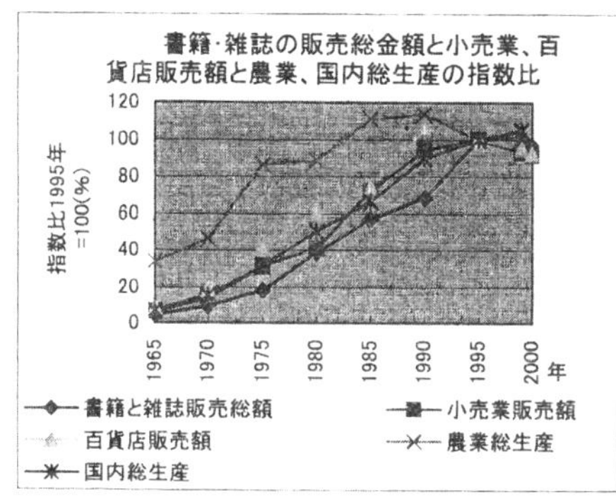

第2図

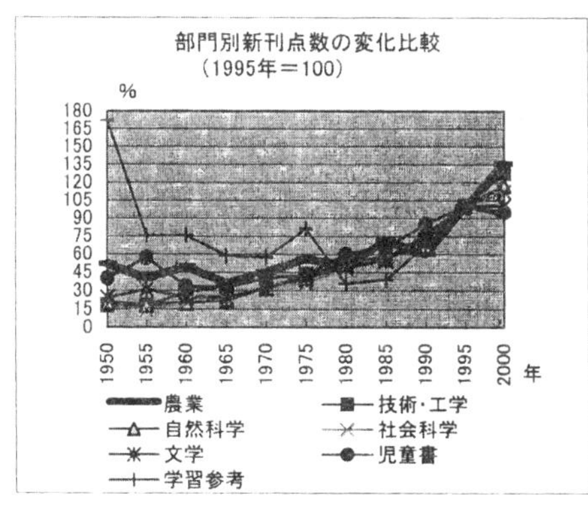

第3図

1965年までの十年間に、書籍が4.4倍、雑誌が4.1倍に増加して、さらに1985年までの三十年間に、書籍が28.5倍、雑誌が34.7倍で、雑誌が先行的に拡大示した。第2図は出版物の総販売高と販売業·農業·国内総生産のそれぞれの伸び率を比較するために作成したものである。国内総生産の上昇と、出版物の需要も増大との間に密接な関係があることが分かる。

この傾向に対応して出版点数も増大してきた。1960年出版物総販売額は1955年より108.84%増えたが、書籍点数の変化はほとんどない。しかし1990年時に、販売金額は1985年から23.53%上昇したのに対して、書籍点数が29.96%上昇し、以後は、書籍点数の増加率が販売金額の増加率を上まわる。1997年から、出版界は戦後に例を見ないマイナス成長となり、連続の前年割れとなっている。この状況の下でも、第3図にしめすように書籍点数は増加傾向を示し、2001年には71073点で前年より6008点の増加となった。このように大幅に増えたことは、

第1表　農業関連の出版社

社　名	創業時間	従業員数（人）	新版書籍点数				雑　誌		
			1990		2000		点　数		農業の代表刊
			全部	農業	全部	農業	全部	農業	
誠文堂新光社	1912	28	158	32	108	25	10	1	農耕と園芸
養賢堂	1914	26		9	19	9	3	2	農業および園芸
泰文館	1923								
葵企画·東京文庫	1927								
富民協会	1927	4		10		1	2	2	農業と経済
朝倉書店	1929	54	128	3	147	6			
農山漁村文化協会	1940	193	111	43	115	72	8	8	現代農業
家の光協会	1944	184	38	17	63	38	3	3	家の光
地球社	1946	6				3			
農林統計協会	1948	60	23	20	91	84	11	11	農林統計調査
博友社	1948	4		3		3			
明文書房	1960	2		3					
全国農業改良普及協会	1964	32					2	2	日本の農業
合計	13社		458	140	543	243	39	29	

註：1.以上13社は農業書協会（1960年に設立）の会員社であり、主な出版物は農業関連出版物を行って、同時に幅広い分野で意欲的な出版活動を続けている。ただ、『日本農業書籍総目録2001年』に掲載出版社数は143社である。

2.『日本農業書総目録20001年』、『出版年鑑』1991年、2001年版より。

出版ジャーナリズムが読者の多様な需要に応えるために、質と量を調整する一つの方向と考えられる。この特徴は農業出版ジャーナリズムによく表現されているといえる。

3.農業出版ジャーナリズムの状況

①農業関連出版側の状況

戦後、農業書籍と雑誌を出版している出版社は分散している。1963年に設立された農業書協会の会員社は第1表に示すとおり13社である。しかし、現在農業書籍を出版している会社は140社を突破している。特に、大手出版社が農業関連の実用書を刊行して意欲的に市場を探っている。また、『出版年鑑』に記録されている市販農業雑誌の出版社数は2000年に81社を示す。

②農業書籍出版状況

第2表に示すように、1970年以前、農業書籍の点数は増減し、1965年の点数は1953年の342点より72点の減少をしている。1975年以後、安定した増長の傾向を呈している。2000年の農業出版点数は1995年より39.27%増加している。第3図に示すように、同時期の他部門の新版点数を見ると、技術や自然や社会などの書籍出版点数は27.88%、17.00%、12.09%とわずかな増加にとどまり、またに増えて、かつ、児童書籍点数は5.01ポイント下がり94.99%となった。

第2表　農林水畜産書籍の新版点数

年	農技	園芸	蚕系	畜産	林業	水産	合計	増減率％
1953	187	57	1	44	31	22	342	増減率％
1955	147	68	3	40	30	11	299	–12.57
1960	193	70	3	29	51	20	366	22.41

续表

年	農技	園芸	蚕系	畜産	林業	水産	合計	増減率%
1965	117	64	4	28	35	21	269	-26.50
1970	134	95	2	47	26	29	333	23.79
1975	182	154	3	26	29	19	413	24.02
1980	174	127	1	47	21	34	404	-2.18
1985	250	162	2	47	34	34	529	30.94
1990	242	123	3	66	45	34	513	-3.02
1995	302	181	2	121	56	79	741	44.44
2000	310	291	1	274	69	87	1032	39.27

註：1953年から新版点数は掲載される。『出版年鑑』各年版より。

③農業書籍の変化傾向

『出版年鑑』によれば、農業書籍中とくに、園芸や畜産書籍の出版は上昇に向っている。70年代後半から、この園芸と畜産書籍は急速に拡大した。1965年の畜産の新書籍点数は28点、30年後の1995年には121点に達して、4.32倍に増加した。これは、畜産農家数は減少しているが、国の畜産振興が深く影響しているといえる。これに対して、農業出版ジャーナリズムは内容の充実を図り、多品種·少量出版の傾向で対応してきた。

④農業書籍の重版率

書籍の重版率は出版ジャーナリズムの一つの特徴として、重視されている。日本農業重版書籍は1958年に184点を記録していったんピークに達したが、以降は減少し続けて1974年には73点にまで低下した。1974年以降、『出版年鑑』から重版書籍の記録が省かれた。

重版点数の減少は日本の図書販売方式などと関連しているが、農業重版書籍の減少は農業の「後継者不足」といった事態と深く関係しているのではないかと考えられる。

4.農業出版ジャーナリズムの購読環境

①農家の読書変化

第3表は家の光協会の全国農村読書調査結果をまとめた『農村と読書』をもとに作成した[①]。1990年以降、読書率には減少傾向を示している。しかし、上位10冊の農業雑誌の講読比率が減少してない(欄⑦)。とくに70年代以後から、定期購読者(毎号読む人)の上位10冊の雑誌の中に、農業雑誌は平均3～5銘柄と多くなっている。雑誌の銘柄で見るとすべて1位を占めた『家の光』を除いて、50年代、60年代に2位と3位は農業雑誌ではなく、『平凡』や『主婦の友』が挙がることが多かったが、70年代から農業専門雑誌『現代農業』が初めて2位あるいは3位に入っている。1989年以後は、『現代農業』が安定して2位あるいは3位を占めている。これは農業専門雑誌への需要が大きくなっていると見ることができる。このことは農業出版ジャーナリズムの努力と多様性を意味している。農業出版ジャーナリズムはますます多様化·細分化的な対応を見せることが重要となっている。

---

①家の光協会は戦後まもなく1946年に「農村の読書に関する調査(第1回全国の農村読書調査)」を実施している。47年には「農村の世論調査」として趣旨の異なる調査が行われた。1948年には「農村の読書傾向調査」、1949年には「農村読書調査(全国読書調査)」が行われ、50年以降は「全国農村読書調査」という名称で現在まで継続的に調査が実施されている。この調査結果は『農村と読書』という書名で公刊されている。

第3表　農家の読書傾向

年	農家の読書率			農林業者の読書率			上位10冊の雑誌中に農業雑誌購読比率%⑦
	総合読書率%③	書籍読書率%①	雑誌読書率%②	総合読書率%④	書籍読書率%⑤	雑誌読書率%⑥	
1951		66	96				51
1955		37	77		26	73	49
1960		30	81		20	76	57
1965		34	82		24	75	77
1970		29	80		22		79
1975	78	41	76		26	69	69
1980	83	45	80	79	31	75	88
1985	78	41	74	73	25	70	72
1990	85	47	81	78	38	75	64
1995	78	45	71	68	29	64	74
2000	73	36	66	66	21	62	73
2001	74	34	68	67	24	64	81

資料：①～⑥は家の光協会『農村と読書』各年版、⑦は家の光協会企画部作成内部資料。

注1：総合読書率は月刊誌及び週刊誌の設問で「毎月（週）読む」と「ときどき読む」、そして書籍の設問で「読む」と回答した回答者を回答数で除したものである。

2：書籍読書率は一年間に書籍（単行本）の設問で「読む」と回答した回答者を回答者数で除いたものである。

3：雑誌読書率は月刊誌及び週刊誌の設問で「毎月（週）読む」と「ときどき読む」と回答した回答者を回答数で除いたものである。

4：⑦中に百分数は上位10冊の「読む」月刊誌中で、農業月刊誌の設問で「読む」と回答した回答者を上位10冊「読む」月刊誌の回答数で除いたものである。

また、90年代以降、女性の読書傾向が増加していることは注目される。第4表に示すように、80年代前半、男性の読書率は女性より上回っていたが、1985年に男女の差は縮まる。1990年からは逆転して、女性の書籍読書率（50%）は男性（45%）より5ポイント大きく、雑誌は6ポイント大きくなっている。しかし、第4表に示すように、女性の書籍·雑誌購入代金はいつも男性より低い値で推移してきた。

第4表　農家女性の書籍·雑誌購入代金

年	女性の読書代金			男性の読書代金			全員の読書代金		
	1年間書籍（円）	1ヶ月間月刊誌（円）	1ヶ月間週刊誌（円）	1年間書籍（円）	1ヶ月間月刊誌（円）	1ヶ月間週刊誌（円）	1年間書籍（円）	1ヶ月間月刊誌（円）	1ヶ月間週刊誌（円）
1974	346	158	67	502	136	123	405	149	88
1980	1348	296	106	1738	324	217	1528	309	157
1985	1495	339	174	2309	406	259	1903	373	217
1990	2669	448	248	3573	445	343	3101	447	293
1995	1768	414	187	2903	435	262	2267	424	220
2000	1026（合計）			1062（合計）			1042（合計）		
2001	896			992			941		

注1：購入代金は書籍·雑誌を読まない人も含めた全員である。
2：2000年から1ヶ月間書籍·雑誌合計調査。
3：1986年1ヶ月週刊誌代金は1985年の代金に代わる。
4：家の光協会『農村と読書』各年版より。

②書店と図書館の状況

国民の総合読書率は『読書世論調査』①によれば、戦後から

①毎日新聞社東京本社広告局。

1956年まで年々増加し続けて75%に達した。以降はやや減少し、1981年に69%となるが、以後上昇し、2000年に84%になった。第3表に示しているように、農家の総合読書率は国民の総合と読書率より低くなっている。読書環境の地域間格差の影響が一つの原因として考えられる。

東北地域は、平成11年度の食料自給率が4県で100%を超え、日本の食料を支える重要な地域となっている。しかし、図書館の利用状況からみると、2000年に館外個人登録率と人口百人当たり図書点数は全国平均以下になっている（第5表）。

第5表　東北地域別町村における書店·図書館の設置と読書状況

	図書館の利用状況				町村書店· 図書館の設置状況							
	登録率		人口百人当点数		書店も図書館もない町村		書店も図書館もある町村		書店はあるが図書館はない町村		書店はないが図書館はある町村	
	%	上位		上位	%	上位	%	上位	%	上位	%	上位
全国	28		403		31		25		39		5	
青森	18	40	127	47	42	8	19	34	36	27	3	26
岩手	15	43	264	35	15	38	37	11	39	21	9	9
宮城	15	43	267	34	26	22	15	40	59	2	0	47
秋田	11	47	159	46	27	21	25	18	45	13	3	26
山形	18	41	198	43	42	8	26	17	26	35	6	16
福島	13	46	225	39	35	13	13	44	50	8	3	26

註：上位は全国の順番数である。

『出版年鑑』2001年、1998年版より。

『日本の図書館統計と名簿2000年』、日本図書館協会。

また、町村書店·図書館の設置状況からみると、全国で31%にあたる町村で「書店も図書館もない」、39%で「書店はあるが図書館はない」となっている。そのうち、東北6県のうち3～4県はこの水準以下になっている。1人当たり購入額と比較して、農業地域の読書環境は読者の購読状況に対して大きく影響していることがうかがえる。

5.まとめ

戦後、日本の経済発展とともに工業の生産性の向上が農業を上回り、経済に占める農業の相対的位置は大きく低下した。この状況は、農村の農業に対する意識や農家の農業出版物購読の動向に当然影響するはずである。農業出版ジャーナリズムは農業の相対的位置が低下した農業の専門領域において、農業出版は苦境に陥っている。

この厳しい社会状況の中で、先の分析にみられるとおり、近年、農業に関する書籍点数が増加している。特に農学·農業一般書籍は増加傾向を示す。農業地域に読書環境の格差が存在し、農家全体の書籍·雑誌読書率は減少傾向を示しているが、農業専門雑誌の購読傾向は漸増し続けている。漸次減少する農家の中で、専門農業者の農業についての知識への欲求は減退したわけではない。農業ジャーナリズムが一方において農業·農村の直接的な関連と発展とを目指している。他方において農と人々の日常生活と密接不可分の関係を背景としながら、農業·農村の問題を日本全体の問題であることとして広い視点から捉えようと試み、健康で安心な食生活、豊かな自然と国土の環境保全、食·農環境教育など多角的な出版努力がなされている。

（原载〔日〕《出版ニュース》，2003年6月下旬号）

戦後農業ジャーナリズムの動向と農村読者

——家の光協会「全国農村読書調査」の分析より—

1.はじめに

21世紀になり、農業の持つ多面的機能があらためて注目されている。農業生産は、食料供給だけでなく、農村文化の伝承、景観形成など貴重な副産物を国民にもたらしているのである[①]。また、経済発展をもたらした要因の一つとして、教育·文化の普及も挙げられる。農業の発展においてもまた例外ではない。読書という文化的側面から見た意識形成のもつ役割はあらためて重視されるべきである。読書は、物事の理解を本質的なものとし、独立した行為を前提とし、送り手との間に成立する最も正確な交流である[②]。出版ジャーナリズムはまさに読者と図書を連結する担い手としてのそれである。出版ジャーナリズムの一環として農業出版ジャーナリズムは、農業·農村に一定水準の読物を安定して供給できるため、また、農村文化発展への貢献と農業·農村の持続を可能にするために、その動向と農村読者の新たな購読方向は農業出版ジャーナリズムの成長にとって極めて重要な課題を投げかけたのである。

---

① 生源寺真一:『農政大改革』、家の光協会、2000年。
② 清水英夫:『現代出版学』、竹内書店、1972年。

本稿は、農業ジャーナリズムのうち特に農業出版ジャーナリズムに着目し、その動向と農村読者の戦後の変化を捉えようとしたものである。農村を対象とした数少ない貴重な読書調査である「全国農村読書調査」(家の光協会)のデータを経時的に分析し、農村読者の読者傾向の特徴を明らかにした。このことにより、農業政策、農業ジャーナリズムの対応、農業·農村の動向の一端を明らかにしようとしたものである。

2.農業出版ジャーナリズムの特性と現状

農業ジャーナリズムとは、ジャーナリズム一般についていえることであるが、コミュニケーション活動の一切を放送·新聞·雑誌·書籍などの形で発表するためにpublic information, public opinion, public entertainmentを組織的に、かつ信用のおける方法で集め、記し·解説し·処理し·流布することである①。しかし、農業の広い地域に分散しているという産業としての特徴や政治的な意思決定プロセス、農業への高レベルの支持·保護政策といったものが複雑に関係しているので、農業ジャーナリズムはある面では特異な対応を必要とする。農業書籍·雑誌などの農業出版ジャーナリズムには、テレビや新聞など、他のマスメディアと違って、対象が限定され、農業生産の多様な変化に対応しつつ、あくまでも農業·農家の知的ニーズに応えうるコミュニケーション作用が要求されている。今後の農業及びその環境を考えたとき、農業出版ジャーナリズムは今まで以上に新しい存在理由を模索しなければならない。

ここで、ごく簡単に農業出版ジャーナリズムの戦後の動向にふれておきたい。戦後食糧増産の課題に応えて農業出版ジャーナリズ

①Roland E. Wolseley, “Understanding Magazines”, The Iowa StateUniv. Press,1965.

ムは活発化する。地方的特性も大いに発揮された。そうした特色は『果物月報』（岡山）、『柑橘』（静岡）『蚕業評論』（長野）などに現れている。農業技術については、『農業世界』、『農業及園芸』などであり、さらに『朝日農業』、『農民の友』などの大衆向きの農業雑誌が誕生した。そのほかにも『誰にもわかる肥料の知識』、『稲作増収新研究』、『南瓜超多収法』、『馬づくりの話』など多様な出版物が華開いた。その後、農業の相対的位置低下という状況ながらも、農業書籍出版点数は他分野の出版点数と比較して、年々増加している。2000年の農業書籍出版点数は1995年より39.27%増加している（第1表）。

また、『出版年鑑』によれば、表には示していないが、2000年に一般市販農業雑誌は98点で、1950年より26点増加している。農業学術雑誌も1970年の101点から2000年には265点に達している。今日農家に多く普及している『家の光』は日本で有数の発行部数を有している。それにつづく『現代農業』は幾多の努力を繰り返して農家読者の把握に努めている。農業、農村のはげしい変化に伴う農業出版ジャーナリズムの成長という極めて重要な研究課題を投げかけたのである。

第1表　部門別書籍出版点数の変化（1995年を100とする数）

	農業書籍	技術書籍	自然科学	社会科学	文学書籍	児童書籍
1955	40.35	17.51	18.03	14.68	30.88	56.78
1960	49.39	28.40	20.02	20.50	24.43	33.50
1965	36.30	33.64	22.69	22.83	25.11	33.08
1970	44.94	40.49	32.00	33.88	31.44	40.09
1975	55.74	42.35	39.93	36.18	43.52	42.82
1980	54.52	53.46	51.57	49.70	48.75	59.89

续表

	農業書籍	技術書籍	自然科学	社会科学	文学書籍	児童書籍
1985	71.39	55.66	58.41	56.59	55.05	65.81
1990	60.32	72.18	66.59	77.90	76.94	85.07
1995	100.00	100.00	100.00	100.00	100.00	100.00
2000	139.27	127.88	117.00	112.09	100.50	94.99

出典:『出版年鑑』各年版より。

3.分析データ

家の光協会は戦後まもなく1946年に「農村の読書に関する調査(第1回全国の農村読書調査)·を実施している。1947年には「農村の世論調査」として趣旨の異なる調査が行われたが、1948年には·農村の読書傾向調査」、1949年には·農村読書調査(全国読書調査)·が行われ、1950年以降は「全国農村読書調査」という名称で現在まで継続的に調査が実施されている。この調査結果は『農村と読書』という書名で公刊されている。この調査の普編的な目的は「農村において雑誌、書籍がどの程度読まれているかを調査し、農村の読書水準を探ること」(『農村と読書—第17回全国農村読書調査』家の光協会、まえがき)とされ、長期に渡って入手可能な日本唯一の農村を対象とした読書調査である。年によって対象の抽出方法や対象者数が異なるため、正確な傾向を示すとはいえないが、大まかな農村読者の傾向を示す貴重かつ充分なものといえる。

第2表はこの調査結果のうち、特に農業関係雑誌の主な刊行形態である月刊誌についてまとめたものである。以下、第2表の指標について若干説明する。

回答者数①：調査対象者のうち回答のあった者の数

総合読書率②：月刊誌、週刊誌、書籍のいずれか1つ以上を読んでいる割合

雑誌読書率③：月刊誌か週刊誌を読んでいる割合

月刊誌読書率④、⑩：月刊誌を読んでいる割合

以下の項目は「読む」という回答の場合に追加回答を要求している欄に記入されている誌名である（誌名が無記入の回答も多い）。いずれも上位10誌について家の光協会企画部が独自に作成した資料を基にしている。

·購読数⑤、⑩：読んでいる月刊誌のうち上位10誌の回答数

·購読数⑦、⑬：読んでいる月刊誌上位10誌のうち農業雑誌の回答数

·農業雑誌点数⑨、⑮：読んでいる月刊誌上位10誌に含まれる農業雑誌の点数

なお、平均購読数⑥、⑧、⑫、⑭は長期的趨勢を見るために、購読総数、購読数いずれについても回答者数①で除いたものである。

以下、第2表をもとに、戦後の農村読書の傾向を特徴について検討していく。

4.農村読者の特徴

経済発展とともに工業の生産性の向上が農業を上回り、日本経済に占める農業の相対的地位は大きく低下した。農家と勤労者世帯の所得を比較すると、農家総所得は勤労者世帯の総所得より高いものの、それを就業者1人当たりで比較すると、農業所得は勤労所得より低くなる。農家総所得に占める農業所得の割合は、1955年の72%から1999年の14%へ減少している。しかも、農家の52.9%（1999年）を占めている副業的農家の農業所得は25万円であり、総所得に

第2表　農家における月刊誌の購読動向

年	回答者数①	総合読書率②	雑誌読書率③	毎号読む＋時々読む						毎号読む					
				月刊誌読書率④	上位10誌					月刊誌読書率⑩	上位10誌				
					合計		うち農業雑誌		農業雑誌点数⑨		合計		うち農業雑誌		農業雑誌点数⑮
					購読総数⑤	平均購読数⑥	購読数⑦	平均購読数⑧			購読総数⑪	平均購読数⑫	購読数⑬	平均購読数⑭	
1948	1505	—	—	—	1044	0.69	300	0.20	1		631	0.42	228	0.15	2
1949	1501	—	—	—	1117	0.74	533	0.36	3	—	—	—	—	—	—
1950	302	—	—	—	289	0.96	105	0.35	2		175	0.58	90	0.30	3
1951	331	—	96%	—	529	1.60	196	0.59	2	—	296	0.89	150	0.45	2
1952	451	—	—	—	—	—	—	—	—	—	—	—	—	—	—
1953	749	—	79%	—	—	—	—	—	3	—	—	—	—	—	—
1954	785	—	75%		738	0.94	349	0.44	3		430	0.55	281	0.36	3
1955	1499	—	77%	—	1121	0.75	458	0.31	2	—	734	0.49	359	0.24	2
1956	1500	—	78%	—	1420	0.95	429	0.29	1	—	730	0.49	334	0.22	2
1957	1575	—	80%	—	1694	1.08	601	0.38	1	—	890	0.57	505	0.32	2
1958	1521	—	78%	—	1365	0.90	587	0.39	2	—	772	0.51	442	0.29	2
1959	1480	—	83%	—	—	—	—	—	2	—	691	0.47	391	0.26	2
1960	2587	—	81%	—	—	—	—	—	2	—	915	0.35	522	0.20	2
1961	2575	—	82%	—	1967	0.76	940	0.37	2	—	1163	0.45	707	0.27	2
1962	1279	—	76%	—	858	0.67	476	0.37	3	—	473	0.37	331	0.26	3
1963	2618	—	78%	—	1701	0.65	999	0.38	3	—	1701	0.65	968	0.37	2

续表

年	回答者数①	総合読書率②	雑誌読書率③	毎号読む＋時々読む						毎号読む					
				月刊誌読書率④	上位10誌					月刊誌読書率⑩	上位10誌				
					合計		うち農業雑誌		農業雑誌点数⑨		合計		うち農業雑誌		農業雑誌点数⑮
					購読総数⑤	平均購読数⑥	購読数⑦	平均購読数⑧			購読総数⑪	平均購読数⑫	購読数⑬	平均購読数⑭	
1964	1335	—	78%	—	948	0.71	536	0.40	3	—	579	0.43	411	0.31	3
1965	1384	—	82%	—	925	0.67	517	0.37	3	—	553	0.40	424	0.31	3
1966	1383	—	80%	—	1124	0.81	705	0.51	3	—	1124	0.81	738	0.53	2
1967	1320	—	83%	—	950	0.72	583	0.44	3	—	490	0.37	396	0.30	4
1968	1301	—	80%	—	768	0.59	463	0.36	3	—	380	0.29	292	0.22	3
1969	1286	—	77%	63%	814	0.63	473	0.37	4	39%	448	0.35	344	0.27	4
1970	861	—	80%	68%	582	0.68	336	0.39	3	42%	336	0.39	265	0.31	3
1971	862	—	79%	59%	—	—	—	—	3	40%	285	0.33	233	0.27	4
1972	848	—	77%	—	—	—	—	—	3	—	218	0.26	184	0.22	5
1973	840	—	79%	60%	—	—	—	—	4	36%	223	0.27	187	0.22	4
1974	812	—	78%	58%	444	0.55	219	0.27	3	37%	223	0.27	171	0.21	4
1975	840	78%	76%	57%	453	0.54	207	0.25	3	36%	214	0.25	147	0.18	3
1976	843	82%	79%	57%	437	0.52	216	0.26	2	42%	234	0.28	186	0.22	4
1977	861	78%	75%	—	—	—	—	—	3	—	219	0.25	188	0.22	5
1978	871	80%	76%	58%	429	0.49	248	0.28	3	40%	248	0.28	206	0.24	4
1979	866	84%	79%	60%	426	0.49	240	0.28	3	43%	253	0.29	202	0.23	4

续表

年	回答者数①	総合読書率②	雑誌読書率③	毎号読む＋時々読む						毎号読む					
				月刊誌読書率④	上位10誌					月刊誌読書率⑩	上位10誌				
					合計		うち農業雑誌		農業雑誌点数⑨		合計		うち農業雑誌		農業雑誌点数⑮
					購読総数⑤	平均購読数⑥	購読数⑦	平均購読数⑧			購読総数⑪	平均購読数⑫	購読数⑬	平均購読数⑭	
1980	860	83%	80%	62%	470	0.55	301	0.35	4	42%	302	0.35	267	0.31	5
1981	898	81%	77%	57%	396	0.44	245	0.27	2	39%	234	0.26	171	0.19	3
1982	860	82%	78%	61%	384	0.45	237	0.28	3	40%	215	0.25	171	0.20	4
1983	892	78%	73%	58%	368	0.41	257	0.29	4	38%	225	0.25	195	0.22	6
1984	915	74%	69%	54%	—	—	—	—	3	31%	201	0.22	138	0.15	3
1985	983	78%	74%	58%	—	—	—	—	3	32%	205	0.21	147	0.15	3
1986	882	76%	71%	56%	304	0.34	192	0.22	3	32%	209	0.24	173	0.20	4
1987	873	80%	75%	59%	325	0.37	214	0.25	3	38%	—	—	—	—	3
1988	889	84%	78%	65%	366	0.41	249	0.28	3	40%	—	—	—	—	3
1989	898	87%	84%	70%	395	0.44	258	0.29	3	38%	224	0.25	181	0.20	4
1990	862	85%	81%	65%	337	0.39	188	0.22	3	36%	173	0.20	111	0.13	3
1991	870	82%	78%	61%	—	—	—	—	3	31%	—	—	—	—	4
1992	848	80%	75%	56%	232	0.27	127	0.15	2	31%	141	0.17	95	0.11	3
1993	728	85%	81%	60%	273	0.38	163	0.22	3	34%	147	0.20	104	0.14	3
1994	713	83%	80%	58%	242	0.34	149	0.21	2	30%	119	0.17	91	0.13	3
1995	754	78%	71%	57%	244	0.32	145	0.19	3	29%	136	0.18	101	0.13	4

续表

年	回答者数①	総合読書率②	雑誌読書率③	毎号読む＋時々読む						毎号読む					
				月刊誌読書率④	上位10誌					月刊誌読書率⑩	上位10誌				
					合計		うち農業雑誌		農業雑誌点数⑨		合計		うち農業雑誌		農業雑誌点数⑮
					購読総数⑤	平均購読数⑥	購読数⑦	平均購読数⑧			購読総数⑪	平均購読数⑫	購読数⑬	平均購読数⑭	
1996	754	79%	72%	59%	280	0.37	166	0.22	3	34%	166	0.22	118	0.16	4
1997	788	79%	71%	57%	240	0.30	152	0.19	3	30%	138	0.18	107	0.14	3
1998	820	69%	62%	45%	—	—	—	—	3	25%	—	—	—	—	3
1999	1146	—	—	56%	303	0.26	209	0.18	3	27%	169	0.15	139	0.12	6
2000	843	73%	66%	52%	249	0.30	158	0.19	3	27%	132	0.16	97	0.12	3
2001	831	74%	68%	50%	234	0.28	138	0.17	3	27%	126	0.15	102	0.12	4

資料：①～④及び⑩は家の光協会〖農村と読書〗各年版より。⑤、⑦、⑨、⑪、⑬、⑮は家の光協会企画部作成内部資料

注1：総合読書率②は月刊誌及び週刊誌の設問で「毎月（週）読む」と「ときどき読む」。そして書籍の設問で「読む」と回答した回答者を回答者数①で除したものである。

2：雑誌読書率③は月刊誌及び週刊誌の設問で「毎月（週）読む」と「ときどき読む」と回答した回答者を回答者数①で除したものである。

3：月刊誌読書率④は「毎月読む」と「ときどき読む」と回答した回答者を回答者数①で除したものである。また、月刊誌読書率⑩は「毎月読む」と回答した回答者を回答者数①で除したものである。

4：講読総数⑤、⑪と講読数⑦、⑬は回答者が記入した誌名の合計である。平均講読数⑥、⑧、⑫、⑭は講読総数または講読数を回答者数①で除したものである。

占める農業所得の割合はわずかに3%である。農家経済は農業所得に依存しているとはいえず、農業所得によって家族の生活を維持することは難しい状況に立ち至っている。

この状況は、農村の農業に対する意識や農家の農業出版物購読の動向に当然影響するはずである。第2表雑誌読書率③は2001年に68%で、50年前の96%と比べて28%も低下している。総合読書率②と比較可能な1975年以降を見ても、総合読書率はそれほど大きく変化していないのに対して、雑誌読書率はその期間約10%低下している(とりわけ最近数年の低下が大きい)。すなわち、農家の読書意欲はあまり変化がないものの、雑誌から書籍への嗜好の変化が見られる。

また、農業雑誌の主要出版形態である月刊誌読書率④を見ると、「毎号読む」あるいは「時々読む」という回答は30年間あまりで20%低下し、週刊誌を含めた雑誌読書率③よりも低下が著しい。その中でも「毎号読む」という回答(月刊誌読書率⑩)が15%低下している。すなわち、読書における雑誌の比重低下が認められる。

次に、どのような雑誌が読まれているかを見る。この調査では自由記入で雑誌名を求めているため、必ずしも「読む」という回答と雑誌名記述との関連があるわけではないが、どのような雑誌が読まれているのかの一定の傾向はみることができる。

月刊誌について「毎号読む」あるいは「時々読む」と回答した上位10冊の回答総数を回答者で割った平均購読数⑥は、'50年代の平均約0.9冊から、'60年代は約0.7冊、'70年代、'80年代には約0.5冊となり、さらに以降低下を続けた。その結果、2001年の平均購読数0.28冊は1951年の1.6冊より1.32冊減少し、82.5%も減少している。

また、「毎号読む」あるいは「時々読む」と回答した上位10冊に含まれる農業雑誌の平均購読数⑧は、'50年代と'60年代は0.4冊をはさんで推移し、'70年代以降、増減を伴いながら低下傾向を示している。2001年の平均購読数0.17冊は1951年の0.59冊を0。42冊も下回り、71.2%減少している。わずかではあるが、農業雑誌の購読数減少は月刊誌全てのそれよりも小さくなっている。

次に、「毎号読む」の回答数について見ていく。上位10冊の平均購読数⑫だけをみると、1951年から2001年で0.74冊低下（83.1%減少）し、農業雑誌を含めて平均購読数⑭は0.33冊低下（73.3%減少）している。

以上のことから、購読月刊誌名の記入の著しい低下は、あたかも農家の変化、すなわち農家の所得構造の変化に歩調を合わせたかのようである。

しかし、上位10冊に入る農業雑誌点数⑨、⑮の減少は認められず、逆に「毎号読む」の上位10冊にはいる農業雑誌点数は'70年代以降3-5点と、それ以前よりも多くなっている。第3表には上位10冊の「毎号読む」雑誌の銘柄（雑誌名）が示されている。雑誌の銘柄で見ると、この間農業雑誌は『家の光』、『現代農業』が安定して上位に位置し、近年『NHK趣味の園芸』が上位10誌に定着し、2000年には『園芸新知識』も加わっている。

月刊誌そのものの購読は低下しているものの、農業雑誌の需要は相対的に高まってきているようにも見える。このことは一面では農業出版ジャーナリズムの多様なニーズへの対応努力の結果を意味しているとみることもできる。

第3表　上位10誌の「毎号読む」月刊誌

	1950		1960		1970
順	誌名	順	誌名	順	誌名
1	家の光	1	家の光	1	家の光
2	主婦の友	2	平凡	2	地上
3	農業朝日	3	婦人生活	3	現代農業
4	リーダイ	4	主婦の友	4	主婦の友
4	主婦と生活	5	婦人倶楽部	5	文藝春秋
6	婦人倶楽部	6	文藝春秋	6	PHP
6	婦人世界	6	明星	7	主婦と生活
8	平　凡	8	主婦と生活	7	リーダイ
8	農　村	9	地　上	7	婦人生活
10	キング	10	中央公論	10	婦人倶楽部
	1980		1990		2000
順	誌名	順	誌名	順	誌名
1	家の光	1	家の光	1	家の光
2	現代農業	2	現代農業	2	現代農業
3	地　上	3	月刊少年ジャンプ	3	NHK 趣味の園芸
3	蚕糸の光	4	月刊少年マガジン	4	文藝春秋
5	NHK 趣味の園芸	4	PHP	5	月刊少年マガジン
5	主婦の友	6	NHK 趣味の園芸	6	ESSE
5	主婦と生活	6	婦人百科	7	MORE
8	文藝春秋	6	別冊マーガレット	7	NHK おしゃれ工房
9	別冊マーガレット	9	ESSE	7	月刊少年ジャンプ
9	暮しの手帖	9	ミセス	10	園芸新知識

出典：家の光協会『農村と読書』各年版より。

次に、農家の支出面からの分析を試みた。第1図は農家の家計の主要な費目と書籍·雑誌購読費の変化を見たものである。書籍·雑誌購入費は'80年代後半から大きな変化はない。これは第2表の総合読書率②と同様の傾向である。農業の相対的地位は低下するが、農家の読書意欲は減退したわけではなく、書籍のウエイトが高まることによって多様化していることを示すものである。家の光の2000年データによれば、1992年間の購読書冊数は全員平均4冊（農林業者2冊）で、1999年は11.5冊（農林業者8冊）となっている。

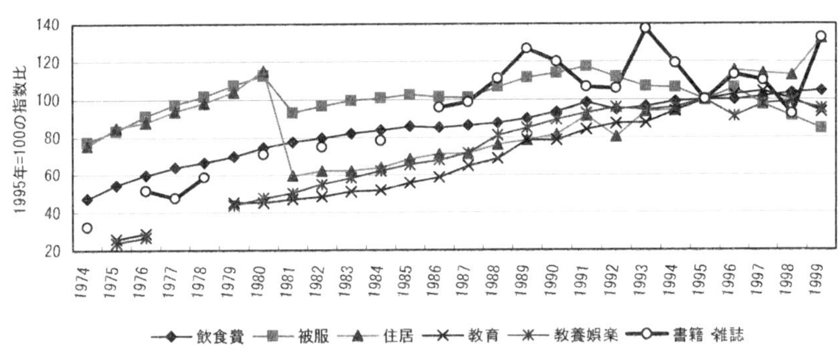

第1図　農家経済における主要費目と書籍·雑誌購読費の変化

出典：農林水産省『農家経済調査』各年版，家の光「農村と読書」各年版より。

5.考察

本稿では、家の光協会の「全国農村読書調査」を利用し、農業ジャーナリズムの動向と農村読者の関係について分析した。その結果、農村で読まれている月刊誌上位10冊の平均購読数は大きく低下しており、その内、農業雑誌の平均購読数も漸減傾向にあることが明らかとなった。しかし、一方で、農村総合読書率の変化はほとんどなく、書籍·雑誌購読費も停滞し、上位10冊の中の農業月刊誌とさまざまな月刊誌の平均購読数は年々次第に近づいている。両者を総合すると、農業の相対的地位低下の状況下、農業出版ジャーナリズムは農村·農業の変化に対応して、努力と多様性が拡大していることが明らかとなった。農業出版ジャーナリズムは、本来的に、減少し続け多様化する農村読者を対象に展開している。農業状況の悪化を上回る創意と努力が要求されているのである。そして、農業出版ジャーナリズムは、農業科学等知識を普及することにより、自身の存在と発展を続けものである。

以上、「全国農村読書調査」をもとに分析をすすめてきたが、農業出版ジャーナリズムの多様的展開過程に関する検討はいまだ十分とはいえない。農業出版ジャーナリズムがどのように農家の読書要求を捉え、どう対応しているかの検討は今後より深く踏み込んでいく必要がある。この点をこれからの課題としたい。

（原载《日本农业经济学会年会论文集》，2002年）

后　记

本书得以出版凝聚着很多人的帮助和鼓励。

本书内容研究的启发者，纲岛不二雄、小泽瓦和小野雅之教授，他们给予了我很多指导。纲岛教授观察分析问题的敏锐眼光，重视研究与实践相结合的治学方法使我深受教益。纲岛和助教授小泽先生对我的论文，从开题到写作、调研和定稿，都悉心指导，还推荐研究成果到日本农业经济大会上发表，并逐字逐句修改日文文本。纲岛先生退休时，虽然有小野和小泽教授继续指导，但是因为他更熟悉我的研究内容，为了让我顺利完成研究课题及早回国，他还继续鼓励、帮助我完成这项研究工作。他严谨求实的学者作风和善良的长者风范，一直感染着我，让我非常敬仰。

农文协的两任专务坂本尚和伊藤富士男先生、中文很好的大石卓先生，一直致力于中日农业交流的张安明博士，都鼎力支持这个研究项目；在农文协工作的张安明博士，在较长时期给予答疑解惑的同时，还接受访谈，以便读者更全面了解农文协的出版情况；已故的农文协文化部长清水悟先生，以资深编辑的经验对有关农文协研究方面的内容进行过细致的修改。他们对农文协出版事业的执着和敬业精神让我难忘，他们通过出版促进中日农业技术交流的拳拳之心令我感动。

已辞世的资深编辑家戴文葆先生生前介绍我认识了清水英夫、箕轮成男和吉田公彦先生，他们在日本出版研究的方法上对我进行过有益的指导；日本《出版新闻》杂志社清田义昭总编辑刊发了我的部分日文研究成果；我也曾在日本出版学会和日本农业经济学会上发表研究成果，并被会志《出版研究》《农业经济研究》（别册）刊载发表。日本传媒专家系统、持续和细致的实证研究特点，学会志对成果能否发表的评价体系，都让我对做研究有了更深入的认识。

竹内启子女士对曾经在日本发表的日文内容认真进行过日语文法校正。土田实、岩浪纯、田边省二、三浦茂子、佐藤弘之等日本友人开车协助我去农村调研，帮助翻译地方方言等，给了我很多帮助。

在此书中文出版时，日本农业研究专家张永强教授对日本农业方面的内容进行了审阅，丁可为研究员审读了全部书稿；日本问题研究专家于逢春教授、媒体研究专家马国仓先生对书名和内容给予了热心指导；安平女士承担了部分翻译及校对工作；王晓萍女士提供了很多日文参考资料，梁玉梅编审特邀审校了书稿。还有很多为此书出版而热心协助者，至今记忆犹新。

此书的出版，得到了中宣部为“四个一批”人才设立的研究经费资助。感谢中华书局的支持，这个尝试性的小众研究课题才得以顺利付梓。

对本书出版给予帮助与鼓励的所有人，在此一并感谢，也将铭记于心。

丁一平

2020年6月2日于哈尔滨